集人文社科之思　刊专业学术之声

集 刊 名：社会治理法学
主　 编：钟会兵
执行主编：刘志松
主办单位：天津社会科学院

SOCIAL GOVERNANCE JURISPRUDENCE No.1

编辑委员会（按姓氏音序排列）

主　任：钟会兵

委员：

春　杨	中南财经政法大学	侯欣一	山东大学
姜晓敏	中国政法大学	林　乾	中国政法大学
刘晓纯	天津大学	刘志松	天津社会科学院
马　驰	天津商业大学	尚海涛	天津师范大学
汪世荣	西北政法大学	王　焱	天津社会科学院
谢　晖	广州大学	闫尔宝	南开大学
姚建龙	上海社会科学院	于语和	南开大学
袁红丽	天津市司法局	钟会兵	天津社会科学院

投稿邮箱：shehuizhilifaxue@163.com

通信地址：天津市南开区迎水道 7 号天津社会科学院法学研究所
　　　　　《社会治理法学》编辑部

第一辑

集刊序列号：PIJ-2023-493

中国集刊网：www.jikan.com.cn/ 社会治理法学

集刊投约稿平台：www.iedol.cn

社会治理法学

SOCIAL GOVERNANCE JURISPRUDENCE

主　编　钟会兵
执行主编　刘志松

第一辑

社会科学文献出版社
SOCIAL SCIENCES ACADEMIC PRESS (CHINA)

社会治理法学

第一辑
2024年10月出版

发刊词 ……………………………………《社会治理法学》编辑部 / 1

· 特稿 ·

乾隆朝亲属相犯案件驳改与社会治理
　　——以《驳案新编》为文本 ………………………于语和　王申萌 / 1
零和到正和：智能算法赋能社会治理共同体的路径研究
　　——技术道德化的视角 ………………………………………董向慧 / 26

· 制度传统与治理传统 ·

法在中国传统治道中的地位与功能 ……………………………罗洪启 / 41
清代灾荒治理的立法技艺及实践效果
　　——以"检踏灾伤田粮"律为中心 ……………………………王　毓 / 67
息讼：传统治理悖论的理论解释 ………………………………冯岳澄 / 92
定罪与量刑：明代民间女性犯罪问题研究
　　——以《明实录》为中心的考察 ……………………………向　扬 / 109

· "枫桥经验"与基层治理 ·

新时代"枫桥经验"推进基层社会治理法治化建设的理论逻辑
　　与实践路径 …………………………………………康兰平　李芳芳 / 127
积分制的实践逻辑及其优化路径
　　——基于五个典型案例 ………………………………王朝霞　成文娟 / 144
分配型村庄的矛盾纠纷机制及其化解路径 ……………………苏聪聪 / 160

·治理体系与治理能力·

基于"切实解决执行难"构建中国自主民事执行法学知识体系 ………………………………………………………… 唐国峰 / 181

省级政府以行政规范性文件下放行政处罚权的合法性探析 ………………………………………………………… 李柯青 / 202

·治理规范与治理实践·

包容性法教义学解释与多元现代性
——以收买被拐卖的妇女罪为例 …………………… 卢 毅 / 220

·学术前沿述评·

中国古代社会治理法学前沿问题研究综述（2019~2024）
………………………………………………………… 巩 哲 / 242

中国当代社会治理法学前沿问题研究综述（2016~2024）
………………………………………………………… 程 程 / 261

·稀见研究材料·

苏氏新甲堂契约文书辑录（之一） ………………… 冯学伟 / 280

Table of Contents & Abstracts …………………………… / 309

征稿启事 ……………………………………………………… / 319

发刊词

　　社会治理现代化是国家治理体系和治理能力现代化的题中应有之义。党的二十届三中全会通过的《中共中央关于进一步全面深化改革　推进中国式现代化的决定》明确提出，要"创新社会治理体制机制和手段"，"健全社会治理体系"，"完善共建共治共享的社会治理制度"，为我国全面推进社会治理现代化指明了方向。2023年2月，中共中央办公厅、国务院办公厅印发的《关于加强新时代法学教育和法学理论研究的意见》提出明确要求，完善法学学科专业体系，构建自主设置与引导设置相结合的学科专业建设新机制，加快发展社会治理法学等新兴学科。

　　为深入学习贯彻党的二十届三中全会精神，贯彻落实中共中央办公厅、国务院办公厅《关于加强新时代法学教育和法学理论研究的意见》，推动形成社会治理法学标识性学术概念，构建社会治理法学学术体系，传播具有中国气派、国际视野的中国式社会治理现代化话语体系，为"社会治理体制机制和手段"创新实践提供理论支撑，《社会治理法学》创刊，由天津社会科学院主办、社会科学文献出版社出版发行，每年2卷。

　　站在新的历史起点上，编辑出版《社会治理法学》集刊，旨在探究社会治理的法治传统之道、历史之变，回应社会治理的法治现实之惑、实践之问，以期为社会治理法学研究提供创新观点，为学术讨论提供交流平台，为科学决策提供智库支撑。本集刊将紧紧围绕新时代全面依法治国实践，切实加强扎根中国文化、立足中国国情、解决中国问题的社会治理法学理论研究，总结提炼我国社会治理法学研究与实践中具有主体性、原创性、标识性的概念、观点、理论，构建社会治理法学自主知识体系。推动中华优秀传统法律文化创造性转化、创新性发展，加强与国外社会治理相关理论的比较研究，合理借鉴国外有益经验，服务推进全面依法治国实践。

"日就月将，学有缉熙于光明。"本集刊编辑部将秉持铢积寸累、精韧不怠的进取作风，坚持正确的办刊方向，高扬科学精神、人文精神、法治精神，海纳百家之言，刊发精品成果，与思想相伴，与实践并肩，与时代同行，为推动社会治理法学学科发展繁荣作出应有贡献！

《社会治理法学》编辑部

2024年6月1日

·特稿·

乾隆朝亲属相犯案件驳改与社会治理[*]
——以《驳案新编》为文本

于语和　王申萌[**]

内容提要：亲属相犯案件，即亲属间存在侵犯行为、能够引发刑事法律责任的案件。本文依据《驳案新编》所载的95个亲属相犯案件，探析贼盗、人命、斗殴等不同类别案件的驳改过程，体认其中事实认定及律例适用的考量因素，包括但不限于，作为治理主体的地方与中央对案件侧重点不同、刑部断案更注重案件后续产生的治理效果等。亲属相犯案件之驳改在社会治理中发挥了重要作用：维护宗法伦理等级秩序、注重案件判决后续影响、通过因案生例等形式对立法予以补充。

关键词：清代　亲属相犯　驳案　《驳案新编》　社会治理

目　次

一　清代亲属相犯案件驳改的规范依据

二　《驳案新编》亲属相犯案件驳改情况

三　《驳案新编》亲属相犯案件驳改的治理考量

四　《驳案新编》亲属相犯案件驳改的社会治理功用

五　结语

亲属相犯案件是指亲属间存在侵犯行为、能够引发刑事法律责任的案件，案件当事人之间关系复杂，法律适用易出现分歧，相较一般案件处理

---

[*]　本文系国家社科基金一般项目"依法治国的中国传统法律文化溯源研究"（19BFX021）的阶段性成果。

[**]　于语和，法学博士，南开大学法学院教授、博士生导师；王申萌，南开大学马克思主义学院博士研究生。

难度更大。驳改是指在驳案这一司法活动中上级部门（刑部和皇帝，以刑部为主）对地方督抚题奏案件的改拟或驳回①。对初审结果存在争议、牵涉驳回与改判案件的研究更能体察审理过程中司法官员对案件事实细节的把握、律例适用的选取以及在缘法断罪和权宜裁判抉择中对情法允协的探求，对地方题奏和刑部意见的对比分析亦可管窥不同审级对相同案件的处理方式与态度。是故，亲属相犯案件驳改之研究成为探析司法裁判与社会治理的独特视角。

先期研究对清代亲属相犯问题已有较多探讨，有学者考察清代处理亲属相犯、亲属关系案件的原则与方法，并分析法律适用过程中的思维方法及规则②；有学者重点研究服制对清代刑事法、民事法、行政法、司法审判制度和民间社会的影响③。综合来看，对亲属相犯案件的研究总体较少，更无以驳改和社会治理为切入点对亲属相犯案件的考察。作为清代乾隆朝的成案编集，《驳案新编》所载案例均是地方官员初审后上报刑部、经刑部审查后认为存在争议从而直接改拟或者驳回地方重审的案件，案件的发生经过、法律适用及初审考量、刑部意见、皇帝批示等记载均具体翔实。对亲属相犯案件驳改的研究具备检视中央与地方对同一案件不同处理的独特视角，更能探求司法官员在案件审理中对事实证据、法律适用、情法允协等的把握。本文尝试以乾隆朝为区间，以载有乾隆朝部驳案件的《驳案新编》为研究材料，选取其中的亲属相犯类案件，探索清代中期亲属相犯案件的驳改逻辑及其在社会治理中发挥的独特功用。

---

① 本文参照学界现有对"驳案""部驳"等词的定义，审慎界定"驳改"一词。杨一凡将"驳案"定义为上级衙门对上报覆核的法律文书提出质疑和不同意见，以其或"情罪未协"，或"与律例不合"，或因他故"定拟舛错"，驳令改拟；张田田定义"部驳"即刑部驳案，是刑部批驳督抚关于重罪案件的题奏，指出拟断错误，给出驳案理由，提出处理意见的司法活动。参见杨一凡主编《清代判牍案例汇编》甲编第一册，社会科学文献出版社，2019，前言第8页；张田田：《论清代乾隆朝刑部驳案——以〈驳案新编·人命〉为中心》，吉林大学硕士学位论文，2011，摘要页。
② 参见魏道明《清代家族内的罪与刑》，社会科学文献出版社，2021。
③ 参见高学强《服制视野下的清代法律》，法律出版社，2018。

一 清代亲属相犯案件驳改的规范依据

家庭是中国古代社会的基本构成单位，以服制为中心的亲属制度在亲属相犯案件的研究中尤为重要。研究清代乾隆朝亲属相犯案件的驳改，有必要先对清代亲属关系的界定以及清律亲属相犯的犯罪构成与法律规定予以考察。

（一）清代亲属关系的确定

亲属关系的存在是亲属相犯案件成立的基础，亲属关系的亲疏远近影响着亲属相犯案件中法律责任的认定。与现代将亲属分为血亲与姻亲两类不同①，古代社会主要以男性为中心向外延展进行亲属的归属分类。《尔雅·释亲》最早将亲属分为宗族、母党、妻党、婚姻四类，后世演变为宗亲、外亲、妻亲三大类，又称父党、母党、妻党②。其中以包含父系亲属成员的宗亲为主，这与我国古代亲属关系以父系血缘为中心展开有直接关系③。同一高祖内的亲属为"有服亲"，即斩衰、齐衰、大功、小功、缌麻五等。宗亲指自己出生所在、姓氏缘起之宗族的本宗亲属，魏晋后礼典或法典中附录"本宗九族五服正服之图"的九族五服亲便是狭义上的宗亲，即本宗九族五服亲等内的亲属。直系亲属的代际范围为作为己身尊亲属的高祖、曾祖、祖、父和作为己身卑亲属的子、孙、曾孙、玄孙，旁系亲属的范围为兄弟、堂兄弟、再从兄弟、族兄弟和姊妹、堂姊妹、再从姊妹、族姊妹，如此便形成了以己身为中心延展出、由亲至疏的上下左右皆为九的九族五服④。外亲指与己身有血缘关系的外姓亲属，包括母亲本宗的亲

---

① 凡与自己有直接或间接的血缘关系者称为血亲，凡与自己因婚姻而相联系之亲属称为姻亲（姻亲可细分为血亲之配偶、配偶之血亲、配偶之血亲之配偶）。参见丁凌华《五服制度与传统法律》，商务印书馆，2013，第3页、第111页。
② 《尔雅》，管锡华译注，中华书局，2014，第327~340页。
③ "亲属关系只从父亲方面来计算，母亲方面的亲属则是被忽略的，她的亲属我们称之为外亲，以别于本宗。"参见瞿同祖《中国法律与中国社会》，商务印书馆，2010，第1页。
④ 上指直系尊亲属，下指直系卑亲属，右指旁系男性亲属，左指旁系女性亲属。参见"本宗九族五服正服之图"，《大清律例》，田涛、郑秦点校，法律出版社，1999，第65~66页。

属和本宗女系亲属的子女。清律中外亲的最高服叙等级不过小功，隶属小功服制的外亲有外祖父母、舅、姨，隶属于缌麻服制的外亲有姑舅两姨之子①。妻亲顾名思义，指的是妻子的本宗亲属。清律中有服叙关系的妻亲仅有岳父岳母，隶属缌麻服制②。《大清律例》中没有单设"亲属法"的章节，但紧随卷一《律目》后的卷二、卷三中用了很大篇幅来规定亲属关系③。

我国古代的亲属关系中，还有无法归属到宗亲、外亲、妻亲中的亲属，其中以"三父八母"④最为典型。与血缘无关的"三父八母"的认定有严格的限定条件，如《大清律例·服制》中将齐衰杖期的庶母限定为父亲的有子女的妾，"父妾无子女，不得以母称矣"⑤。以上分类虽已涵盖了各类亲属关系，但当女子出嫁、男子出继时，亲属关系及服叙也会伴随发生变化。女子出嫁后，娘家外亲依旧、本宗亲属降服；夫家夫族服叙低于丈夫服叙，子孙服叙同于丈夫；嫁人为妾则只与丈夫家庭内部成员产生服叙关系，不与其他夫族成员产生服叙关系⑥。男子出继后，所后父宗族的亲属范围和服叙同于本宗，所后母的亲属同于外亲，出继前的原宗族亲属皆降服一等。

此外亦应对无服亲、妾、奴婢、雇工人的身份予以说明。乾隆十三年，刑部对亲属相盗案件中无服亲的范围予以解释，这一解释于乾隆十五年成为条例，规定亲属相盗案件中无服亲限于本宗五服之外的亲属和外亲

---

① 参见"外亲服图"，《大清律例》，田涛、郑秦点校，法律出版社，1999，第71页。
② 参见"妻亲服图"，《大清律例》，田涛、郑秦点校，法律出版社，1999，第72页。
③ 《大清律例》卷二《诸图》中载有丧服图、本宗九族五服正服之图、妻为夫族服图、妾为家长族服之图、出嫁女为本宗降服之图、外亲服图、妻亲服图、三父八母服图，共八张图表。卷三《服制》中将法定亲属分为斩衰、齐衰、大功、小功、缌麻五等，具体又细化为斩衰三年、齐衰杖期、齐衰不杖期、齐衰五月、齐衰三月、大功九月、小功五月、缌麻三月八类。参见《大清律例》，田涛、郑秦点校，法律出版社，1999，第64~79页。
④ "三父"为同居继父、不同居继父、继母所嫁夫，"八母"为养母、嫡母、继母、慈母、出母、嫁母、庶母、乳母。
⑤ 《大清律例》，田涛、郑秦点校，法律出版社，1999，第75页。
⑥ 参见"出嫁女为本宗降服之图""妻为夫族服图""妾为家长族服之图"，《大清律例》，田涛、郑秦点校，法律出版社，1999，第67~70页。

中的《大清律例》服制图妻亲服图、外亲服图中所标明的无服亲属两类①。因此，无服亲之间产生的相犯案件属于本文的研究范畴。

妾在家庭中的身份较为微妙：从日常实际生活来看，妾应属于家庭成员；从宗族观念秩序来看，妾并未取得家庭地位②。在界定其法律上的家庭身份时，因"妾为家长族服之图"的存在，又因《大清律例》中"妻妾殴夫""妻妾与夫亲属相殴"等条将妻妾置于同条内规定，本文将妾纳入亲属范围。

清律中还存在将奴婢、雇工人隶属为家庭成员的情况。例如，在"杀一家三人"条中对"一家"的解释为"谓同居，虽奴婢、雇工人皆是，或不同居，果系本宗五服至亲亦是"③，即将奴婢、雇工人纳入此条罪名中家庭成员的范围。无服亲虽然关系极远，但仍沾亲；妾虽然无宗族秩序上的家庭地位，但在家庭中承担着"下以继后世"的义务；而奴婢与其所服务的家庭成员实际上并不存在血缘、婚姻、法律拟制这三者中的任一关系，纯粹是因经济或其他外在原因而绑定于家庭、依附于家长的关系，追本溯源，奴婢、雇工人不应属于本文所研究的"亲属"范畴。

（二）清律亲属相犯的犯罪构成与法律规定

明确亲属相犯罪名的构成条件是对亲属相犯律文作统计与分析的前提。根据《大清律例》的律文规定，本文将亲属相犯案件定义为亲属间存在侵犯行为、能够引发刑事法律责任的案件，其犯罪构成有以下三个要件。

其一，案件发生在亲属之间，即加害人和被害人双方互为亲属关系，

---

① 乾隆十五年成为条例："凡亲属相盗，除本宗五服以外，俱照无服之亲定拟外，其外姻尊长亲属相盗，惟律图内载明者，方准照律减等，此外不得滥引。"参见《大清律纂修条例（乾隆十五年）·刑律》"亲属相盗"条续纂条例，收入刘海年、杨一凡总主编《中国珍稀法律典籍集成》丙编第一册，科学出版社，1994，第794页。转引自魏道明《清代家族内的罪与刑》，社会科学文献出版社，2021，第12页。
② 〔日〕滋贺秀三：《中国家族法原理》，张建国、李力译，法律出版社，2003，第444页。但另据费城康考证，清代已有家族允许妾入家族祠堂。转引自魏道明《清代家族内的罪与刑》，社会科学文献出版社，2021，第21页。
③ 《大清律例》，田涛、郑秦点校，法律出版社，1999，第426页。

"杀一家三人"等亲属同为被害人的情况不列在内,案件内存在亲属关系但加害人与被害人间不存在亲属关系的情况也不纳入亲属相犯案件的范围。

其二,案件存在侵犯行为。亲属相犯案件中需存在侵犯行为,才得以立案,亲属相犯罪名也才得以构成。从侵犯客体来看,既包含杀伤、斗殴等侵犯人身权的行为,也包括窃盗等侵犯财产权的行为,还包括奉养父母祖父母有缺、立嫡子违法、逐婚嫁女等侵犯教令或侵犯社会秩序的行为。本文虽把违反教令、侵犯社会秩序的行为均纳入统计范围,但仍从立法目的角度谨慎处理其区分之边界。以《大清律例》卷十《户律·婚姻》"娶逃走妇女"条中的"凡娶(自己)犯罪(已发在官而)逃走(在外之)妇女为妻妾,知(逃走之)情者,与同(其所犯之本)罪"①为例,娶逃走妇女者受到处罚虽与逃走妇女本身不无关系,但归根到底是因其娶了逃走妇女的行为,而非作为其妻妾、属于其亲属的逃走妇女所导致,换言之,立法目的是禁止娶逃走妇女之行为,与保护亲属秩序、维护亲属利益等均无关系,故与本文研究的"亲属相犯"无关。从行为实施来看,既包括实际实施侵犯行为的行为,也包括参与共谋但未实际实施侵犯的行为。例如,"永顺县民详报潘文科与彭氏通奸、谋死本夫彭金贵一案"②中,彭氏与潘文科通奸,共谋杀死丈夫彭金贵,彭氏没有实施行动上的加害行为,却在案件中参与共谋,后依"妻妾因奸同谋杀死亲夫者,凌迟处死"律,凌迟处死。

其三,案件能够引起刑事法律责任,即"父母殴子孙"、律例允许的"亲属首告"等不受法律制裁的行为不在本文定义的亲属相犯的范围之内。

同时,本文定义的"相犯"范围虽广,但并不包含株连等由亲属引发的其他侵犯行为。如卷四《名例律上》"十恶"条中的,谋反类案件中亲属株连范围极广,被株连之人本身无罪、受其亲属牵连才受处罚;再如卷二十八《刑律·斗殴下》"父祖被殴"条规定了祖父母及父母为人所殴、子孙还殴的各类行为的处罚,子孙实施还殴行为的出发点是为了祖父母及

---

① 《大清律例》,田涛、郑秦点校,法律出版社,1999,第210页。
② 全士潮、张道源等纂辑《驳案汇编》,何勤华等点校,法律出版社,2009,第238~240页。

父母,但如将此种由亲属引发的案件也列入"相犯"概念之下,亲属相犯的外延未免过广。

经过对《大清律例》律文的逐一梳理,本文共统计出关涉亲属相犯的律文50条。《大清律例》的律文下常有相应例文作解释①,由于例文过于繁多,本文仅统计律文,对例文暂不予统计②。从卷、门的分布来看,50条分布于名例律(2条)、吏律(1条)、户律(13条)、兵律(1条)、礼律(2条)、刑律(31条),刑律中数量最多,占比62%;在关涉亲属相犯的律文数量最多的刑律卷中,31条分布于贼盗门(5条)、人命门(7条)、斗殴门(9条)、骂詈门(4条)、诉讼门(2条)、犯奸门(3条)、断狱门(1条)。

二 《驳案新编》亲属相犯案件驳改情况

《驳案新编》共包含95宗亲属相犯案件,分布于贼盗、人命、斗殴、名例、婚姻、诉讼、捕亡各卷。因涉案的与亲属相犯相关的人员众多,95宗案件实际上包含101个亲属关系;因刑部驳改时覆核的是每一当事人的具体罪刑,本文在处理同案内存在多种亲属关系的案件时,将之拆分为多个案件来处理,即存在多少亲属关系则拆分为多少案件,95宗亲属相犯案件经此处理后共拆分为101个案件③(见表1)。

---

① 在关涉亲属相犯的例文中,有的律例均关涉亲属相犯,如《大清律例》卷四《名例律上》"常赦所不愿"条后有"凡杀死本宗缌麻以上尊长及外姻小功尊属者,俱不准援赦"例;有的只有例文关注亲属相犯、律条本身并未议及亲属相犯问题,如《大清律例》卷十四《户律·钱债》"费用受寄财产"条内无涉亲属相犯,但其后有"亲属费用受寄财物,大功以上及外祖父母得相容隐之亲属,追物给主,不坐罪,小功减三等、缌麻减二等,无服之亲减一等,俱追物还主"的例文规定,对亲属间"费用受寄财产"予以减轻处罚。
② 清代中期特别是乾隆年间,服制立法迅速扩张,其中涉及服制的条例数量增加、规制范围扩大。参见姚宇《原情与抑情:从"崔三过失杀父案"看清代中期的礼教与司法》,《法学研究》2022年第5期,第184页。
③ 被拆分的案件为"韩云因妻王氏殴骂父母、与胞兄韩平勒死王氏案""王瑞因伊妻张氏忤逆其母、纠同伊兄王大陇将张氏勒死案""张氏商同伊婿张翔鹄勒死伊女张赵氏案""朱伯木主使伊妻廖氏吵闹,致胞兄朱伯臣自缢身死案""高随儿、高瑄等殴伤高有身死(高随儿系高有缌麻服侄,高瑄系高有缌麻服弟)案""罗其纹等听从伊父遗言栓拿胞兄罗其才首告,致兄被叔罗韬先中途掀河溺死案"。

表1 涉案亲属服制体现

单位：个

类别	斩衰	齐衰	大功	小功	缌麻	无服	其他	总计
贼盗	0	0	1	2	0	4	0	7
人命	13	12	1	3	4	4	3	40
斗殴	4	23	2	7	5	2	2	45
名例	0	1	1	0	0	1	0	3
婚姻	0	2	0	1	0	0	0	3
诉讼	1	1	0	0	0	0	0	2
捕亡	0	0	0	0	1	0	0	1
总计	18	39	5	13	10	11	5	101

资料来源：参见全士潮、张道源等纂辑《驳案汇编》，何勤华等点校，法律出版社，2009。

应当明确的是，很多情况下，亲属间的服制并非双向相等。例如，"郑会通诬告堂弟郑会坤等谋为不轨"案中，郑会通与郑会坤为堂兄弟，依律，为己之同堂兄弟服大功九月①，即二人间的服制互相为大功；在"陈氏活埋长子刘彩文身死"案中，刘彩文为陈氏长子，依律，子为父母服斩衰三年②，父母为嫡长子服齐衰不杖期③，即刘彩文为陈氏服斩衰，而陈氏为刘彩文服齐衰，二人间的服制并不相同。本文所涉服制关系均为加害人对被害人应服的服制。

（一）贼盗类亲属相犯案件驳改情况

《驳案新编》中载有7个贼盗类亲属相犯案件。从部驳次数来看，7个中有6个经过了驳回再审，其中1个经过两次驳审，且该案最终维持了地方原判；从部驳前后量刑来看，5个经过了一次驳议的案件在驳审后刑罚均由轻刑改重刑；从部驳原因来看，刑部驳回再审的6个案件中有2个是由于初审法律适用错误，4个是由于初审情法未允。

回归到亲属服制因素对案件审断的影响，6个案件中仅有"李元中等

---

① 《大清律例》，田涛、郑秦点校，法律出版社，1999，第77页。
② 《大清律例》，田涛、郑秦点校，法律出版社，1999，第75页。
③ 《大清律例》，田涛、郑秦点校，法律出版社，1999，第76页。

行窃无服李成大家临时行强殴死事主劫取衣物"案、"张栋梁发掘远年祖冢并烧毁骸骨"案这两个案件的驳改原因与服制紧密相关。在李元中案中，李元中系李成大无服族祖，李元中等原计划到李成大家行窃，后临时起意，殴李成大致死。山西巡抚认为李元中作为无服族祖行强盗劫卑幼财物，依律应减等，但抢劫衣物轻罪不议，只对殴毙李成大的侵犯行为予以处置，即照"尊长行强杀伤卑幼"律科断，拟绞监候；刑部驳审的意见是李元中作为无服尊属，应适用"凡盗杀人"科罪，指出山西巡抚的原判将行强杀人和斗殴杀人作同等论处，与律不符。对此，山西巡抚在第二次题奏中解释法律适用有误的原因是"尊长盗卑幼财物"律内并无明文，即其判案的出发点在于从服制入手论罪①。在关涉坟冢的张栋梁案中，张栋梁发掘已隔十一代、已无服制的远祖张书忠的坟冢，湖南巡抚原审依"发掘他人坟冢、开棺见尸"律将张栋梁拟绞监候，但刑部驳改时以"情法未为允协"等语直接指出湖南巡抚断案时拘泥于服制的限制②。

另外4个案件驳改并非由服制因素引起。在关涉诬告的"郑会通诬告堂弟郑会坤等谋为不轨"③案中，郑会通诬告期亲堂弟郑会坤等犯有谋逆重罪，并亲自制作了逆书、逆册等证物，匿名告官诬陷。刑部拟断的结果为郑会通比照"大逆，但共谋者，不分首从皆凌迟处死"律凌迟处死，定罪量刑时并未议及诬陷期亲之事。诬陷期亲的因素似已被大逆重罪所吸纳，轻罪不议。

（二）人命类亲属相犯案件驳改情况

《驳案新编》中共有36宗人命类亲属相犯案件，含40个涉及亲属相犯的当事人，本文将之视为40个案件予以研究。其中部驳争议点在于，关

---

① 刑部驳审的具体意见是根据"同姓亲属相殴，虽五服已尽，而尊卑名分犹存者，尊长减凡斗一等；致死者，以凡人论"律，李元中作为无服尊属，应适用"凡盗杀人"科罪。参见全士潮、张道源等纂辑《驳案汇编》，何勤华等点校，法律出版社，2009，第110页。

② 该案驳改时，刑部直接指出，"该抚乃因张书忠系张栋梁承继十一代远祖，并无服制，将张栋梁照'凡人开棺见尸'律拟以缳首，情法未为允协"。参见全士潮、张道源等纂辑《驳案汇编》，何勤华等点校，法律出版社，2009，第173~174页。

③ 全士潮、张道源等纂辑《驳案汇编》，何勤华等点校，法律出版社，2009，第90~92页。

涉亲属相犯的加害人之罪刑的有37个。从部驳次数来看，有27个经过了一次驳回再审，4个经过两次驳审，6个在呈报刑部后得到了直接改拟；从部驳前后量刑来看，有18个在驳审后刑罚均由轻刑改重刑，有7个由皇帝下旨从宽免死、照例减等发落；从部驳原因来看，有7个是因为初审案件事实不清，22个是由于初审法律适用错误，8个是由于初审情法未允；从案件后续影响来看，有3个引发了法律的修改。

大部分案件的驳改对亲属服制因素判断并未改动，即不认为案件审理中对服制的判断有误。具体又分三种情况。其一，亲属因素本身在案件中就不影响定罪量刑，如在"孙松华等因无服族叔孙思睦图奸刘氏、商谋诱奸杀死孙思睦"① 案中，山东巡抚虽在题奏之初便已说明"孙松华系孙思睦无服族侄"，但此亲属关系并未在案件的审理、驳改中产生影响。其二，亲属因素虽在案件中起着影响定罪量刑的作用，但刑部驳改的是法律适用错误、案情不清、情法未允等其他问题。例如，在"陈氏活埋长子刘彩文身死"② 案中，刘彩文之母陈氏依"子被杀而父母私和"律杖八十，其定罪量刑均基于其与死者的身份关系展开，但案件的驳改原因是案件事实不明、存有可疑之处，与服制因素无关。其三，案件中定罪量刑被驳改的加害人并非亲属加害人。例如，"邱得成与刘钟氏通奸、同谋致死伊妻邱钟氏"③ 案中，牵涉亲属相犯的当事人为加害人邱得成与被害人邱钟氏，二人为夫妻关系，而部驳之时的争议点为与邱得成通奸的另一加害人刘钟氏的定罪量刑，此案的部驳自然与亲属服制无涉。

刑部驳改原因中关涉亲属服制因素的情况主要有以下四类。

其一，巡抚审断时将亲属关系认定错误，如"周宗胜将妻万氏殴死图赖诬告"④ 案中，江西巡抚审断时将万氏视为加害人之妻，因律例内没有

---

① 全士潮、张道源等纂辑《驳案汇编》，何勤华等点校，法律出版社，2009，第235~237页。
② 全士潮、张道源等纂辑《驳案汇编》，何勤华等点校，法律出版社，2009，第182~184页。
③ 全士潮、张道源等纂辑《驳案汇编》，何勤华等点校，法律出版社，2009，第195~197页。
④ 全士潮、张道源等纂辑《驳案汇编》，何勤华等点校，法律出版社，2009，第189~190页。

"丈夫为从加功、谋死其妻图赖"的规定，比照"故杀妾，图赖人"例定罪；刑部驳改将万氏的身份认定为离异之妇、与周宗胜无夫妻关系，故对周宗胜的审断无关亲属关系，只照凡人谋杀议拟。

其二，加害人将亲属关系认定错误，导致案情复杂、案件审断困难。例如，"闵三掷石击伤胞兄闵廷公身死"①案中存在对象错误的情况，闵三发现有人图奸妻子，情急之下用石头掷打，不想图奸之人竟是胞兄闵廷公，后称实因伤势过重而死的闵廷公为中暑急病而死，并买棺私殓、自行烧化。案件中存在两个加害行为，加害行为一为故意伤害胞兄致死，但加害时并不知其为胞兄，且该行为虽称"加害"，实际上是出于救妻的防卫目的；加害行为二为火化、掩埋胞兄尸体。加害行为一是审断本案的关键，而"胞兄"的认定又是认定加害行为一的关键：如果单从被害人与加害人关系角度入手、只按照服制论罪，认定加害对象是胞兄，则属于故杀胞兄，应按照"卑幼不得杀尊长"之例问拟，而如果侧重考虑犯时不知，则应综合"本夫于奸所获奸，登时杀死者勿论"律和"本应罪重而犯时不知者，以凡论"例，照律勿论。因乾隆十三年刑部咨行"凡卑幼致死尊长、事关服制、应从本律者，各按本律定拟。如情有可原，止于案呈内叙明情节，不得声明两请"，浙江巡抚在处理本案时以"服制攸关"为由，将加害行为二轻罪不议，判闵三依故杀胞兄律凌迟处死，而部驳意见侧重犯时不知、照律勿论，案件的最终审断排除了加害行为一的罪刑，仅对加害行为二定罪量刑，且综合考虑被害人闵廷公的图奸行为，减等论处。

其三，相比地方审断时关注服制，刑部议驳时更看重案件的事实情节。例如，"张得安与吴田氏通奸、被吴宗禄殴伤吴田氏身死"②案中，吴宗禄为吴田氏之夫吴潮文同曾祖堂侄，吴宗禄目击吴田氏与张德安通奸后，殴伤吴田氏致死。四川总督初审判定吴宗禄作为小功服侄殴杀吴田氏，系卑幼犯尊，故而将吴宗禄依"殴杀尊长"本律，拟斩立决。刑部议

---

① 全士潮、张道源等纂辑《驳案汇编》，何勤华等点校，法律出版社，2009，第211~212页。
② 全士潮、张道源等纂辑《驳案汇编》，何勤华等点校，法律出版社，2009，第247~248页。

驳时将重点放在案件由吴田氏与张德安通奸导致、案件发生时属于奸所获奸之上，并在确认此案件事实的基础上表示"吴宗禄系有服亲属，例许捉奸，即与本夫捉奸无异。其殴田氏身死，与'本夫奸所获奸，杀死奸妇'情事相同"，从而，吴宗禄之罪刑改拟为杖流。四川总督在初审时也曾提及"例许捉奸"，但在综合考虑卑幼犯尊的情节后，照"殴杀尊长"拟斩立决，显然是过分拘泥于服制因素，而非立足于案件事实。

其四，案件的其他情节覆盖了亲属服制因素在定罪量刑中的作用。例如，"张云衢砍伤缌麻表弟陈亚长身死"① 案中，湖南巡抚初审所依据的事实不清，以为张云衢因陈亚长冒奸其妻进而气忿殴杀，故以"擅杀罪人"科断；经刑部驳回后研讯，始知张云衢因贪钱而纵令其妻与陈亚长奸宿，在得知奸宿不能抵欠借款时顿起杀机，且在事后令其妻诬陷指认陈亚长冒奸，已不应再按照服制来科断；最终罪刑为依"故杀者，斩"律拟绞监候。本案本身符合尊长杀卑幼的情节，但因张云衢纵令其妻与陈亚长奸宿、教唆其妻指认陈亚长冒奸这两个因素，张云衢已失尊长之义，案件最终的定罪量刑将亲属服制因素剔除在外。

（三）斗殴类亲属相犯案件驳改情况

《驳案新编》中共有43个斗殴类亲属相犯案件，含45个涉及亲属相犯的当事人，本文将之视为45个案件予以研究。从部驳次数来看，有25个经过了一次驳回再审，5个经过两次驳审，1个经过三次驳审，14个呈报后得到了直接改拟（含被刑部直接改拟和刑部无驳改、皇帝改拟两种情况）；从部驳前后量刑来看，有16个在驳审后刑罚由轻刑改重刑②，有22个在驳审后刑罚由重刑改轻刑，有7个的初审量刑与最终量刑并无变化；

---

① 全士潮、张道源等纂辑《驳案汇编》，何勤华等点校，法律出版社，2009，第262~265页。
② 此处指的是地方初审量刑和最终量刑的对比，如"张国栋喝令其侄张可仁殴踢无服族弟张国宗受伤身死"案中，地方初审罪名为依"原谋不问共殴与否"律，拟杖一百、流三千里，声请减徒；经刑部驳回后，改照"威力主使人殴打致死者，以主使之人为首，绞监候"律，拟绞监候；皇帝下旨从宽免死，照例减等发落。此处对比的是地方初审罪刑与皇帝下旨从宽后的罪刑。全士潮、张道源等纂辑《驳案汇编》，何勤华等点校，法律出版社，2009，第381~383页。

从31个受到驳改的行为的部驳原因来看，除经过三次驳议的"侯梦卜等殴伤侯梦麟身死"案的加害行为同时符合案件事实不清和法律适用错误外，其余加害行为中，有8个是因为初审案件事实不清，18个是由于初审法律适用错误，4个是由于初审情法未允；从案件后续影响来看，有9个引发了法律的修改，有2个促进了法律的进一步解释与宣传。另有"方启和与胞侄方仁实争殴后踹桶猝中身死"案的初审官员因断案失误受到处罚。

刑部驳改原因中关涉亲属服制因素的情况主要有以下五类。

其一，当案件中同时出现两个及以上的犯罪行为时，地方与刑部审案的侧重点不同。例如，"荣恒山调奸两媳未成，殴伤伊妻吴氏投水淹死"①案中出现了亲属犯奸和亲属斗殴两个情节，地方官关注犯奸，刑部关注斗殴致死：安徽巡抚将侧重点放在了荣恒山调奸两媳的行为上，"虽两媳俱守正不污，而该犯之败伦伤化，已不足齿于人类"，并据其亲属犯奸未成的行为定罪，但刑部将判案重点置于吴氏之死，并要求细究吴氏忿而投水的起因是荣恒山调奸两媳还是荣恒山殴打自己，以此定罪量刑。

其二，案件中存在的其他情节影响了亲属因素在判决定罪量刑中的作用。例如，"张二即张丕林扎伤伊妻徐氏身死"②案中，张二杀妻本身属于亲属间的杀伤行为，但因张二甘心令徐氏卖奸已绝夫妻之义，对张二的定罪便同凡人论，而不适用亲属相犯的相关规定。

其三，服制法律有了新的改变。例如，"王锦用毒谋害继母之母苗赵氏身死匿报"③案中，直隶总督与刑部均认为，王锦虽为苗赵氏子孙，但并非亲生，并无服制，应同凡论。对此，皇帝下旨，指出了原定的"除亲母嫡母本生母党外均同凡论"例文既使为人后者在亲属服制上存在法律冲突（所后之亲属服制较本生亲属服制更重，唯独所后之外姻不符合该规

---

① 全士潮、张道源等纂辑《驳案汇编》，何勤华等点校，法律出版社，2009，第398~399页。
② 全士潮、张道源等纂辑《驳案汇编》，何勤华等点校，法律出版社，2009，第399~401页。
③ 全士潮、张道源等纂辑《驳案汇编》，何勤华等点校，法律出版社，2009，第414~417页。

定),又在天理人情各方面均不妥当,要求刑部定为新例。新例与为所后母之父母相关的规定为:将为所后母之父母与亲母之父母一例持服小功五月,干犯则照"卑幼犯本宗小功尊属"律定拟。此案照新例,王锦改拟斩立决。

其四,对服制关系的判断出现了错误。例如,"王富义殴伤大功服兄王富兴受伤身死"①案,王富义原本属于王富兴同祖堂弟,王富兴自幼出继与共高祖之伯为子,直隶总督从所后服制角度,将二人关系定为缌麻服制,并因此定罪量刑,而刑部按照本生亲属角度,依为人后之子孙则其本生亲属降一等科罪的原则,将本系王富兴大功服弟的王富义降为小功服弟,在此基础上以小功服制定罪。本案中直隶总督与刑部对加害人王富义与受害人王富兴间服制关系出现争议,根本原因是双方对出继后亲属关系认定的出发点不同,直隶总督从所后服制角度认定,刑部从本生亲属角度认定。

其五,律无明文时地方与刑部对亲属关系和律例适用的把握不一。例如,"潘九思与王李氏通奸,主使王李氏将伊子王孟隆勒死"②案中,王李氏听从奸夫谋杀亲子王孟隆,河南巡抚认为王李氏与王孟隆虽属母子,但已无母子情义,故援照"林朱氏与林朝富通奸、商谋毒死伊媳黄氏"成案问拟;刑部认为母子间天性与姑媳到底不同,上奏请求将本案援照"鲍阳氏因奸谋杀其子鲍耀子"之案问拟;皇帝准刑部所请,并指出"若以子死之故,令其母缳首抵偿,于情理究为不顺",将王李氏判发往伊犁给与兵丁为奴。

(四)其他亲属相犯案件驳改情况

除前述贼盗、人命、斗殴外,《驳案新编》的名例、婚姻、诉讼、捕亡各卷中亦散见亲属相犯案件。因数量不多,合并作"其他类"统计

---

① 全士潮、张道源等纂辑《驳案汇编》,何勤华等点校,法律出版社,2009,第421~422页。
② 全士潮、张道源等纂辑《驳案汇编》,何勤华等点校,法律出版社,2009,第465~467页。

处理。

刑部驳改原因中关涉亲属服制因素的情况主要有以下两类。

其一，对加害人与被害人之间的服制关系判断有争议。"李文魁殴伤伊兄李文正身死"① 案中，李文魁与李文正原系同胞兄弟，属期亲服弟，李文魁出生不久出继与共高祖之叔为嗣子，不知李文正为胞兄，以为二人为缌麻服兄弟关系。直隶总督依照缌麻服的服制，将李文魁拟斩。刑部驳回此案的原因是，"为人后者之所出子孙"并非指"为人后者"本身，即能适用于李文正的子孙，而不能适用于李文正其身，按此例，弟即使为人后降服一等，服降而罪不降，殴胞兄致死应同"弟殴胞兄死者，斩。兄弟虽为人后降服，其罪亦同"条处断，拟斩。因而李文魁犯案时是否知晓李文正为其兄，又关系到斩立决与斩监候的量刑区别。

其二，基于服制关系，对案件应适用法律的选择有争议。"葛继荣图产强嫁孀嫂关氏"② 案中，葛继荣之母、关氏之姑葛卢氏尚在，不便对葛继荣照"夫家强嫁"例按服制加等治罪，而律例内并无夫弟强嫁兄妻的相关定罪规定，故河南巡抚比照"疏远亲属图财强卖拟绞"例量减一等对葛继荣进行定罪量刑。刑部对原审的法律适用提出疑问，关氏为葛继荣亲嫂，服属小功，并不属于疏远亲属，且葛继荣图财将守志孀嫂强行嫁卖，丧心败伦，性质恶劣，原审照"疏远亲属图财强卖拟绞"例量减拟，情法未允。而河南巡抚二次题奏中指出，夫弟服属小功，与期亲之功相比服制已降，故应援照疏远亲属来定拟，坚持原判的定罪，但也认同部驳观点，葛继荣丧心败伦程度较寻常嫁卖未成更加恶劣，将量刑拟为绞监候。"陈郁诬告胞叔陈枢臣买差殴毙伊父陈松臣以致尸遭蒸检"③ 案中，广东巡抚原判将陈郁依"卑幼诬告致蒸检尊长"例定拟，但部驳指出，律内所称

---

① 本案中，直隶总督具体依"凡本宗为人后者之子孙，于本生亲属孝服，只论所后宗支属服制。如于本生亲属有犯，俱照所后服制定拟"例，依缌麻服制，将李文魁拟斩。参见全士潮、张道源等纂辑《驳案汇编》，何勤华等点校，法律出版社，2009，第41～43页。

② 全士潮、张道源等纂辑《驳案汇编》，何勤华等点校，法律出版社，2009，第69～70页。

③ 全士潮、张道源等纂辑《驳案汇编》，何勤华等点校，法律出版社，2009，第496～498页。

"尊长"指的是期亲、大功、小功、缌麻服制内的尊长,如果尊长属于父母、祖父母,应单独指出,而非以"尊长"之泛称来统率。在刑部提醒下,广东巡抚在二次题奏中改判陈郁合依"子孙毁弃父母死尸者,斩"律,拟斩监候。

三 《驳案新编》亲属相犯案件驳改的治理考量

《驳案新编》收录的大部分是地方上报中央后刑部认为案件初审判决存在争议进而驳回地方重新审议的案件,驳改过程中的考量有效维护了社会的秩序与稳定,值得深入考察。

(一)《驳案新编》亲属相犯案件驳改的事实认定

1. 重视案件事实查清

地方官拿不准案情时,审判中会出现模棱两可的情形。例如,"李萃与监毙之李谟听从李之密捆拉堂兄李聪送官,及李之密将李聪推溺身死"①案中,李萃等与李之密将李聪捆缚送官的路上,李之密忿起杀意,将李聪推至河内溺死,李萃等想要捞救但被李之密喝止,李聪因而溺毙。四川总督在初次题奏中未推究明确李萃是否同谋致死,又未按照首从法定罪,而是援引情事可悯,夹签奏请,辗转声叙。刑部审案则非常细腻,如"刘宦主使刘玉成殴伤亲侄刘玉山身死弃尸黄河"②案中,刘宦喝令刘玉成殴伤刘玉山至右小腿骨折,山西巡抚题奏中有"刘玉成勉从,亦用木棒殴其右小腿"等语,刑部发现纰漏,指出刘宦虽喝令刘玉成殴打,但并未威吓刘玉成,如刘玉成果真属于勉从殴打,则不应殴打一下便伤重至骨折,故不应以"迫于尊长威吓勉从下手"的律文来定罪。

2. 多维入手覆核案件

刑部以"案件事实不清"为由驳回的案件中,由供词生发的指驳占绝

---

① 全士潮、张道源等纂辑《驳案汇编》,何勤华等点校,法律出版社,2009,第409~410页。
② 全士潮、张道源等纂辑《驳案汇编》,何勤华等点校,法律出版社,2009,第412~414页。

大多数，这可能是由于从其他证据入手难以发现漏洞进而难以进行覆核导致的。技术不够成熟、仅凭案卷中的文字描述不易察觉纰漏等均导致其他证据在刑部覆核环节不如供词有效，也因之，刑部驳案时重视口供的核验。例如，"黄启胜戳伤服嫂殷氏身死"① 案中，黄启胜与殷氏之夫黄启甲为同胞弟兄，黄启胜至黄启甲家索钱时，迁怒殷氏，枪戳殷氏多处致死。四川总督原审因黄启胜供有欲与黄启甲拼命之词，而将黄启胜定罪量刑为依"谋杀期亲尊长已行"律拟斩立决；刑部覆核案件时通过尸媳胡氏的供词得知黄启胜因索欠而一时起意杀死殷氏，并无诡计阴谋情节。该案最终由"谋杀"改依"故杀"律定罪，也可以看出刑部驳案时严格认定主观方面的证据支撑。

除供词外，勘验证据也在亲属相犯案件复核中得到了适用。例如，"潘文科与彭氏通奸、谋死本夫彭金贵"② 案中，刑部驳案时有"查原验额颅一伤重至损骨，死在登时，绝非抵格致伤者可比"之词，并据此推断出彭氏因奸同谋杀死亲夫。

(二)《驳案新编》亲属相犯案件驳改的律例适用

1. 严防律例适用错误

综合前述量化分析，《驳案新编》所载亲属相犯案件大部分只经历了一次驳改，驳改前后的量刑多有变化，驳改原因集中于"法律适用错误"，可见刑部对律例适用的严控把关。

地方审判人员对律例未能完全把握是导致法律适用不当、被驳改的直接原因。律例适用错误具体又分为以下四种情况。其一，律例过于繁杂，地方官对亲属相犯案件的服制把握并不明晰。例如，在"李元中等行窃无服李成大家临时行强殴死事主劫取衣物"③ 案对李元中的定罪量刑，山西

---

① 全士潮、张道源等纂辑《驳案汇编》，何勤华等点校，法律出版社，2009，第474~475页。
② 全士潮、张道源等纂辑《驳案汇编》，何勤华等点校，法律出版社，2009，第238~240页。
③ 全士潮、张道源等纂辑《驳案汇编》，何勤华等点校，法律出版社，2009，第110页。

巡抚照"尊长行强杀伤卑幼"律科断,拟绞监候;刑部驳照"同姓亲属相殴,虽五服已尽,而尊卑名分犹存者,尊长减凡斗一等;致死者,以凡人论"律,适用"凡盗杀人"科罪。对原判中出现的法律适用错误,山西巡抚的二次题奏中解释:"前因'尊长盗卑幼财物'本律内并无'尊长因盗而杀伤无服卑幼者,应以凡论'明文,而亲属相盗,律得减等,是以即将李元中照'无服尊长殴杀卑幼'律拟以绞候。"即"尊长盗卑幼财物"律内无明文导致援引适用其他律例时出现偏差,进而导致法律适用错误。其二,地方审判官员与刑部对律例中某个名词的内涵、外延认定并不相同。例如,"池体文砍伤无服族兄池能京身死"①案中,池能京与池体文之嫂陈氏通奸,在通奸之房内被池体文砍伤后,负伤奔逃至坑尾树下,又被池体文砍伤,伤重当即殒命。此案经过了两次驳议,案件讨论的争议点均在于池体文第二次砍伤池能京的行为是否发生在"奸所",福建巡抚在两次题奏中都认为坑尾树下距离池陈通奸之房半里之远,即距离奸所已有半里之远;刑部在第一次驳回和第二次驳议时均指出,池体文在通奸之房捉奸,又在池能京奔逃后才追砍致死,"虽不在登时而捉获,实未离奸所,正属'奸所获奸,非登时而杀',例有正条"。两轮对案件法律适用的讨论实际上围绕"奸所"展开,最后适用"奸所获奸"的原因是例有正条。对律例中"奸所"的理解失误是福建巡抚处理本案有失的主要原因。其三,律例中无明文规定时,地方官的比照援引并不贴合案件。在"王二小谋杀堂叔王洪禄"②案中,出现了对象错误的情况,即加害人对侵害对象的身份特征存在认识错误。对象错误属于刑法主观要件中的事实认识错误,此种情况下的定罪量刑至今属于学术公案,加害人是否成立故意犯罪、是否既遂等问题即使在现代刑法理论中也存在分野。本案中,王二小被堂叔王洪禄殴打后,怀恨于心,起意谋杀,却将在王洪禄处卧睡的李五错认成了王洪禄并误伤。"较常人之谋杀人而误杀旁人之案,情罪本重。"细究审断背后

---

① 全士潮、张道源等纂辑《驳案汇编》,何勤华等点校,法律出版社,2009,第252~253页。
② 全士潮、张道源等纂辑《驳案汇编》,何勤华等点校,法律出版社,2009,第198~199页。

的司法精神,盛京刑部侍郎和刑部都认为成立故意犯罪、既遂,只是由于其时律例中没有关于谋杀缌麻以上尊长而误伤旁人者作何治罪的规定而出现了量刑与案情不妥、情法未协的情况,即没有找到与案情完全贴切供以适用的法律是本案被驳的原因。其四,与前条律无明文相反,案件判决中也存在律例已删而地方官员并不知情、依旧适用的情况。例如,"刘成先误伤小功服兄刘成忠身死"① 案中,"卑幼误伤小功尊长,引误杀律拟以绞候,仍将致误情由声明"之例已经奏请删除,而江苏巡抚的原判照"误杀"律拟绞监候,殊未允协。

2. 注重量刑甚于定罪

量刑的影响因素非常多,包括但不限于服制远近、是否既遂、年龄、主观动机、自首情节、被害人过错等,甚至与本案无关的案外人对加害人的量刑也会有影响。例如,"王廷吉图财杀死无服族叔王敷恩"② 案中,王廷吉杀死王敷恩后,回家时身带血迹、携有钱文,其父得知王敷恩被杀后,料为其子王廷吉所杀、赴县投首,依例,此行为使王廷吉免去图财动机之罪刑处罚,量刑由斩立决改为斩监候。

部分亲属相犯案件的驳改过程中存在"先量刑、后定罪"情况,当刑部认为初审的量刑过轻或过重时,根据量刑的应调整情况来倒推选择某条法律的适用;换言之,相比注重定罪,刑部更加注重量刑正确与否,从案件判决导致的结果来看案件法律适用错误与否。例如,"温潘氏毒死伊婿潘兴来"③ 案中,潘温氏因通奸久不回家,被母温潘氏误以为是女婿潘兴来匿女卖奸,而后温潘氏毒死潘兴来、意欲将女再嫁。本案中向被害人潘兴来实施加害行为的是岳母温潘氏,而非潘温氏。潘温氏对母亲温潘氏的加害行为毫不知情,从现代刑法意义上说,潘温氏不存在犯罪过失,但案件的前后审理都对潘温氏进行了定罪量刑。对潘温氏,广东巡抚的审断是

---

① 全士潮、张道源等纂辑《驳案汇编》,何勤华等点校,法律出版社,2009,第408~409页。
② 全士潮、张道源等纂辑《驳案汇编》,何勤华等点校,法律出版社,2009,第30~31页。
③ 全士潮、张道源等纂辑《驳案汇编》,何勤华等点校,法律出版社,2009,第242~244页。

依"军民相奸"例拟以枷杖,部驳意见是案件起因为潘温氏奸情,仅科奸罪拟以枷杖定罪太轻、情法未允,最终审断为比照"奸夫自杀其夫,奸妇虽不知情,亦绞"例拟绞监候。此案实际案情并不符合"奸夫自杀其夫"例,而是更贴切"军民相奸"例,只不过因"军民相奸"例的定罪不够重而更换律例的适用,即存在为了最终罪名和量刑足够重而改变法律适用的情况。

3. 情法允协,灵活断案

对案件的灵活处理首先体现在不拘泥于律文。驳改案件的服制因素并非机械套用律文、一成不变,而是可以根据案件实际情况来作适当调整,具体问题具体分析。例如,"张二即张丕林扎伤伊妻徐氏身死"① 案中,张二因贫令妻徐氏卖奸,潘三常往徐氏处奸宿但不给钱,张二向潘三要钱时起了争执,在此过程中认为徐氏与潘三同心,忿杀徐氏。奉天府尹照"夫故杀妻"律审断张二杀妻行为,皇帝的旨意是张二令妻卖奸的行为足以表示夫妻之义已绝,后续的杀妻行为不应再视为夫妻间的相犯行为,应以凡人论,而张二纵妻卖奸而又置之于死,此情节更显其凶恶,要求刑部改定此案罪刑,并著为新例,通行遵照。本案中,张二实施的杀妻行为属于亲属间的相犯行为,但因其杀妻前存在令妻卖奸的情节,判案时不再考虑亲属因素,而将原本的夫妻关系以凡人论。可见,当案件存在特殊案情时,服制因素可以作适当调整,且综合各案研究便知,这类调整多为皇帝亲自下旨。

其次体现为刑部更加关注原情定罪。在"蒋汝才砍死小功姨母严于氏"② 案中,蒋汝才盗窃严于氏衣物,被严于氏发现、辱骂后起了杀意,将其杀害。江苏巡抚的审断是,蒋汝才对严于氏的杀害属于"有心欲杀",依"故杀外姻小功尊属致死"律,拟斩监候;而刑部驳审的意见是蒋汝才实施杀害行为的原因是偷窃后被辱骂、忿起杀心,其主观动机与窃贼临时

---

① 全士潮、张道源等纂辑《驳案汇编》,何勤华等点校,法律出版社,2009,第399~401页。
② 全士潮、张道源等纂辑《驳案汇编》,何勤华等点校,法律出版社,2009,第142~143页。

杀死事主的动机相同,故最终的定罪量刑为依"窃盗临时拒捕杀人"例,拟斩立决。江苏巡抚的断案只关注了杀害的罪行却未原情定罪,而刑部将判案的重点放在了原情定罪、追溯加害人杀害行为的动机。

最后体现在律无明文的情况下,在比照相似律例的基础上,刑部从情罪妥适的目的上对量刑予以加减处理。在"戴节听父戴遐主使殴伤胞兄戴梯身死"[1] 案中,律例并未规定戴节所犯的"听从父命殴兄致死"行为应作何处置,安徽巡抚便将戴节依"弟殴胞兄致死"律定罪。案件确实符合"弟殴胞兄致死"的情节,如此拟断,在法律适用上并无错误,但并不合乎情理;刑部驳改时指出,"听从父命"情有可原,并以此上奏皇帝,请将该案比照成案减等发落,由斩立决改拟枷责。

四 《驳案新编》亲属相犯案件驳改的社会治理功用

《驳案新编》亲属相犯案件的驳改对社会治理发挥了重要功用:维护了宗法伦理等级秩序,对国家统治产生积极作用;注重案件判决对社会风气的导向与影响,例文的改定一定程度上以颁行后民众对法律的理解与吸收为导向;以因案生例的方式补充立法,在司法过程中检视、完善立法。

(一)维护宗法伦理等级秩序

在亲属相犯案件的审理中,地方官员和刑部官员均重视亲属关系背后更深层次的家庭伦常和宗法伦理等级秩序维护,其中最为明显的便是对涉奸案件的审理。以人命类亲属相犯案件中的涉奸案件为例,40 个人命类亲属相犯案件中,有 26 个涉及奸情(成奸、疑奸、图奸、求奸未成、拒奸误伤等均统计在内),占比 65%。这个数据不能认定所有亲属相犯案件中涉及奸情的案件占比极高,但足可证明涉奸案件被驳改的比

---

[1] 全士潮、张道源等纂辑《驳案汇编》,何勤华等点校,法律出版社,2009,第 426~427 页。

例较大。

究其原因，除案件本身情况复杂、地方审理易出现纰漏之外，也不得不考虑中央格外重视亲属相奸案件审理的因素。涉及奸情的亲属相犯案件的发生，既有可能通奸男女中仅有一方是本家族成员，另有亲属因其奸情而干涉其中、发生纠纷，也有可能通奸男女双方均是本家族内部成员，即家族内部出现奸情、亲属之间存在奸情。二者中显然后者更加违反伦理秩序，对家族关系、宗法制度的破坏程度也更加严重。中央重视对涉奸亲属相犯案件的严格审理，其一是出于对礼教的维护，以宗法伦理来维系对国家的统治；其二是出于对家庭、家族关系的维护，国由家组成，家庭关系的和睦是国家和谐的基源之一，且家族成员之间的伦理认同亦能对国家的治理产生积极作用①。

（二）注重案件判决后续影响

负责覆核的刑部和处于驳案程序最后一环、掌有案件罪刑最终决定权和案情最终解释权的皇帝在驳改时极其注重案件的后续影响。例如，"郝旺虎扎伤伊妻梁氏身死"②案中，山西巡抚与刑部两次就"亲告"的适用展开讨论，刑部对"亲告乃坐"这一律注的适用限制非常严格，并指出："若因此而拟杖完结，则凡父母在堂者俱得恃脱卸有路，可以别故凶毙妻命，徒开好杀之风而启狡饰之渐，殊非辟以止辟之道。"可见刑部关注的并不只是这一个案件的判决，更重要的是案件判决对社会风气的导向与影响。再如，"王锦用毒谋害继母之母苗赵氏身死匿报"③案中，皇帝下旨刑部将此案悉心审理，斟酌改定新例，刑部上奏新例时提出，民间并非全部知晓"母即亲母、君母即嫡母"之意，应改服制图中的"母""君母"为

---

① 龙大轩教授指出，对父母子女之间血缘亲情的宣传容易得到民众的自发认同，还能达到"移孝作忠"的目的。参见龙大轩《孝道：中国传统法律的核心价值》，《法学研究》2015年第3期，第176页。
② 全士潮、张道源等纂辑《驳案汇编》，何勤华等点校，法律出版社，2009，第401~402页。
③ 全士潮、张道源等纂辑《驳案汇编》，何勤华等点校，法律出版社，2009，第414~417页。

"亲母""嫡母",可见例文改定过程中一定程度上以颁行后民众对法律的理解与吸收为导向。

(三) 因案生例,补充立法

《大清律例》中涉及亲属相犯的律文为官员在司法活动中处理亲属相犯案件提供了法律依据,而《驳案新编》中亲属相犯案件的审理亦为立法的完善予以补充。因案生例带来了法律的变化,在司法过程中检视、完善立法;《驳案新编》作为成案编集,收录的判决成为之后审理同类案件的前例。例如,人命类亲属相犯案件中有3例引发了法律的修改:"申张保即申忠义殴死高应美情事败露,以致伊父申茂盛、伊母胡氏先后服毒身死"案的审断过程中制定了新例,载入例册并通行直省各督抚问刑衙门一体遵照办理①;"张氏商同伊婿张翔鹄勒死伊女张赵氏"的审断过程中刑部有"如蒙俞允,嗣后如有此等案件,通行遵照,一体办理"等语并得到皇帝"依议"的准旨②;"倪顾氏逼迫伊夫倪玉自缢身死"案中,刑部指出律例混乱,对相应的律例予以修订,并通行直省各督抚一体遵行③。再如,斗殴类亲属相犯案件中有9例引发了法律的修改(含删、改、增):"芮天明咬伤缌麻服兄芮观受手指身死"案修改了"卑幼殴伤缌麻尊长,余限内果因本伤身死"的相关规定,并通行直省督抚一体遵行④;"张二即张丕林扎伤伊妻徐氏身死"案修改了"以妻卖奸之夫故杀妻"的相关规定,纂入例册,通行遵照⑤;"王锦用毒谋害继母之母苗赵氏身死匿报"案修改了与

---

① 全士潮、张道源等纂辑《驳案汇编》,何勤华等点校,法律出版社,2009,第 265~267 页。
② 全士潮、张道源等纂辑《驳案汇编》,何勤华等点校,法律出版社,2009,第 329~331 页。
③ 全士潮、张道源等纂辑《驳案汇编》,何勤华等点校,法律出版社,2009,第 354~356 页。
④ 全士潮、张道源等纂辑《驳案汇编》,何勤华等点校,法律出版社,2009,第 368~369 页。
⑤ 全士潮、张道源等纂辑《驳案汇编》,何勤华等点校,法律出版社,2009,第 399~401 页。

案情相关的外姻尊长服制,将服图例文增改通行,并移礼部遵照①;"邵在志故杀小功堂侄邵朴身死"案修改了"有服尊长杀死卑幼"的相关规定,载入例册,并通行内外问刑衙门一体遵办②;"静峰致死胞弟周阿毛,图赖邢直武等夺钱殴毙"案增加了"僧道女尼喇嘛致死本宗卑幼"的新例③;"郭义焙谋财致死小功堂侄女郭丫头仔"案增加了"图财谋杀卑幼以凡论斩决"新例,并通行各省督抚一体遵照④;"于瑞情急救父殴伤胞叔于添位"案修改了"情切救父殴期亲尊长"新例⑤;"曾志广商同在逃之曾权万谋杀胞叔曾生迥身死"案规定,嗣后相似争继酿命案情照此办理,并著为令⑥;"张徐氏喊禀,被伊子张朝元殴伤头颅"案增加了"子殴父母"相关新例,并通谕内外问刑衙门一体遵照⑦。

驳案司法过程对立法的补充不仅体现在"因案生例"这一形式,还体现在对现行法律的解释等方面。例如,斗殴类亲属相犯案件中有2例案件引发了法律的进一步解释:"敖善富与子敖大高殴戳胞弟敖善荣身死"案中部驳有"恐外省问刑衙门尚有似此误会之处,并应通行各督抚各饬所属,一体遵照可也"等语⑧;"潘九思与王李氏通奸,主使王李氏将伊子王孟隆勒死"案的断拟结果也通谕中外问刑部衙门知晓⑨。

---

① 全士潮、张道源等纂辑《驳案汇编》,何勤华等点校,法律出版社,2009,第414~417页。
② 全士潮、张道源等纂辑《驳案汇编》,何勤华等点校,法律出版社,2009,第422~423页。
③ 全士潮、张道源等纂辑《驳案汇编》,何勤华等点校,法律出版社,2009,第441~442页。
④ 全士潮、张道源等纂辑《驳案汇编》,何勤华等点校,法律出版社,2009,第442~444页。
⑤ 全士潮、张道源等纂辑《驳案汇编》,何勤华等点校,法律出版社,2009,第444~446页。
⑥ 全士潮、张道源等纂辑《驳案汇编》,何勤华等点校,法律出版社,2009,第446~447页。
⑦ 全士潮、张道源等纂辑《驳案汇编》,何勤华等点校,法律出版社,2009,第470~472页。
⑧ 全士潮、张道源等纂辑《驳案汇编》,何勤华等点校,法律出版社,2009,第449~452页。
⑨ 全士潮、张道源等纂辑《驳案汇编》,何勤华等点校,法律出版社,2009,第465~467页。

五 结语

作为治理主体的地方与中央判案时所要着重衡量的因素本身有所不同,刑部作为中央机构,在法律适用、服制判定等多方面都有远大于地方的解释权和自由裁量权。即使案件的最终定罪量刑结果与初审结果存在差异,也无法单凭案件事实及审断经过来断定地方审断有所纰漏。

回溯《驳案新编》亲属相犯案件驳改情况并进一步思考,可对当今的社会治理有所助益。时至今日,虽然亲属相犯不再作为身份犯罪的系列罪名而出现,但亲属相犯行为仍屡见不鲜,"服制"这一界定亲属关系的关键因素在基层社会治理特别是农村地区的家事纠纷解决中仍占有一席之地。《驳案新编》中处理亲属相犯案件有对"情法允协"的追求,当今在处理亲属相犯类纠纷时,应充分考虑现有治理思路,在坚持法理的同时,亦应兼顾情理的考量;刑部量刑时对年迈老者、妇女等弱势群体予以宽宥,当今处理家事纠纷也要充分考虑治理对象的差异,根据当事人的实际情况,求得最为妥适的纠纷解决方法。

零和到正和：智能算法赋能社会治理共同体的路径研究

——技术道德化的视角[*]

董向慧[**]

内容提要：社会治理共同体"价值理性"与智能算法"工具理性"之间并非单纯的零和博弈，而是存在正和博弈的巨大空间。智能算法在"国家—社会"的社会治理共同体创新中有充足的路径选择。基于技术道德化视角，智能算法赋能社会治理共同体可从"知觉—情感""行动—权利""关系—分配"三个维度入手，提升社会治理各主体的主动性、责任感、获得感，从而建构人人有责、人人尽责、人人享受的社会治理共同体。

关键词：智能算法 技术道德化 社会治理共同体

目 次

一 问题的提出
二 文献回顾
三 智能算法的技术调节维度
四 智能算法赋能社会治理共同体的路径
五 结语

---

* 本文系国家社科基金一般项目"技术现象学视角下智能算法嵌入社会与治理研究"（22BSH001）阶段性成果。
** 董向慧，法学博士，天津社会科学院舆情研究所副研究员，北京师范大学新闻传播学院博士后。

一 问题的提出

社会治理共同体强调共同体成员之间相互联系、相互合作和利益共享，不断完善公民参与社会治理的路径与渠道。在主体多元、目标多元、任务多元背景下，社会治理共同体是社会治理的理想形态。同时，社会治理共同体也是我国"凸显社会组织和公民个体的社会主体性地位""释放社会力量"的需要①。党的二十大报告提出：建设人人有责、人人尽责、人人享有的社会治理共同体。社会治理共同体为社会治理提出了"价值理性"。社会治理共同体建设是新时代基于中国价值、中国精神的治理方案②。近十年来，以数据化、信息化、智能化为特征的智能技术为社会治理提供了"工具理性"和"技术理性"。智能算法等智能技术广泛应用于社会治理创新，但也带来了算法歧视、算法黑箱、数字鸿沟等技术权力化、技术异化诸多问题。因而，如何平衡社会治理共同体"价值理性"与智能算法"工具理性"之间的关系，使两者从零和博弈走向正和博弈，走出国家—社会的社会治理现代化路径，这是当下尤为迫切的理论和现实问题。要解决这一问题，应采取面向实践的思路，即跳出"算法乌托邦""算法敌托邦"的对立思维，从实际经验出发，归纳和总结智能算法与社会治理共同体的正反馈关系，从而提出可行路径。近年来，随着淄博烧烤、哈尔滨文旅、胖东来超市、贵州村BA等案例涌现，智能算法与社会治理共同体的正和博弈以及算法"人民性"也呼之欲出。上述案例表明，社会治理共同体"价值理性"与智能算法"工具理性"之间并非仅仅单纯的零和博弈，而是存在正和博弈的巨大空间。智能算法在国家—社会的社会治理共同体创新中有充分的路径选择。本文基于技术道德化视角，将社会治理共同体的"价值理性"内嵌于智能算法的"技术理性"，提出了智

---

① 张磊：《社会治理共同体的重大意义、基本内涵及其构建可行性研究》，《重庆社会科学》2019年第8期。
② 刘琼莲：《"共生共在"的社会治理共同体建设：理论探索与实践推进》，《天津社会科学》2021年第4期。

能算法赋能社会治理现代化的路径选择。

二 文献回顾

算法有广义、狭义之分。广义的算法泛指解决问题的特定方案和计算程序，如菜谱、地铁路线图等，而狭义的算法则特指计算机科学中的算法程序，如决策树算法、协同过滤算法、神经网络算法等。美国学者罗伯特·塞奇威克（Robert Sedgewick）和凯文·韦恩（Kevin Wayne）将计算机算法定义为：描述一种有限、确定、有效的并适合用计算机程序来实现的解决问题的方法①。算法、数据、算力构成了人工智能技术的三要素。近年来得益于高性能计算机处理器和大数据的推动，智能算法获得了突飞猛进的发展。风靡全球的ChatGPT正是由大算力和大数据驱动的神经网络算法成功案例。

随着互联网信息和人工智能技术深度渗透现实社会，智能算法作为人工智能技术的底层逻辑与架构已与日常生活紧密联系。智能算法在个体与平台的信息、数据、流量中发挥着匹配和调试功能，深度介入媒介使用、数字劳动、经济决策、政治运行、社会建构等领域。智能算法正扩展和下沉至政治、经济、社会、文化等各个领域，发挥着信息、数据、流量、权力和金钱"分配者"的功能，而且日常生活的媒体使用、电子支付、行动轨迹也无一不在算法的"视线"之内。

由大数据、大算力驱动的智能算法掌控者也获得了巨大的权力。近年来，智能算法广泛应用于算法行政、社会治理等领域，随之产生了各种问题，如隐私泄露、算法歧视、数据鸿沟等。温凤鸣等认为，欧美社会治理中算法嵌入社会治理有诸多伦理风险，即算法"黑箱"与社会信任危机、算法歧视与社会不平等、隐私泄露与社会监视②。张爱军认为，算法治理

---

① 〔美〕罗伯特·塞奇威克（Robert Sedgewick）、凯文·韦恩（Kevin Wayne）《算法》（第4版），谢路云译，人民邮电出版社，2012，第1~2页。
② 温凤鸣、解学芳：《欧美社会治理中算法应用的伦理风险与规制路径研究》，《西南民族大学学报》（人文社会科学版）2023年第9期。

带来了"技术利维坦"等社会风险，技术理性权威至上带来了侵犯公民权利、隐私等"算法越位"现象①。张龙辉等提出，智能治理存在城市治理决策偏差、算法不正义、算法功利主义危机以及技术专制等算法失灵风险②。

随着研究的深入，在技术治理基础上发展和完善算法伦理成为算法治理的世界共识。算法伦理指的是使算法具有内在的伦理规定性，以一种伦理上的方式运行，并且给出有道德的结果③。就算法伦理的价值属性，基于世界范围内84份人工智能伦理规范文件的内容分析，按照从高到低的顺序，透明性、公正性、无伤害性、责任性、隐私性、慈善性、自由和自主度、可信任、耐久性、尊严性、团结性依次成为人工智能伦理的核心价值④。可以说，智能算法遵循人类社会的伦理规则，遵循透明、公正、无伤害性、隐私等原则，使人工智能发展促进全体人类福祉成为多数共识。实现上述目标，则需要政府治理、社会治理、平台治理多方协同开展。有研究指出，聚焦关键领域算法透明与公平的"法律"、基本稳定的算法伦理"规范"，以及迈向可解释的算法"代码"，贯穿了算法治理半个世纪进程⑤。

算法伦理关系着政府、社会、平台等多个主体，其治理和优化主要遵循由外至内和由内至外两种思路。由外至内的思路主张通过立法、伦理规范的形式消除和治理算法产生的伦理风险，算法歧视、大数据杀熟、算法诱导等。譬如，中国就算法推荐专门出台了《互联网信息服务算法推荐管理规定》，规范和引导推荐类算法的伦理导向。由内至外的思路则主张通过平台和算法设计者的道德责任感、算法的价值敏感性优化来改善算法伦

---

① 张爱军：《"算法利维坦"的风险及其规制》，《探索与争鸣》2021年第1期。
② 张龙辉、肖克：《城市智能治理中的算法失灵及消解策略》，《电子政务》2022年第7期。
③ 郭林生：《论算法伦理》，《华中科技大学学报》（社会科学版）2018年第2期。
④ Jobin, Anna, M. Ienca, and E. Vayena. "The Global Landscape of AI Ethics Guidelines." *Nature Machine Intelligence* 1.2(2019).
⑤ 许可：《驯服算法：算法治理的历史展开与当代体系》，《华东政法大学学报》2022年第1期。

理[①],以技术方案解决伦理困境。比如,有研究主张通过实验哲学方法,以"伦理旋钮"算法来解决无人驾驶中的算法困境[②]。需要指出的是,随着人工智能的升级和智能算法大模型时代的到来,智能算法的智识性、不可预测性都显著提升。算法伦理研究和实践亟须将由外至内、由内至外两种思路紧密结合起来。正如马克·考科尔伯格提出的,要使人工智能的管理政策发挥作用,需要搭建一座桥梁,将抽象的、高层次的伦理和法律原则与技术实践连接起来,采取积极伦理主导的负责任创新[③]。近年来,欧盟、美国、中国等对管理、规制、引导人工智能技术与算法的探索都在深入推进中。在理论维度,人工智能伦理也成为学界焦点。如何使智能算法遵循人类社会的道德伦理、法律法规成为重要的理论和实践问题。就社会治理领域而言,"不作恶"仅仅是算法治理的底线和"红线"。如何将社会治理共同体的"价值理性"嵌入智能算法的"工具理性",使两者产生正和博弈,这既是算法治理的目标,也是社会治理智能化的发展方向。

三 智能算法的技术调节维度

正因为智能算法具有权力与权利不对称、透明度低等特性,算法批判成为重要和主要的研究视角。同时,智能算法不同于单向度的技术。智能算法的智识性、能动性使其兼具技术性和社会性两种属性。"算法是社会性的,它们通过既在设计和学习阶段受到人类价值体系的影响,也产生这些价值,从而与我们的价值体系不可分割地交织在一起。"[④] 智能算法的社会性使伦理研究有重要价值。一方面,算法的社会性和价值导向性,使得

---

① 张卫:《算法中的道德物化及问题反思》,《大连理工大学学报》(社会科学版)2020年第1期。
② 张学义、王晓雪:《"伦理旋钮":破解无人驾驶算法困境的密钥?》,《中国人民大学学报》2023年第2期。
③ 〔奥〕马克·考科尔伯格:《人工智能伦理学》,周薇薇、陈海霞译,上海交通大学出版社,2023,第121页。
④ 〔立陶宛〕伊格纳斯·卡尔波卡斯:《算法治理:后人类时代的政治与法律》,邱遥堃译,上海人民出版社,2022,第51页。

算法伦理的研究具有可能性。另一方面，算法应用产生各种伦理风险，如算法偏见、算法操控、算法违规、舆论控制、品牌污染、算法黑箱等①，使得算法伦理研究具有现实性和迫切性。为此，如何将社会治理共同体的价值理性与智能算法的社会性高度契合，使得两者由零和博弈转向正和博弈，这成为算法伦理研究需要解决的重要问题。荷兰学者维贝克的"技术道德化"为解决这一问题提供了可行的理论视角。

（一）技术的调节作用与拓展

维贝克在广泛借鉴福柯的微观权力物理学、"巴黎学派"行动者网络理论以及唐·伊德技术现象学基础上，提出了"非人本主义技术伦理学"，将技术视为有道德意蕴的社会存在。譬如，公路上的"减速带"便是安全驾驶理念的技术道德化。在维贝克看来，技术通过知觉调节、行动调节两种方式发挥着道德意蕴作用②。在知觉调节维度，技术呈现意向性，在人与世界的关系中发挥着主动性作用。B超、核磁技术是知觉调节的例子，通过上述技术可以增强对疾病的认知，从而提升人的福祉。"技术的诠释作用具有重要的伦理结果，因为这意味着技术能积极主动地促成人类做出道德决定。"③ 在行动调节维度，技术是调节人类行动的"脚本"，某些行动得到"邀请"，而某些行动得到"抑制"。譬如，减速带、安全带是行动调节的例子，通过这些技术可以转译安全驾驶的理念。维贝克以表格形式概括了技术知觉调节、行动调节的过程④（见表1）。

---

① 莱顿·安德鲁斯：《算法、规则和治理准备》，载〔英〕凯伦·杨、马丁·洛奇编《驯服算法——数字歧视与算法规制》，林少伟、唐林垚译，上海人民出版社，2020，第211页。
② 〔荷〕彼得·保罗·维贝克：《将技术道德化：理解与设计物的道德》，闫宏秀、杨庆峰译，上海交通大学出版社，2016，第9页。
③ 〔荷〕彼得·保罗·维贝克：《将技术道德化：理解与设计物的道德》，闫宏秀、杨庆峰译，上海交通大学出版社，2016，第11页。
④ 〔荷〕彼得·保罗·维贝克：《将技术道德化：理解与设计物的道德》，闫宏秀、杨庆峰译，上海交通大学出版社，2016，第14页。

表1 技术的调节作用

经验	实践
知觉调节	行动调节
技术的意向性	脚本
知觉转化	行动转移
方法和缩小	邀请和抑制

资料来源：参见〔荷〕彼得·保罗·维贝克《将技术道德化：理解与设计物的道德》，闫宏秀、杨庆峰译，上海交通大学出版社，2016。

维贝克所列举的B超、减速带等知觉调节、行动调节技术，更多的是单向度的技术。而智能算法作为具有能动性、社会性的技术，除了能够发挥知觉调节、行动调节的作用，还能够发挥关系调节的功用。所谓关系调节，指智能算法是类人类和个体的"行动者"，在人与人的互动作用关系中发挥着中介性作用。需要指出的是，维贝克对具有能动性、智能性的技术也给予了关注。维贝克吸收和借鉴了唐·伊德的技术意向性概念，提出了"赛博格意向性"和"复合意向性"。"赛博格意向性"指的是人与技术整合成新的实体，而"复合意向性"则指存在人类有意向性的环境[①]。就"赛博格意向性"而言，智能机器人、数字人能够成为人类的"技术伴侣"。就"复合意向性"来说，智能传播算法能够产生"信息茧房"效应，强化特定群体的价值观、激化对峙群体的冲突。因此，维贝克"非人本主义技术伦理学"在智能社会还应加以拓展，在知觉调节、行动调节基础上增加关系调节的维度（见表2）。

表2 拓展后的技术调节作用

经验	实践	关系
知觉调节	行动调节	关系调节
技术的意向性	脚本	技术的社会性
知觉转化	行动转移	关系变更
方法和缩小	邀请和抑制	链接和价值

---

① 〔荷〕彼得·保罗·维贝克：《将技术道德化：理解与设计物的道德》，闫宏秀、杨庆峰译，上海交通大学出版社，2016，第175页。

（二）智能算法技术调节的维度

维贝克基于技术的道德意蕴提出，"扩展伦理学的最重要前提是道德共同体的扩展，即将人类实体及其与人类的联系都纳入到道德共同体之中"①。技术的知觉调节、行动调节、关系调节成为"技术道德化"的主要维度。上述三个维度为智能算法的技术道德化提供了坐标系。

1. 智能算法的知觉调节

维贝克提出，技术通过放大与缩小效应调节人对世界的知觉和感知。正如技术现象学的代表人物唐·伊德所言的"具身关系"，技术成为人观察和感知世界的中介，如望远镜、显微镜等。而麦克卢汉认为，每一种媒介都是人的延伸："借助置身于我们外延的中枢神经系统，借助电子媒介，我们创造了一种动力……一种外在的共识和良心，和个人的意识一样，是必不可少的。"② 当下，智能算法正在取代报纸、电视、广播等大众媒体，形塑着人的知觉和感知。智能算法根据用户的浏览路径、兴趣偏好，支配着个体的信息、情绪和感官体验。正如杰米·萨斯坎德所言："我们如何感知世界将越来越多地由数字系统向我们揭示或隐藏的东西所决定。我们看到了什么，什么被屏蔽了，哪些情感被激发，哪些没有被触动——我们将把这些决定托付给为我们过滤世界的设备。"③ 智能算法的过滤发挥着知觉放大、缩小的调节作用，使得数字互联网系统呈现情感和情绪主导的"后真相"特征。情感与情绪作为智能算法知觉调节的中介和框架，使公共舆论时刻处于被操控的风险。同时，智能算法通过与元宇宙、虚拟现实等技术，增加和创造新的感官体验，使得人的知觉调节呈现虚拟与现实、物理世界与数字世界交叠、混合的状态。可以说，智能算法正在成为人与信息世界、物理世界的知觉"过滤网""缩放器"，甚至创造全新的知觉和

---

① 〔荷〕彼得·保罗·维贝克：《将技术道德化：理解与设计物的道德》，闫宏秀、杨庆峰译，上海交通大学出版社，2016，第49页。
② 〔加〕哈罗德·伊尼斯：《传播的偏向》，何道宽译，中国人民大学出版社，2003，第81页。
③ 〔英〕杰米·萨斯坎德：《算法的力量：人类如何共同生存》，李大白译，北京日报出版社，2022，第111页。

感觉体验。

2. 智能算法的行动调节

在"非人本主义技术伦理学"中，技术对社会行动的调节是通过"邀请或抑制"脚本来实现的。技术物通过规定使用技术时该如何行动的脚本来调节行动①。譬如，减速带是对驾驶员减速行驶的"邀请"，对超速行为的"抑制"。在"代码即法律"的智能社会，算法则成为数字空间的规则与规范。"算法就是赛博空间的社会规范，它在赛博空间的秩序建构中发挥着独特的作用。"②当下，算法既是微观权力，也是宏观权力，对社会行动发挥着调节作用。就微观层面而言，算法成为福柯所言的全景监视技术，成为个体构建自我的中介。"纪律的实施必须有一种借助观看而实行强制的机制。在这种机制中，实现观看的技术能够诱发出权力的效应。"③随着智能终端的广泛应用，从身高、体重到购物、驾驶，个人的行动轨迹不断被数据化，通过算法成为个体自我"凝视"、调节行动的中介物。譬如，智能手环成为个体安排日常食谱的调节物。就宏观权力而言，算法通过大数据采集、分析，成为政府、企业、机构进行决策、评估、预测的模型与工具。算法权力以"通行与禁止""邀请与抑制"等方式，发挥着行动的调节作用。具有某种数据标签的个体能够在算法权力中畅通无阻，而具有特定数据标签的个体则被算法权力边缘化。正如有研究指出："算法塑造行为是以特定方式进行的，即依据算法治理术离散的'部落'的特殊性。一个人被归类，分类成为一个人的自我；一个人通过分类寻找其他人。"④

---

① 〔荷〕彼得·保罗·维贝克：《将技术道德化：理解与设计物的道德》，闫宏秀、杨庆峰译，上海交通大学出版社，2016，第 13 页。

② 张卫：《算法中的道德物化及问题反思》，载李伦主编《数据伦理与算法伦理》，科学出版社，2019，第 97 页。

③ 〔法〕米歇尔·福柯：《规训与惩罚》（第 5 版），刘北成、杨远婴译，生活·读书·新知三联书店，2019，第 185 页。

④ 保罗·亨曼：《算法治理和算法治理术：迈向机械判断》，载〔荷〕马克·舒伦伯格、里克·彼得斯编《算法社会：技术、权力和知识》，王延川、栗鹏飞译，商务印书馆，2023，第 35~36 页。

3. 智能算法的关系调节

智能算法不仅调节个体的知觉和行动，也通过数据、资本、信息的分配与控制调节、形塑复杂的社会关系。"传统社会世界的主导关系是人与人的关系，数字化、智能化孵化了机器的智能，人与物、物与物的关系正在显示出更加重要的地位。"① 有研究指出，数字社会的社会关系呈现算法依赖、服务网络、监管复杂、平台主导、社交线上、主体透明、劳动灵活等新特点②。总结智能算法对社会关系的调节，可将其分为两个方面：公众领域与生活世界。在公众领域，智能算法作为数据、信息、资本的分配与调节者，对于阶层关系、劳动关系产生巨大冲击。智能算法作为"技术利维坦"，滋生了数字资本主义和算法精英阶层。掌握算法、数据和代码权力的技术精英掌握着巨大的权力，而劳动者则成为数据"供养者"。"数字资本主义的核心分歧是编程精英和网络无产者的对立，编程精英掌握并控制着数据和软件，而网络无产者必须生产、精炼和处理供养或训练算法的数据。"③ 在生活世界，智能算法成为"主体间性"建构的中介，个体的社会化过程、家庭生活关系发生着深刻变化。智能算法不断放大和强化个体的能力，社会已经或正在成为个体建构自我社会的资源，以个体为中心进行资源组织正在成为新的特征④。随着生成式人工智能和人形机器人的发展，智能算法已可以模拟人的思想、情感，数字人、机器人伴侣也正在走入家庭生活，而人类作为赛博格复合体的"后人类主义"倾向也日益明显。

四 智能算法赋能社会治理共同体的路径

在智能社会，智能算法的主体性、能动性和社会性正在不断显现。不

---

① 骆正林：《数字空间、人工智能与社会世界的秩序演化》，《阅江学刊》2023 年第 6 期。
② 蔡丹旦、徐清源、李静：《数字时代社会关系新特征与风险应对》，《科学·经济·社会》2023 年第 5 期。
③ 詹娜·布瑞尔、马里恩·弗尔卡德：《被算法控制的社会》，杨泽凡译，《国外社会科学前沿》2023 年第 12 期。
④ 邱泽奇：《重构关系：数字社交的本质》，北京大学出版社，2024，第 3 页。

同于减速带、安全带等单向度技术，智能算法的道德意蕴尤为鲜明。譬如，网约车、快递平台智能算法的调整，便关系着数千万劳动者的福祉。当智能算法成为智能社会的"行动者"，社会治理中也需要将其作为道德共同体、伦理共同体的重要主体。有研究指出，"当下社会治理共同体建设实践应以增强信任与韧性为出发点和目标，借助数字赋能，完善行动者组织，丰富合作行动模式，推动建立多元合作关系共同体"①。通过分析智能算法技术调节的维度，知觉调节、行动调节、关系调节三个维度为智能算法赋能社会治理共同体提供了参考基座和框架。正如维贝克所提倡的，伴随伦理学，一方面需要更进一步分析特定技术在人类存在、社会和文化中的调节作用；另一方面，它需要发展与这些调节作用的伦理关系②。聚焦"人人有责、人人尽责、人人享有"的社会治理共同体治理目标，智能算法技术道德化、赋能社会治理共同体可以围绕"知觉—情感""行动—权利""关系—分配"三个维度开展。

（一）"知觉—情感"调节激发人人有责

智能算法尤其是智能传播算法作为信息和流量的调控者，正在通过"放大—缩小""可见—隐藏""推荐—过滤"调节着个体的知觉系统。公众的注意力、情感经由智能算法的操控和规训，形成了数字化的知觉惯习。在"马看见什么是由人决定"的效应下，情感则成为信息选择和塑造知觉系统的核心要素。这也使得公众诉诸情感与信念而非事实与真相的舆论生态"后真相时代"特征尤为明显。正如美国学者努斯鲍姆所言，情感具有道德、政治的双重作用，关乎政治社会的内部凝聚与稳定性③。在智能算法时代，"知觉—情感"直接关系着社会治理共同体的认同感与稳定性。一方面，"知觉—情感"调节可不断强化群体的边界，以"信息茧房"

---

① 刘琼莲：《"共生共在"的社会治理共同体建设：理论探索与实践推进》，《天津社会科学》2021年第4期。
② 〔荷〕彼得·保罗·维贝克：《将技术道德化：理解与设计物的道德》，闫宏秀、杨庆峰译，上海交通大学出版社，2016，第200页。
③ 弭维：《政治情感的认知特性、社会功能及其对正义的影响——评玛莎·努斯鲍姆的〈愤怒和宽恕：憎恨·慷慨·正义〉》，《国外理论动态》2016年第8期。

效应形成群体极化现象。另一方面,"知觉—情感"调节也可以调动社会治理共同体的主体责任和道德感。因而,智能算法"知觉—情感"调节的技术道德化,重点在于抑制其群体激化的"零和博弈",发展其调动个体责任与道德感的"正和博弈"。

建构社会治理共同体的前提是使共同体的个体产生主动参与感和责任感。

基于实践,智能算法"知觉—情感"的技术道德化可从风险感知、道德参与两个维度开展。就风险感知而言,现代社会的风险叠加、风险共振等"风险社会"特征明显,重大疫情、恐怖袭击、环境污染等风险事件层出不穷。智能算法应突出风险事件的"知觉—情感"调节,放大公众的风险感知,充分调动公共参与,建构社会治理共同体,维持现代社会安全发展的底线。譬如,中国在抗击新冠疫情过程中,智能算法与公众情感形成"共振"效应,极大提升了个体的风险感知能力,使得人人有责的超大型社会治理共同体形成。就道德参与维度而言,"淄博烧烤""哈尔滨文旅""贵州村BA"等文旅融合案例已凸显了智能算法的"知觉—情感"调节。通过智能传播算法的流量推荐,"网红效应"极大调动了当地市民的归属感、认同感和责任感,市民走上街头充当志愿者、免费开车接送游客,整个城市、地区呈现"政通人和"的景象。情感能量与网络流量形成正向反馈关系,人人有责的社会治理共同体得以构建。

(二)"行动—权利"调节保障人人尽责

在数字空间与物理空间互相融合、嵌套的趋势下,智能算法作为社会空间的规则与规范,对于社会行动调节的功能愈发重要。智能算法的行动调节既体现在宏观层面,也渗透到微观层面。就宏观层面,智能算法通过公共资源、数据信息的分配、决策调节着社会行动。譬如,"城市大脑"可以调配警务、交通、文旅、健康等领域的数据与资源分配,从而调节和引导群体行动。就微观层面,智能算法通过"邀请—抑制"等技术操作以"日用而不知"的运作调节个体行动。譬如,智能导航系统通过超速、摄像头等信息提示调节驾驶员行动。社会行动是指向社会关系的行动。因而，在社会治理共同体建设领域，无论是宏观层面还是微观层面，智能算法"邀请—抑制"的行动调节核心是"小我"与"大我"之间的关系，即公共权力与公民权利的关系。就社会治理共同体建设而言，发挥智能算法的行动调节功能，其关键在于保障政府、社会等各治理主体人人尽责，形成"国家—社会"的新型共同体。

建构社会治理共同体，智能算法需要从行动调节的宏观与微观两个层面入手，以社会权利调节为主要参照物。就宏观层面，"行动—权利"调节的目标是实现公共权力与公民权利的平衡、和谐、有序。一方面，公权力是算法权力、数据资源的主导者，智能算法的权力与权利边界必须清晰，克服"技术利维坦""数据鸿沟"的治理弊端，使得公权力不越界、不侵权。基于算法批判的视角，将算法权力作为新形态的公权力，使其在公平和正义的程序下运行。"实现以社会权利约束算法权力，在于坚持算法正义，从算法初始的程序设计与数据收集到算法推荐输出都要保证算法程序正义和最大多数人的平等参与。"① 另一方面，向上向善是智能算法追求的公共权益目标。智能算法应以便民、利民、兴民、惠民为"行动—权利"调节导向，优化公共资源配置、提升公共服务效率、增加公共利益福祉。譬如，提升社会治理的智能化水平，保障公共服务分配的公平性。就微观层面，"行动—权利"调节的指向是克服"搭便车效应""公地效应"，使得个人成为社会治理共同体的主动参与者和公序维护者。就主动参与而言，智能算法可通过多种方式调动个体责任感。譬如，提升社会治理参与者的"信用评分"、以智能回收站奖励环保参与者等。就公序维持而言，智能算法可引导驾驶者文明驾驶；通过食品的全流程追溯提升食品安全水平等。

（三）"关系—分配"调节推动人人享有

随着生成式人工智能、人形机器人的"涌现"，智能算法不仅在知觉、行动两个维度发挥着技术调节作用，而且日渐成为智能社会的"技术伴

---

① 张爱军：《"算法利维坦"的风险及其规制》，《探索与争鸣》2021年第1期。

侣"。在公共领域、生活世界，智能算法使得社会关系呈现更高的复杂性。关系调节关涉智能算法的现实价值与旨趣追求。正如有研究指出的，我们真正面临的问题，究竟是用已有的算法造福广大民众，还是用算法满足少数人的私欲①。如何跳出"算法黑箱""技术利维坦"等"零和博弈"状态，呈现增进公共利益与公共福祉的"正和博弈"和分配正义，这是智能算法赋能社会治理共同体的根本问题。

智能算法与"人民性"互相嵌入，人人享有社会治理的成果②，这是发挥智能算法关系调节的理想价值目标。而要实现这一目标，则需要引入数据、平台的视角。算法、算力、数据是人工智能技术的三要素。数字平台掌握了算法、算力，公众则生产了数据。就其生成过程而言，智能算法是一种"准公共产品"。因而，社会治理共同体建构中，智能算法不仅是一种治理工具，还是一种治理资产。要发挥智能算法在社会治理共同体中的关系调节作用，关键是实现人人享有的分配正义。大数据时代的分配正义应遵循机会均等、分配标准与程序合理、利益与责任同等分配原则③。在智能算法的分配正义过程中，平台、公众的关系调节则需要诸多理论和实践创新。"为了发展使用和设计的责任形式，我们需要给用户和设计者提供框架和方法来预见、评估和设计技术在人类生活中的套接作用以及组织社会的方式。"④ 而要实现智能算法"关系—分配"调节的技术道德化，需要引入数据资产的理念。也就是说，公众作为数据的生产者，是智能算法的"训练者"。因而，数字平台要在分配中保障公众从数字资产中受益。一方面，政府平台的数字资产应主要服务于公共利益，其商业开发和应用收益则以税收、定向征收等形式用于公共服务。另一方面，企业平台的数据资产应坚持分配正义、支持三次分配。譬如，算法类网约车平台与劳动

---

① 〔瑞典〕大卫·萨普特：《被算法操控的生活——重新定义精准广告、大数据和AI》，易文波译，湖南科学技术出版社，2020，第217页。
② 褚添有、朱仁森、李静怡：《算法与人民性互嵌：基层智慧治理中的行动者网络建构》，《中共天津市委党校学报》2022年第5期。
③ 张煌：《大数据时代的分配正义挑战与伦理规制》，载李伦主编《数据伦理与算法伦理》，科学出版社，2019，第78~79页。
④ 〔荷〕彼得·保罗·维贝克：《将技术道德化：理解与设计物的道德》，闫宏秀、杨庆峰译，上海交通大学出版社，2016，第201页。

者、短视频平台与创作者就数字资产、流量的受益分配开展协商,建构和谐劳资关系。算法类社交媒体应将鼓励和推广慈善、扶贫、捐赠等三次分配作为算法设计的重要原则等。

五 结语

人类是物的尺度,物也是人类社会的尺度。正如维贝克所言:在技术文化的时代,事物也是人类的尺度。物质人工物尤其是逐渐渗入生活的技术装置在伦理学中发生作用①。在智能社会,智能算法作为信息、数据、资金、流量分配的底层逻辑,作为物理与数字世界高度融合的新型社会空间的规则和规范,对于个体与社会、公共权力与公民权利的关系都带来了深刻而广泛的影响。基于技术伦理学的视角,智能算法在知觉、行动、关系三个维度发挥着伦理调节作用。作为一种具有能动性、社会性的新型技术,智能算法是一把"双刃剑",既能加大贫富差距、强化平台权力,也能提升公共决策效率和政府管理水平。跳出"乌托邦"与"敌托邦"的对立视角,智能算法也是解决人类社会诸多悖论、实现由"零和博弈"到"正和博弈"的新手段。"淄博烧烤""贵州村 BA""哈尔滨文旅"等实践和经验已经证明,智能算法与"人民性"的互嵌、互动有广阔发展空间。围绕社会治理共同体建构,智能算法可从"知觉—情感""行动—权利""关系—分配"三个维度入手,提升社会治理各主体的主动性、责任感、获得感,建构人人有责、人人尽责、人人享受的社会治理共同体,从而走出"国家—社会"的社会治理新路径和人类文明新形态。

---

① 〔荷〕彼得·保罗·维贝克:《将技术道德化:理解与设计物的道德》,闫宏秀、杨庆峰译,上海交通大学出版社,2016,第201页。

·制度传统与治理传统·

法在中国传统治道中的地位与功能[*]

罗洪启[**]

内容提要：中国传统治道视域下的"法"虽然不具有西方文化中的那种至高地位，但中国传统历代各派思想家都没有忽视"法"在国家治理中的重要性，只是"法"在不同学派治道理论中的地位与功能存在重要区别。儒家崇尚"礼治"，但儒家之"礼"，囊括了国家的根本政治制度与百姓的日常生活，因此，儒家的"礼治"在一定程度上就是传统语境下的"法治"；道家崇尚"自然"，似乎不重视"法"，但道家对"道"的尊崇蕴含着对"实在法"的深刻反思与对"自然法""高级法"的信仰，他们并非不重视法，而是重视"与道合一"的法；法家虽然"尚法"，但其"尚法"与"尊君""重刑"互为表里，其"法治"与现代法治精神存在根本性歧异。

关键词：中国传统治道　法　地位　功能

目　次

一　引言
二　儒家治道视域下的法
三　道家治道视域下的法
四　法家治道视域下的法
五　结语

一　引言

正如汉代史学家司马谈在《论六家要旨》中指出的，先秦诸子思想都

---

[*] 本文系国家社科基金西部项目"中国古代裁判文书说理机制研究"（21XFX009）的阶段性成果。
[**] 罗洪启，法学博士，中共云南省委党校（云南行政学院）法学教研部副教授。

是以"治"为中心的功利性思考:"夫阴阳、儒、墨、名、法、道德,此务为治者也,直所从言之异路,有省不省耳。"① "他们全部思考的是对曾经称为'天'的权威的道德和政治秩序之瓦解的回应;而且,对于他们所有人来说关键的问题并不是西方哲学所谓的'真理是什么',而是'道在哪里'的问题,这是规范国家与指导个人生活的道。"② 这个"规范国家与指导个人生活的道",就是中国传统思想中的"治道"。

从文献记载来看,"治道"概念直到战国末年才被正式使用③,但治道思想的渊源却很早,如记载了尧、舜、禹三个圣王和夏、商、周三个朝代事迹的《尚书》,便向来被认为是古代帝王治国必须遵循的大道,典型者如《洪范》《九畴》诸篇。但"《洪范》《九畴》虽或为夏禹政治之大法,而文辞简短;《商书》虽多为信史,而记载疏略,至于殷墟甲骨卜契之文字,虽可据推想古代之制度,而究非学术思想之纪录"④。因此,《尚书》所蕴含的诸多观念虽然是启发后世思想家思考治道的重要资源,但中国传统治道思想的真正兴盛,还是在被雅斯贝尔斯称为"轴心时代"(Axial perio)的春秋战国时期。"在轴心时代出现的思想运动都将直接或间接地深刻塑造所有这些文化的全部历史。由轴心时代所奠定的问题意识会以错综复杂,而且往往是预想不到的方式进入到此后所有高级文明的人类文化发展史之中。"⑤ 先秦诸子治道思想对帝制中国两千年的治国理念与实践有深刻影响,可谓直接或间接地塑造了中国古代两千年的政治史。因此,以先秦诸子对后世影响最大的儒、道、法三家的治道为切入点,考察"法"在中国传统治道中的地位与功能,对于深化对传统中国法性质与功能的认识、对于增进对中国传统国家治理模式的理解,具有重要的理论和实践意义。

---

① 《史记》卷一百三十,"太史公自序",中华书局,1959,第3289页。
② 〔英〕葛瑞汉:《论道者:中国古代哲学论辩》,张海晏译,中国社会科学出版社,2003,第4页。
③ 有关"治道"概念的辨析,参见黎红雷《为万世开太平——中国传统治道研究引论》,《云南大学学报》(社会科学版)2007年第6期。
④ 萧公权:《中国政治思想史》,新星出版社,2005,第1页。
⑤ 〔美〕史华兹:《古代中国的思想世界》,程钢译,刘东校,江苏人民出版社,2004,第2~3页。

二 儒家治道视域下的法

儒家治道可以说是对天命秩序崩溃的一种"保守的回应"①，孔子及其门徒所关注的，不仅是要建立一个稳定统一的社会政治秩序，还要建立一个符合天道原则，有意义、有价值的道德秩序。这种道德秩序的特点是，其顺利运行的关键不取决于强制性的武力与刑罚，而取决于统治者自身的内在德性力量。在儒者看来，武力与刑罚只能让人表面臣服，不能真正心服，因此，通过强制武力实现的秩序只是一种不符合王道正义精神的"刚性稳定"；只有基于人类普遍而固有的同情心——孔子所谓"仁"、孟子所谓"恻隐之心"——依靠伦理与道德的力量，才能建立符合王道或正义原则的"韧性稳定"，从而让人真正心服，达到天下大治的理想境界。

儒家治道的核心概念是"礼"。根据美国汉学家史华兹的概括，"'礼'在最为具体的层面上表示所有'客观'的行为规定，这些客观行为规定或者针对礼仪（rite）、仪式（ceremony）、仪态（manner），或者针对一般的行为举止"②。可见，"礼"所规制的领域，并非仅限于国家政治生活的公共领域，而且遍及社会、家庭生活的个人私域，如《礼记》所论及的"朝觐之礼""聘问之礼""丧祭之礼""乡饮酒之礼""婚姻之礼"③，便囊括了公共与私人两个领域，或者确切地说，对于儒者而言，公共领域与私人领域之间本就没有明确的界限，在他们看来，公共领域不过是私人领域的自然延伸而已。私人领域所应恪守的"礼"与公共领域所应遵循的"礼"是一致的，后者不过是前者的推衍与运用而已，所谓"物格而后知至，知至

---

① 〔英〕葛瑞汉：《论道者：中国古代哲学论辩》，张海晏译，中国社会科学出版社，2003，第11页。
② 〔美〕史华兹：《古代中国的思想世界》，程钢译，刘东校，江苏人民出版社，2004，第68页。
③ 《礼记·经解》："以奉宗庙则敬，以入朝则贵贱有位，以处室家则父子亲、兄弟和，以处乡、里则长幼有序……故朝觐之礼，所以明君臣之义也。聘问之礼，所以使诸侯相尊敬也。丧祭之礼，所以明臣子之恩也。乡饮酒之礼，所以明长幼之序也。婚姻之礼，所以明男女之别也。"参见孙希旦撰《礼记集解》，沈啸寰、王星贤点校，中华书局，1989，第1256~1257页。

而后意诚,意诚而后心正,心正而后身修,身修而后家齐,家齐而后国治,国治而后天下平"①。推本溯源,天下是否能治,取决于"治者"能否修身以成就德性。所以,梁启超将儒家治道思想概括为"礼治主义"或"德治主义"或"人治主义"②。"礼"乃儒家理想之秩序,"德"乃此秩序之价值源泉,"人"乃推行此秩序之关键。

(一)"礼治"与"法治"

儒家治道虽以实现道德性礼治秩序为目标,但并不拒斥"法"。现代人之所以习惯性地将儒家"礼治"与"法治"对立,一个重要原因是古今对"法"概念的理解存在巨大差异。

以今人眼光看,儒家以"亲亲""尊尊"为核心的行为规范体系,无疑属于伦理道德范畴,不属于现代法的调整范围。但在古人看来,"礼"却是国家政治制度与个体行为都必须遵循的强制性规范,功能与今人理解的"法"类似。中国传统典籍对"礼"的功能多有论述。"礼,经国家,定社稷,序人民,利后嗣者也。""礼,国之干也;敬,礼之舆也。不敬则礼不行,礼不行则上下昏,何以长世?""夫礼,所以整民也。"③ "夫礼者,所以定亲疏,决嫌疑,别同异,明是非也。"④

所谓"经国家,定社稷",本质就是现代规定政府组织形式的宪法,如西周的宗法制度,"宗"可分为"大宗"和"小宗",周天子是天下的"大宗",天子的"大宗"地位只能由嫡长子继承,嫡长子之外的其他儿子为诸侯;诸侯相对于天子而言是"小宗",但在其封国内却是"大宗",诸侯的嫡长子继承其爵位,其他儿子被分封为卿大夫;卿大夫对诸侯而言是"小宗",但在其采邑内却是大宗,从卿大夫到士也是如此。这些规定虽属礼制,却是周王朝的根本政治制度,其功能类似现代规定国家组织架构的

---

① 《礼记·大学》,参见阮元校刻《十三经注疏》,中华书局,1980年影印版,第1673页。
② 梁启超:《先秦政治思想史》,天津古籍出版社,2003,第78页。
③ 《左传·隐公十一年》《左传·僖公十一年》《左传·庄公二十三年》,参见阮元校刻《十三经注疏》,中华书局,1980年影印版,第1736、1802、1778页。
④ 《礼记·曲礼》,参见孙希旦撰《礼记集解》,沈啸寰、王星贤点校,中华书局,1989,第6页。

宪法。

所谓"序人民""整民"等则相当于调整各种社会关系的普通法律。"父慈、子孝、兄友、弟悌、夫义、妇听"固然是一种伦理道德规范，却也是古人必须遵循的行为规范，若有违反，就会受到国家的干预与惩罚，即所谓"礼之所去，刑之所取，失礼则入刑，相为表里"①。

因此，要准确理解传统"礼治"与"法治"的关系，首先应打破现代法观念的拘囿。中国传统社会不存在现代"道德与法律"分离的意识，中国传统法主要的调整对象本就是伦理道德关系，因此，许多被现代人视为属于"礼"的规范，恰恰是中国传统社会的重要"法"规范。如果将"法"的概念界定为由国家强制力保障实施的行为规范、"法治"理解为一种稳定的规则秩序，那传统社会的很多"礼"规范就是现代的"法"规范，传统"礼治"对个体行为的规范功能与现代"法治"有相通之处。从这个意义上说，儒家当然不反对"法治"，只是他们理解的"法治"内涵与现代不同而已：他们所理解的"法治"，就是每个人都各守其分、"父子有亲，君臣有义，夫妇有别，长幼有序，朋友有信"的伦理秩序。

而传统语境中的"法"则主要是指"刑"。《说文》云："灋，刑也。平之如水，从水。廌所以触不直者去之，从廌去。"段玉裁注："刑者，罚罪也。《易》曰：利用刑人，以正法也。引申为凡模范之偁。《木部》曰：模者，法也；《竹部》曰：范者，法也；《土部》曰：型者，铸器之法也。"②李力教授指出："春秋以前的'法'字可能与现代意义上的'法'无关，可以说，商周人只知'刑'而不知'法'。""'法'的观念，产生于战国时期。其实践来源是春秋末期产生、战国时期得到蓬勃发展的成文法运动。"③可见，"法"在古人看来，更多是一种"刑"，而不是现代意义上的"法"，如《管子》说"杀戮禁诛谓之法"④；《盐铁论》说"令者

---

① 范晔撰《后汉书·陈宠传》，李贤等注，中华书局，1973，第1554页。
② 许慎撰《说文解字注》，（清）段玉裁注，上海古籍出版社，1981，第470页。
③ 李力著《中国法制通史》（第1卷），中国政法大学出版社，1999，第77、78页。
④ 《管子·心术上》，参见黎翔凤撰《管子校注》，梁运华整理，中华书局，2004，第759页。

教也,所以导民也;法者刑罚也,所以禁强暴也"①;宋人杨万里论述法与刑的关系说,"民之所以畏法者,何也?非畏法也,畏刑也。法不用则为法,法用之则为刑;民不犯则为法,民犯之则为刑,是以畏之也"②;明代理学家丘濬引吴澂说,"罚者一时所用之法,法者平日所定之罚",然后强调"法者罚之体,罚者法之用,其实一而已矣"③。

儒家对"刑"也并非完全拒斥,只是认为治国当以德礼为本、政刑为末,若一味依赖刑罚,不仅效果未必好,而且极易导致暴政。孟子说:"徒善不足以为政,徒法不能以自行。"④董仲舒说,"教,政之本也。狱,政之末也,其事异域,其用一也,不可以不以相顺,故君子重之也"⑤。但对于经过德礼教化后屡教不改,仍有"为恶之心"者,儒家认为对其施以刑罚是理所当然、仁至义尽的,没有必要刻意从轻、从宽以示仁德。宋代大儒朱熹甚至主张执法要"以严为本,而以宽济之……若曰令不行,禁不止,而以是为宽,则非也"⑥。

由此可见,儒家治道虽以"礼治"为核心,但其本质是一种融合了德、礼、政、刑的综合治理观。孔子的"仁学体系,把伦理—政治—法律—教育贯通起来,以伦理统率政治、统率法律"⑦。儒家治道是包括"德为治本、刑为治末,德主刑辅,明德慎刑;礼法并用,礼禁未然、刑禁已然;以及正人先正己,治人重治心"等内容的"古老综合治理学说"⑧。

(二)"德治"与"法治"

儒家治道的另一核心观念"德治"也常被视为现代法治的对立面,但

---

① 《盐铁论·诏圣》,参见《盐铁论校注》,王利器校注,中华书局,2015,第661页。
② 杨万里:《诚斋集》第八十八卷"刑法下",明刊本。
③ 丘濬:《大学衍义补》卷一百,林冠群、周济夫点校,京华出版社,1999,第853页。
④ 《孟子·离娄上》,参见焦循《孟子正义》,沈文倬点校,中华书局,1987,第36、484页。
⑤ 董仲舒:《春秋繁露·精华第五》,参见苏舆《春秋繁露义证》,钟哲点校,中华书局,1992,第94页。
⑥ 黎靖德:《朱子语类》卷一百零八"论治道",王星贤点校,中华书局,1986,第2689页。
⑦ 俞荣根:《怎样认识和评价孔子的法律思想?》,《现代法学》1982年第2期。
⑧ 俞荣根:《孔子关于犯罪的预防及其社会控制简议》,《政法论丛》1987年第3期。

准确地说,儒家的"德治"更多指的是执政理念与施政策略,其与"刑治"相对,而非与"法治"相对。

现代法治的核心精神在于通过法律约束权力,从而实现保障个人权利的目标。帝制时代中国还没有明确的以法律限制权力、保障民众权利的理念,古代思想家能想到的保障民众权利的方式,一方面是希望统治者能具备道德和仁爱精神,爱民如子,施行仁政;另一方面则是希望统治者"恤刑慎杀",限制滥用酷刑,这就是儒家的"德治"。儒家崇尚"德治"主要体现在以下几方面。

其一,就执政理念而言,推崇"德刑并用,德主刑辅"。王朝统治者如何获得执政的合法性?西周统治者创造了"以德配天"概念,认为天子的权力由天所赐,只有以德治民,慎用刑罚,才能赢得天命,保证自身统治的合法性。儒家孔子说:"为政以德,譬如北辰,居其所而众星共之。"[①] 孟子见梁惠王,劈头便道:"王何必曰利,亦有仁义而已矣","以不忍人之心,行不忍人之政,治天下可运之掌上"[②]。这些都强调为政者之仁德对"为政"的重要性。

其二,就施政实践而言,则应当"注重教化,以德去刑"。儒家不仅认为统治者自身应当加强修身立德,而且认为官员有教化百姓的义务。儒家之所以崇尚教化,基于儒家的人性论。孔子未对人性善恶作明确判断,只说"性相近,习相远",孟子主张"性善论",荀子主张"性恶论",三者立场虽有差异,却均强调教化的重要性。在孟子那里,人性虽本善,却容易受到后天的污染,因而需要不断修身学习,拂去尘埃,恢复性善之真我;在荀子那里,人性虽本恶,却可"化性起伪",通过后天的学习,成为有德之君子。总之,君子与小人的道德差异主要是由后天教育与修身不同而导致,因此,可以通过教化使小人弃恶从善,成为君子。"儒家认为无论人性善恶,都可以道德教化的力量,收潜移默化之功,这种以教化变化人心的方式,是心理上的改造,使人心良善,知耻而无奸邪之心,自是

[①] 《论语·为政》,参见刘宝楠撰《论语正义》,高流水点校,中华书局,1990,第37页。
[②] 《孟子·梁惠王章句上》,《孟子·公孙丑上》,参见焦循撰《孟子正义》,沈文倬点校,中华书局,1987,第36页、第232页。

最彻底、最根本、最积极的办法，断非法律裁判所能办到。"① 因此，教化可以使人有德向善，教化可以预防犯罪，即使是罪犯犯罪之后，教化也可能让罪犯良心发现，从而实现"以德去刑"的目的。

其三，就司法实践而言，主张"恤刑慎杀，先教后刑"。"恤刑慎杀，先教后刑"是"注重教化，以德去刑"在司法审判领域的具体体现，"注重教化，以德去刑"，就要求施政者应"先教后刑"，如果未经教化而滥用刑罚，便是"虐政"；而"恤刑"和"慎杀"，则是仁爱精神在司法实践中的体现，即要求施政者使用刑罚时要心存悯恤与宽恕之意。《尚书·尧典》载："眚灾肆赦，怙终贼刑。钦哉，钦哉，惟刑之恤哉！惟刑之恤哉！"意思是说，如果犯了小错，或过错虽大，只是偶一为之，可以赦免；如果犯的罪过较大而又不知悔改，便要给予严厉的惩罚，统治者使用刑罚要十分谨慎②。《尚书·大禹谟》载："皋陶曰：'宥过无大，刑故无小；罪疑惟轻，功疑惟重；与其杀不辜，宁失不经；好生之德，洽于民心，兹用不犯于有司。'"③ 唐代颜师古对此注解说："辜，罪也。经，常也。言人命至重，治狱宜慎，宁失不常之过，不滥杀无罪之人，所以崇宽恕也。"④ 自汉代以来，中国传统法律便有很多体现"恤刑""慎杀"理念的制度。就"恤刑"而言，历代都有对老幼、妇女、废疾者刑罚的减免政策。汉律规定，年8岁以下，80岁以上，除非亲手杀人，犯别的罪都不予追究，汉景帝后元三年（公元前141年）下诏："年八十以上，八岁以下，以及孕者未乳、师、朱儒当鞠系者，颂系之。"至孝宣元康四年（公元前62年），又下诏曰："朕念夫耆老之人，发齿堕落，血气既衰，亦无暴逆之心，今或罗于文法，执于囹圄，不得终其年命，朕甚怜之。自今以来，诸年八十非诬告杀伤人，它皆勿坐。"⑤ 唐律规定：凡是年70岁以上、15岁以下以及废疾者，犯流罪以下可以赎罪；80岁以上、10岁以下以及笃疾

---

① 瞿同祖：《中国法律与中国社会》，商务印书馆，2010，第313~314页。
② 《尚书》，王世舜、王翠叶译注，中华书局，2012，第21页。
③ 《尚书》，王世舜、王翠叶译注，中华书局，2012，第359页。
④ 司马光：《资治通鉴》，胡三省音注，中华书局香港分局，1956，第813~814页。
⑤ 《汉书·刑法志》，参见高潮、马建石主编《中国历代刑法志注译》，吉林人民出版社，1994，第39页。

者，犯反逆、杀人等死罪的可以上请减免，一般的盗或伤人也可以赎罪；90岁以上、7岁以下，虽有死罪不加刑。如犯罪时未老疾，事发时老疾者，依老疾论；犯罪时幼小，事发时长大，依幼小论等①。就"慎杀"而言，自北魏太武帝时正式确立死刑复奏制度，《魏书》记载："当死者，部案奏闻。以死不可复生，惧监官不能评，狱成皆呈，帝亲临问，无异辞怨言乃绝之。诸州国之大辟，皆先谳报乃施行。"② 此后，唐代有"三复奏"乃至"五复奏"，清代死刑分"立决"与"监候"两种，均体现了儒家的"慎杀"理念。

（三）"人治"与"法治"

孔子和孟子从道德与政治的关系着眼，认为政治只是道德的延伸，因此强调执政者在治国中的决定作用，"其人存则其政举，其人亡则其政息"，认为政治的好坏取决于统治者的好坏。孔子说，"一言可以兴邦，一言可以丧邦"；孟子说，"一正君而国定矣"，因此，"惟仁者宜在高位"。只要在高位者能正心诚意，修身立德，便能用个人的德性去感化民众，所谓"其身正，不令则行，其身不正，虽令不从"。执政者自己的行为端正，不必发号施令百姓也会行动；相反，自己的行为不端正，就是有了号令百姓也不会服从。

荀子思想以"隆礼重法"为特点，侧重制度建构与法治，但他仍然认为"君子"比"法"更重要，明确提出"有治人，无治法"，认为法对于治国理政虽然重要，但法毕竟由要人来制定，终究也需要人来执行，所谓"法不能独立，类不能自行，得其人则存，失其人则亡"。因此，法只是"治之端"，君子才是"法之原"，"有君子，则法虽省，足以遍矣；无君子，则法虽具，失先后之施，不能应事之变，足以乱矣。"③

---

① 《唐律疏议·名例·老小及疾有犯》，参见《唐律疏议》，刘俊文点校，法律出版社，1999，第87~93页。
② 《魏书·刑罚志》，参见高潮、马建石主编《中国历代刑法志注译》，吉林人民出版社，1994，第148页。
③ 《荀子·君道》，参见王先谦撰《荀子集解》，沈啸寰、王星贤点校，中华书局，1988，第230页。

宋代大儒朱熹也推崇"人治"。首先，法律由人制定，不可能完美无缺，因此，"得人"比"善法"更为重要。"大抵立法必有弊，未有无弊之法，其要只在得人。若是个人，则法虽不善，亦占分数多了。若非其人，则有善法，亦何益于事。"① 其次，君主个人的"心术"对国家的治乱有决定性影响。"天下之事千变万化，其端无穷而无一不本于人主之心者，此自然之理也。故人主之心正，则天下之事无一不出于正；人主之心不正，则天下之事无一得由于正。""天下之事，其本在于一人，而一人之身，其本在于一心。故人主之心正，则天下之事无有不正；人主之心不正，则天下之事无一得由正。"② 之所以尧舜是理想治世而三代以后"政体日乱，国势日卑"，主要原因就是三代以后的君王独断专行。因此，只要君主革除个人私念，悟得天理，就可"尧天舜日，廓然清明"。最后，朱熹认为，选贤任能比制定法律更重要。如果只有良法而无良吏，良法也无法在实际中运用，故"天下之事，必得刚明公正之人而后可任"③，"相得人，则百官各得其职。择一户部尚书，则钱谷何患不治？而刑部得人，则狱事亦清平矣"④。

儒家崇"治人"而抑"治法"的理念是中国传统治道思想的主流。直到明末黄宗羲才在《明夷待访录》中对这种思想进行了深刻反思，旗帜鲜明地提出了"有治法而后有治人"主张：

> 论者谓有治人无治法，吾以谓有治法而后有治人。自非法之法桎梏天下人之手足，即有能治之人，终不胜其牵挽嫌疑之顾盼，有所设施，亦就其分之所得，安于苟简，而不能有度外之功名。使先王之法而在，莫不有法外之意存乎其间。其人是也，则可以无不行之意；其

---

① 黎靖德：《朱子语类》卷一百零八"论治道"，王星贤点校，中华书局，1986，第2680页。
② 朱熹：《朱文公文集》卷十一，"戊申封事"。参见《朱子全书》第20册，上海古籍出版社、安徽教育出版社，2002，第590页。
③ 朱熹：《朱文公文集》卷十一，"戊申封事"，参见《朱子全书》第20册，上海古籍出版社、安徽教育出版社，2002，第599页。
④ 黎靖德：《朱子语类》卷一百三十五，"历代二"，王星贤点校，中华书局，1986，第3224页。

人非也，亦不至深刻罗网，反害天下。故曰有治法而后有治人①。

不过，需要注意的是，黄宗羲强调"治法"重要性的角度颇为独特。他侧重考虑的是"恶法"对有才能者的羁绊与约束，而不是"善法"对人性恶的约束与限制。之所以如此，与黄宗羲对中国传统法的认识有关，他认为三代以后之法，虽然细密繁复，但都出于君主一人之私，是"非法之法"。这种"非法之法"并不具有现代法律所应当具有的约束人性恶的功能，所起到的作用只是层层限制"善治者"的手脚，所以，他更关注的是"非法之法"的负面作用，对法律对人性恶的防御与约束，则有所忽略。

近代学者梁启超更是对儒家"有治人无治法"的观念进行了强烈的抨击：

> 荀卿"有治人无治法"一言，误尽天下，遂使吾中华数千年，国为无法之国，民为无法之民……不知一人之时代甚短，而法则甚长；一人之范围甚狭，而法则甚广。恃人而不恃法者，其人亡则其政息焉。法之能立，贤智者固能神明于法以增公益，愚不肖者亦束缚于法以无大尤②。

梁启超与黄宗羲对"有治人无治法"的批判角度颇有不同。黄宗羲着眼于"非法之法"对人性的桎梏，主张必须先有"治法""善法"，才可能有"治人"，强调的是立"良法"的重要性；梁启超的着眼点则是对"人治"不可靠的批评，认为"人治"只能适用于一时一地，不具有普遍性，结果必然是"人亡政息"，而"法治"则贤与不肖皆可适用，具有普适性，故"法治"强于"人治"。

---

① 黄宗羲：《明夷待访录·原法》，段志强译注，中华书局，2011，第25页。
② 梁启超：《论立法权》，《梁启超法学文集》，中国政法大学出版社，2000，第11页。

三 道家治道视域下的法

道家治道是对"天命秩序"崩溃的一种激烈的回应,或者甚至是"一种不满意现状之抗议"①。因为对晚周现状的彻底失望,道家遂愤激地认定一切人文制度都没有独立的价值,都是大道缺失的一种表现,所谓"大道废,有仁义""失道而后德,失德而后仁,失仁而后义,失义而后礼"②。因此,任何试图以"人为"——仁义教化、道德训诫、刑罚威慑——来恢复"政治秩序"都注定是一种扬汤止沸之举。欲治天下,只宜因循自然之道,"为无为,则无不治"③。道家治道以"道"为核心概念,以"无为"为手段,以求实现与"道"相契之政治秩序(老子)或个性自由(庄子),因此,可以说是一种"道治主义"④。

(一)道法自然

道家之治道,实起于观"变"思"常"。万象无常,常者唯"道"。《史记》说老子是"周守藏室之史","居周久之,见周之衰,乃遂去"⑤;《汉书·艺文志》说:"道家者流,盖出于史官,历记成败存亡祸福古今之道,然后知秉要执本,清虚以自守,卑弱以自持,此君人南面之术也。"⑥可见,老子作为掌管历史档案的史官,通过对历史兴衰古今之"变"的观察,体悟到王朝的兴衰存亡,实非人力所能左右,而是由某种非人格化的客观规则所决定,这种客观规则即"道"。

何为"道","道者,万物之奥""渊兮,似万物之宗",韩非子对其解释为"道者,万物之所以然也,万理之所稽也"⑦。可见,"道"是宇宙

---

① 萧公权:《中国政治思想史》,新星出版社,2005,第594页。
② 《老子》第十八章、第三十八章。参见陈鼓应注译《老子今注今译》,商务印书馆,2003,第145页、第215页。
③ 《老子》第三章。参见陈鼓应注译《老子今注今译》,商务印书馆,2003,第86页。
④ 李刚:《道治主义政治文化及实践》,西北大学历史学博士学位论文,2001。
⑤ 《史记》卷六十三,"老子韩非列传",中华书局,1959,第2139页、第2141页。
⑥ 《汉书》卷三十,"艺文志",中华书局,1964,第1732页。
⑦ 《韩非子·解老》,参见王先慎撰《韩非子集解》,钟哲点校,中华书局,2016,第156页。

世界形而上的本体，是超越一切形而下的存在，所谓"大道泛兮，其可左右，万物恃之以生而不辞，功成而不有"，"有物混成，先天地生。寂兮寥兮，独立而不改，周行而不殆，可以为天地母。吾不知其名，字之曰'道'，强为之名曰'大'"①。"道"的运行有自身规则，不以人的意志为转移，也不受人的道德左右。所谓"天地不仁，以万物为刍狗"②；"道"充满于天地，广袤而无边，所谓"天网恢恢，疏而不失"③。

"道"主宰着天地万物与人类社会，但其本质却服从"自然"。所谓"人法地，地法天，天法道，道法自然"，车载说，"道法自然"一语，是说"道"应以"无为"为法则；童书业说，《老子》书里的"自然"，就是自然而然的意思，所谓"道法自然"就是说道的本质是自然的④。可见，老子所说的"自然"，其实就是一种没有人为干涉的本真状态，自然秩序就是一种尽量摒除人为干预的天然秩序。先秦《击壤歌》描述的"日出而作，日入而息，凿井而饮，耕田而食，帝力于我何有哉"便是这种完全不受"帝力"干涉的理想场景。

面对"礼崩乐坏"的现实，孔子及其门徒考虑的是要"克己复礼"，即欲通过唤醒个体的内在德性而恢复"郁郁乎文哉"的礼治秩序；老子则因秩序的崩溃而对秩序本身的意义与价值进行了深入反思，认为各种各样的"人为"才是天下大乱的根源。因此，欲实现天下大治，应该最大程度地减少各种"人为"因素，因循大道，实现自然秩序。正如张永义所说："孔子所设想之社会，是浸润于文明与秩序、道德与礼仪之中的社会；老子设想的社会，却是更自然主义的、更具有本色性的社会。然而，无论老子或孔子，他们的追求都带有空想之性质。老子之本意，并非真的要求人们回到结绳而治的原始时代，正如他把体道之人比喻成无知无欲、天真质朴的婴儿一样，并非要求人们真的再回到婴儿状态。其真实意图是悬设一

---

① 《老子》第三十四章、第二十五章，参见陈鼓应注译《老子今注今译》，商务印书馆，2003，第203页、第169页。
② 《老子》第五章，参见陈鼓应注译《老子今注今译》，商务印书馆，2003，第93页。
③ 《老子》第五章，参见陈鼓应注译《老子今注今译》，商务印书馆，2003，第326页。
④ 《老子》第二十五章，参见陈鼓应注译《老子今注今译》，商务印书馆，2003，第173页。

个理想,以之作为标准,凸显现实社会和现实人生的种种病态和不足,并促使人们在享受文明带来的好处的同时,认真地反思由文明和智巧引发的种种浮躁或弊端。"①

(二) 无为而治

如何实现"自然秩序"?一言以蔽之,"无为而治"。"无为而治"是道家治道的核心,甚至也是中国传统治道的"第一义"②。老子认为:"民之难治,以其上之有为,是以难治。"③因此,治理天下不可依靠强力,"将欲取天下而为之,吾见其不得已。天下神器,不可为也,不可执也。为者败之,执者失之"④。因而只能无为而治,"我无为,而民自化;我好静,而民自正;我无事,而民自富;我无欲,而民自朴"⑤。最终"为无为,则无不治"。

"无为"既然能成为一种治道的理念,其意自然不可能是无所行动,正如《淮南子》所说,"自天子以下至于庶人,四肢不动,思虑不用,事治求澹者,未之闻也"。因此,道家所说"无为"指的是"私志不得入公道,嗜欲不得枉正术,循理而举事,因资而立功,推自然之势,而曲故不得容者。事成而身弗伐,功立而名弗有,非谓其感而不应,攻而不动者"⑥。统治者治国理政当以"道"为准则,尽量摒弃主观意志的左右,而纯听任事物顺应其自然之理成就之,即司马谈所说的"与时迁移,应物变化,立俗施事,无所不宜""有法无法,因时为业;有度无度,因物与合"⑦。

---

① 冯达文、郭齐勇主编《新编中国哲学史》(上),人民出版社,2004,第59页。
② "无为"一词首见于《论语》,追求无为之治道,乃儒、道两家之所同,区别仅在于实现"无为"之途径不同而已,儒家是一种"德化"之无为,道家是一种"道化"之无为,相关论述可参见牟宗三《政道与治道》第二章,广西师范大学出版社,2006,第23~37页;徐复观:《中国的治道——读陆宣公传集书后》,《徐复观文集》第二卷,湖北人民出版社,2002,第269~294页。
③ 《老子》第七十五章,参见陈鼓应注译《老子今注今译》,商务印书馆,2003,第330页。
④ 《老子》第二十九章,参见陈鼓应注译《老子今注今译》,商务印书馆,2003,第188页。
⑤ 《老子》第五十七章,参见陈鼓应注译《老子今注今译》,商务印书馆,2003,第280页。
⑥ 《淮南子·修务训》,参见刘文典撰《淮南鸿烈集解》,冯逸、秀华点校,中华书局,1989,第634~635页。
⑦ 《史记》卷一百三十,"太史公自序",中华书局,1959,第3289页、第3292页。

道家之所以相信"无为"而可以使天下大治，是因为他们相信宇宙本身便具有一种和谐的秩序，在此庞大的"宇宙秩序"笼罩下，人为的努力不仅毫无用处，反而会弄巧成拙。因此，忽略"宇宙秩序"而欲实现"人间秩序"的和谐与稳定是荒谬的，唯有尽量减少"人为"，除去一切可能阻碍"宇宙秩序"顺利运行的因素，才能实现天下大治。

"无为而治"要求治国者当"见素抱朴，少私寡欲"，要"去甚、去奢、去泰"①，不要过多干涉百姓的生活，具体措施包括反对厚敛，主张薄税："民之饥，以其上食税之多"；反对繁苛法令："天下多忌讳，而民弥贫""法令滋彰，盗贼多有"。总之，"治大国若烹小鲜"，不可乱作为，"其政闷闷，其民淳淳；其政察察，其民缺缺"②，如果治国法令清简，老百姓就能安居乐业，天下大治；如果政令烦苛，事事明察，物物检点，"立刑名、明赏罚"，老百姓就会无所适从，天下大乱。

从道法自然与无为而治原则出发，道家将"仁义""道德""刑法"均视为违反"无为"原则而对社会的不恰当干预。统治者提倡"道德""礼义"，一方面本身就意味着道德、礼义的缺失，另一方面则会收到反效果，所谓"夫礼者，忠信之薄而乱之首"。统治者滥用刑罚，一方面本身就意味着社会统治的失序与失败，另一方面效果也只会适得其反，所谓"民不畏死，奈何以死惧之？"③

因此，治国者当清静无为，与民休息。"太上，下知有之；其次，亲而誉之；其次，畏之；其下，侮之。信不足焉，有不信焉。悠兮其贵言。功成事遂，百姓皆谓我自然。"④ 治国的最高境界，就是君不扰民，老百姓只知有君，却完全感受不到国君（即国家权力）的存在；以道德礼义感化百姓，以"仁君""明主"的形象出现，"救民于水火""解民于倒悬"，

---

① 《老子》第十九章、第二十九章，参见陈鼓应注译《老子今注今译》，商务印书馆，2003，第147页、第188页。
② 《老子》第七十五章、第五十七章、第六十章、第五十八章，参见陈鼓应注译《老子今注今译》，商务印书馆，2003，第330页、第280页、第291页、第284页。
③ 《老子》第三十八章、第七十四章，参见陈鼓应注译《老子今注今译》，商务印书馆，2003，第215页、第328页。
④ 《老子》第十七章，参见陈鼓应注译《老子今注今译》，商务印书馆，2003，第141页。

让老百姓"感恩戴德""衷心拥护"的治理模式,虽能让老百"亲而誉之",却已是"有为"之治,已次了一等;再次一等的统治,就是通过种类繁多的苛刑重法来震慑百姓,老百姓动辄得咎,人人自危,畏惧国君;最恶劣的治理模式,就是统治者尸位素餐、穷奢极欲,任意鱼肉百姓,结果,百姓不仅轻慢他,而且仇视他,甚至还会起义反抗他。

道家的"无为而治"虽然言辞玄妙模糊,但精髓其实就是一种在确保统治秩序前提下最大程度的"不干预主义",与西方近代的"最小政府"理论有类似之处,即政府权力应该尽量收缩、限制在某一范围内,赋予民间社会以最大的自治空间。例如,汉初七十年,统治者有感于秦朝二世而亡的历史教训,对秦专任刑罚的苛政进行了反思,崇尚黄老无为之治,轻徭薄赋,与民休息。《汉书》云:"孝惠、高后之时,海内得离战国之苦,君臣俱欲无为。故惠帝拱己,高后女主制政,不出房闼,而天下晏然,刑罚罕用,民务稼穑,衣食滋殖。"①

(三)因道生法

在崇尚道法自然与无为而治的道家治道视域中,烦琐严苛的法令自然违反"无为"原则,遭到批判;但是,道家对"道"的推崇却蕴含着对"法"的重视——就规则意义而言,"道"也是一种"法","道治"本身其实孕育着"规则之治",因此,道家崇"道"在一定程度上也可以说崇"法",只不过所崇之"法",不是人间的制定法,而是符合"道"原则的"高级法"。正如梁启超所说,"吾先民以为宇宙间有自然之大理法,实为凡人类所当率循者。而此理法实天之所命"②。这种宇宙间的"大理法",既主宰着自然宇宙的运行,同时也左右着人间政治秩序的治乱。

由于"道"与"法"的天然联系,战国秦汉之际产生了既重视"道"也重视"法"的黄老学派,并对法家思想产生了深刻影响。韩非子作《解老》《喻老》篇,司马迁将老子、韩非同传,都说明法家思想与道家思想

---

① 《汉书》卷三,"高后纪第三",中华书局,1964,第104页。
② 梁启超:《先秦政治思想史》,吉林人民出版社,2013,第25页。

存在重要关联。黄老学派可以说是介于道家与法家之间的学派。他们像老子一样重视"道",推崇无为而治,但认为"无为而治"只有通过由道而生的"法"才能实现:"道生法。法者,引得失以绳,而明曲直者也。故执道者,生法而弗敢犯也,法立而弗敢废也。故能自引以绳,然后见知天下而不惑矣。"①"道"虽"无形无名",但在向"有形有名"的现实世界转化时,就能产生"人间法":"大道无形,称器有名。名也者,正形者也。""老子曰:以正治国,以奇用兵,以无事取天下。正者,名法是也。以名法治国,万物所不能乱。"② 人间法与"道"具有统一性,人间法源于"道",所以,理想的治国者应当是对"道"有深刻体悟的"执道者",按照"道"的原则来制定"人间法":"执道者之观于天下也,必审观事之所始起,审其形名。形名已定,逆顺有位,死生有分,存亡兴坏有处,然后参之于天地之恒道,乃定祸福生死存亡之所在。是故万举不失理,论天下无遗策。故能立天子,置三公,之谓有道。"③ 因为"执道者"在制定人间法时能摒除主观意识对社会秩序的干扰,真正按照事物自身的本性来进行"授名定分"的制度性建构,顺应天地四时运行的规律进行赏罚,推行文武之道,并且能"与时推移"地调整、损益自己的治国策略,因此能使人类社会秩序与"宇宙秩序"相协调,如此"大君任法而弗躬,则事断于法矣"④,"无为"便可通过"依法"的方式而实现。

黄老治道强调"自然无为",反对国家权力对社会秩序的主观任意干涉,排除了以某种固定学说或理论为治国主导原则的可能性,赋予民间社会较大的自主空间,因此与现代国家治理强调限制公权范围、保障个体私域自治的法治精神存在一定相通之处。也正因如此,晚清严复以为黄老之道是"民主之国之所用"⑤;美国汉学家史华兹也谨慎地推断说,在汉初,

---

① 《黄帝四经·经法·道法第一》,参见陈鼓应注译《黄帝四经今注今译——马王堆汉墓出土帛书》,商务印书馆,2007,第2页。
② 《尹文子·大道上、下》,参见陈高傭《公孙龙子、邓析子、尹文子今解》,商务印书馆,2017,第153页、第202页。
③ 《黄帝四经·经法·论约第八》,参见陈鼓应注译《黄帝四经今注今译——马王堆汉墓出土帛书》,商务印书馆,2007,第173页。
④ 《慎子·君人》,参见许富宏撰《慎子集校集注》,中华书局,2013,第54页。
⑤ 严复:《侯官严氏评点〈老子〉》上篇,上海书店,1931,第5~6页。

"惟一可能类同于'多元主义'潜在倾向的思想模式是黄老道家……假如人们想尝试着概括这种多元主义的基础,它似乎是这样的:依赖如下的信念,即以不可言说的、永不穷竭的'道'观之,所有思想和方法(术)都具有同等的视野和同等的洞察力"①。胡孚琛更认为汉唐两朝之所以具有包容性的大国气象,与此两朝统治者崇尚黄老治道不无关系②。

四 法家治道视域下的法

先秦儒墨道法四家,法家最晚出现,其兴于战国兼并战争最激烈之时,其"治道"思想的唯一宗旨在"如何致富强"或"如何建立一有力统治"③。韩非以为,人性皆只知计较利害,没有善恶意识,因此以"道德""仁义"治国便只能治善人,不能治恶人;人有贤与不肖之别,而统治者之智未必如天下人之智,因此以"智"治国只能治愚民,不能治智者。可见,"道德""仁义""智能"皆不足为治。"故有道之主,远仁义,去智能,服之以法。是以誉广而名威,民治而国安,知用民之法也。"④ 因此,欲建立统一有力之秩序,唯有强化君权,依据客观性标准,循名责实,庆赏刑罚,使天下"不得不治"。

法家治道思想于儒、墨、道三家思想均有所袭取。首先,与儒家类似,法家也致力于维护尊卑有序的等级秩序,即所谓"君臣上下之义"⑤,

---

① 〔美〕史华兹:《古代中国的思想世界》,江苏人民出版社,2004,第389页。
② 胡孚琛、吕锡琛:《道学通论:道家·道教·丹道》(增订版),社会科学文献出版社,2004,第33页。
③ 劳思光:《新编中国哲学史》,广西师范大学出版社,2005,第269页。
④ 《韩非子·说疑》,参见王先慎撰《韩非子集解》,钟哲点校,中华书局,2016,第437页。
⑤ 司马谈《论六家要旨》说儒家"然其序君臣父子之礼,列夫妇长幼之别,不可易也","若夫列君臣父子之礼,序夫妇长幼之别,虽百家弗能易也";评法家"然其正君臣上下之分,不可改矣","若尊主卑臣,明分职不得相逾越,虽百家弗能改也"。由此可见,儒、法两家在"正君臣上下之分"、维护尊卑等级秩序方面,存在相通之处,只是维护的方法和维护的侧重点不同。虽然司马谈说"法家不别亲疏,不殊贵贱,一断于法,则亲亲尊尊之恩绝矣",但以法家思想为指导的秦律并没有完全置家庭伦常于不顾,睡虎地秦简可佐证这一点。参见齐继伟《简牍所见秦代"为不善"罪——兼论秦代法律与伦常秩序》,《史学月刊》2022年第1期。

但法家以为只具备"社会制裁力"的"礼"不足以维护此秩序,唯有依靠以国家强制力为后盾的"法",才能保证这种秩序的稳定。其次,法家汲取了墨家的"功利主义"与"权威主义"立场,区别在于,墨家之"功利主义",乃是为兴"天下之利",而法家之"利",确切地说,是聚焦"富国强兵"的狭隘的"君主之利";墨家的"权威主义",以"天"为最后根源,而法家的"权威主义",则以强化"君权"为唯一目的。最后,法家袭取了道家之"静观智慧"与对客观规则的尊崇,道家的"静观智慧",在法家治道思想中转化为帝王御下之术;道家的"惟道是依",在法家治道思想中转化为"一断于法"。

与儒家所欲建立的"韧性稳定"的人文秩序相比,法家所欲建立的是"刚性稳定"的"法治秩序";与墨家尊"天志"下的"尚同"相比,法家所欲实现的是尊"君权"下的"尚法度";与道家的"无为而治"相比,法家追求的是"因法而治"。因此,法家的治道思想可谓一种"物治主义"或"法治主义"①。

(一)尚法

道家与法家都反对统治者对社会秩序进行任意干涉,道家"信自然力万能而且至善,以为一涉人工便损自然之朴"②,故极力排斥人为干涉,主张"无为而治";法家以富国强兵为目标,具有极强的功利主义色彩,主张对社会进行全面干预,但其认为,多数君主皆不具备恰当干预社会秩序的能力,而真正具备这种能力的圣人却"千世而一出",因此,如果依靠圣人来治天下,必然会导致"千世乱而一世治"的结果③。因此,法家欲以"圣法"代替"圣人"来对社会政治进行干预,他们认为,"圣人之

---

① 梁启超:《先秦政治思想史》,天津古籍出版社,2004,第79页。
② 梁启超:《先秦政治思想史》,天津古籍出版社,2004,第78页。
③ 《韩非子·势难篇》:"且夫尧、舜、桀、纣千世而一出,是比肩随踵而生也;世之治者不绝于中,吾所以为言势者中也。中者,上不及尧、舜而下亦不为桀、纣,抱法处势则治,背法去势则乱。今废势背法而待尧、舜,尧、舜至乃治,是千世乱而一治也;抱法处势而待桀、纣,桀、纣至乃乱,是千世治而一乱也。且夫治千而乱一,与治一而乱千也,是犹乘骥騄而分驰也,相去亦远矣。"参见王先慎撰《韩非子集解》,钟哲点校,中华书局,2016,第427~428页。

治"只是"独治","圣法之治"则可"无不治"①。

法家"尚法"之治道,就外在表象而言,与现代"法治"存在很多相通之处。例如:法家反对"刑不可知,则威不可测"的秘密法,主张法应公开颁布;反对不成文的习惯法,主张成文法;反对"刑不上大夫,礼不下庶人",反对贵族有法外特权,主张"壹刑",强调法律适用的平等性;反对"法古无过,循礼无邪"②因循守旧的治国理念,主张法应与时俱进,反对"以先王之政,治当今之民",主张"法与时转则治,治与世宜则有功"③;认为施行法治最重要的功能在于能屏除个人私欲对治国的干扰,如慎子认为,"法之功,莫大使私不行;君之功,莫大使民不争。今立法而行私,是私与法争,其乱甚于无法;立君而争贤,是贤与君争,其乱甚于无君。故有道之国,法立则私议不行,君立则贤者不尊。民一于君,事断于法,是国之大道也"④;韩非也主张,"夫立法令者以废私也,法令行而私道废矣。私者所以乱法也","能去私曲就公法者,民安而国治;能去私行行公法者,则兵强而敌弱。"⑤

法家"尚法"的治道思想与现代法治其实存在根本性歧异。法家之所以尚法,是因为他们认为"法"是驾驭和役使大臣和百姓的最佳手段,通过公开、明确、公平之"法",利用人"趋利避害"之本性,通过运用"赏罚"二柄来发挥法的行为禁止和引导功能,从而推进国家政令的顺利实施。在法家治道视域下,国家是一辆具有明确目标("富国强兵")的"战车",为推动这辆国家"战车"高速行驶,国家内部的所有资源包括大

---

① 《尹文子·大道下》:"田子读书曰:'尧时太平。'宋子曰:'圣人之治以致此乎?'彭蒙在侧,越次答曰:'圣法之治以至此,非圣人之治也。'宋子曰:'圣人与圣法何以异?'彭蒙曰:'子之乱名甚矣。圣人者,自己出也;圣法者,自理出也。理出于己,己非理也。己能出理,理非己也。故圣人之治,独治者也。圣法之治,则无不治矣。'"参见陈高傭《公孙龙子·邓析子·尹文子今解》,商务印书馆,2017,第199~200页。
② 《商君书·更法》,参见石磊、董昕译注《商君书译注》,黑龙江人民出版社,2003,第2页。
③ 《韩非子·五蠹》《韩非子·心度》,参见王先慎撰《韩非子集解》,钟哲点校,中华书局,2016,第484页、第520页。
④ 《慎子·逸文》,参见许富宏撰《慎子集校集注》,中华书局,2013,第64页。
⑤ 《韩非子·诡使》《韩非子·有度》,参见王先慎撰《韩非子集解》,钟哲点校,中华书局,2016,第451页、第35页。

臣、百姓都只是助推前进的燃料，而"法"则不过是君主高效驾驶"战车"、促进燃料高效燃烧的一套操作系统，在此"战车"中，除了充当推动国家战车前进的燃料之外，人本身的价值并不被考虑和尊重。现代"依法治国"理念，则以尊重人本身的价值为前提，法律最重要的功能，是为了保护人的自由、权利与尊严，维护社会公平正义；而保护人的自由、权利与尊严，最重要的就是要以"法"约束和限制专断、恣意的权力，因此，虽然"依法治国"确实是最有可能实现国家繁荣昌盛的治国理念，但实现繁荣昌盛只是履行此治国理念的自然结果，而非其本身设定的目标。

（二）尊君

现代"法治"精神的核心在于要用法律的笼子来约束权力、制约权力；与此相反，法家"尚法"之目的，主要在于强化君权。所以，吕思勉说，"法家之言，皆为君主说法"①，马作武则断言："为君主专制体制大唱赞歌并制造理论依据，将君主专制主义推向顶峰，是法家理论的归宿。"②

在西周宗法礼治秩序下，"议事以制"，国家权力在很大程度上由国君与贵族共同分享，周天子虽是天下共主，但其权力受先例及传统礼仪、习惯的限制，其对各诸侯及封臣并没有生杀予夺的绝对权力，也没有凌驾于其他贵族之上的独断权力。"王权还不是那么极端化，原始民主遗风尚有一定生存空间。"③ 在此阶段，具有规范功能的法则、规则的来源具有多元性，国君尚没有单独颁布具有普遍效力的法令的专断权力。春秋晚期，"礼"的约束力衰弱，体现君主意志的"法"兴起，甚至通过"铸刑鼎"的方式公布出来。成文法的颁布，意味着贵族"议事以制"的传统被打破，贵族参与政务的民主权利逐渐被剥夺，处理政务的唯一依据就只剩下体现国君意志的"法"。

法家虽然强调国君要"缘法而治""一断于法"，反对国君随意干涉法律的执行，但其目的并不在于限制君权，而是出于现实的功利主义考虑，

---

① 吕思勉：《先秦学术概论》，云南人民出版社，2005，第104页。
② 马作武：《先秦法家重刑主义批判》，《中外法学》2012年第6期。
③ 俞荣根：《儒家法思想通论》（第2版），广西人民出版社，1998，第95页。

即认为"一断于法"是实现国君富国强兵目标最好的途径。国君虽不宜随意违法，要保持法的稳定性，但制定法律却是君主之特权，如《管子》说："夫生法者，君也。守法者，臣也。法于法者，民也。"① 可见，法家虽强调法律的平等适用，但君主本身却是超越法律的，法律只是君主驾驶国家"战车"的手段。法家之所以反对君主任意乱法、坏法，是因为君主的乱法、坏法行为有可能危害"缘法而治"整体系统的稳定性，从而导致国家治理危机，因此，法家虽然劝谏君主要尽量摒弃私欲，不要因个人的喜好与偏见而干扰法的正常运行，但这并不意味着君主的权力会受到法律的约束与限制，法家尚法之目的，本就为实现尊君之目标。因此，君主不仅不是法律约束和限制的主要对象，而且本身还被视为法律的渊源。汉代廷尉杜周在回应别人质疑他不依法而依皇帝的意思断案时的一段话道出了中国传统法律与皇权关系的实质："三尺安出哉？前主所是著为律，后主所是疏为令，当时为是，何古之法乎！"②

（三）重刑

法家认为人性皆"好利恶害""趋利避害"，如慎到说，"人莫不自为也"③，管子说，"凡人之情，见利莫能勿就，见害莫能勿避"④，韩非更是认为人"皆挟自为心"⑤，等等。但是，法家认为人类"趋利避害"对治国并非坏事，相反，正因为人性好爵禄而恶刑罚，所以统治者才能利用此本性而实现治民、驭民之目的。因此，治国之道不是要去教化百姓，使其向善。人性既不可能改变，也不必改变，而应当基于人性制定妥当的治国策略，以驱使百姓去实现君主富国强兵之目标。因此，法家认为，"赏罚"是治民的根本策略，如商鞅说"好恶者，赏罚之本也。夫人性情好爵禄而恶刑罚，人

---

① 《管子·任法》，参见黎翔凤《管子校注》，梁运华整理，中华书局，2004，第906页。
② 《汉书》卷六十，"杜周传"，中华书局，1964，第2659页。
③ 《慎子·因循》，参见许富宏《慎子集校集注》，中华书局，2013，第24页。
④ 《管子·禁藏》，参见黎翔凤《管子校注》，梁运华整理，中华书局，2004，第1015页。
⑤ 《韩非子·外储说左上》，参见王先慎撰《韩非子集解》，钟哲点校，中华书局，2016，第295页。

君设二者以御民之志,而立所欲焉"①,韩非也说,"凡治天下,必因人情。人情者有好恶,故赏罚可用;赏罚可用则禁令可立,而治道具矣"②。

在"赏""罚"两种策略中,法家又格外重视"罚",主张"重罚轻赏"。商鞅认为治国应当加重刑罚,慎用赏赐,那么国君爱护民众,民众就会拼死为君主效命;重视赏赐,减轻刑罚,那么君主对民众不爱护,民众就不会拼死为君主效命("重罚轻赏,则上爱民,民死上;重赏轻罚,则上不爱民,民不死上"),所以"王朝刑九赏一,强国刑七赏三,削国刑五赏五"③,如果刑、赏比例相当,那注定只可能是弱国。

"重罚轻赏"体现在司法领域就是主张"轻罪重罚"。商鞅认为,如果重罪重罚,轻罪轻罚,罚当其罪,则刑罚的威慑力不足,犯罪行为还是会一再发生,如此"以刑致刑",国家就会混乱。反之,如果轻罪重罚,老百姓发现犯轻罪都会受到严厉的刑罚,便更不敢去犯重罪,如此"以刑去刑",国家就能安定④。

"轻罪重罚"的结果必然会导致刑罚越来越残酷。法家迷信严刑峻法的威慑(一般犯罪预防)功能,试图通过"轻罪重罚"来实现低成本的社会治理;但是,刑罚的威慑功能毕竟是有限的,预防和防范犯罪不仅要靠刑罚威慑,而且还涉及复杂的综合社会治理工作。所以,欲通过"轻罪重罚"而实现"以刑去刑"只是一种不切实际的幻想,必然会导致刑罚越来越残酷的结果。犯罪本不可能仅因刑罚之威慑性而杜绝,但既然轻罪都已经用重刑来处罚,那重罪的刑罚当然要重上加重,否则便不符合朴素的正义观——如果仅殴打父母就要处斩首,那对杀了父母的罪犯,仅仅是斩首便不足以惩其奸,因此必须对其凌迟处死;如果犯轻罪就要斩首,那"十

---

① 《商君书·错法》,参见石磊、董昕译注《商君书译注》,黑龙江人民出版社,2003,第74页。
② 《韩非子·八经》,参见王先慎撰《韩非子集解》,钟哲点校,中华书局,2016,第470页。
③ 《商君书·去强第四》,参见石磊、董昕译注《商君书译注》,黑龙江人民出版社,2003,第31页、第36页。
④ 《商君书·去强第四》,参见石磊、董昕译注《商君书译注》,黑龙江人民出版社,2003,第31页。

恶不赦"的重罪如谋反谋大逆便不仅要处罚罪犯本人，还要搞株连"夷三族"。所以，中国古代刑罚特别残酷，仅就死刑而论，古代执行的方法和方式就有"族、诛、磔、戮、弃市、枭首、定杀、绞、斩、镬烹、生埋、腰斩、车裂、戮尸、挫骨扬灰、凌迟、扑杀、囊扑"等多种，甚至还有所谓"具五刑"，即"皆先黥、劓、斩左右趾，笞杀之，枭其首，菹其骨肉于市。其诽谤詈诅者，又先断舌，故谓之具五刑"①。

法家崇尚重刑，体现了其迷信刑罚的一般预防功能的威吓主义的刑罚观，其实行重刑的主要目的，并不在于惩罚罪犯本身，而主要是为了"杀鸡儆猴"，通过严厉惩罚罪犯来震慑其他潜在的违法者，从而实现一般犯罪预防之目的。所以，与重刑密切相伴的，往往是刑罚的"公开性"，古代处决犯人的场所，往往位于市集人群稠密之处，其目的即在于通过公开行刑，向百姓展示刑罚的残酷，凸显国家机器的威严，让老百姓心存敬畏而不敢犯罪。可见，法家的"重刑主义"刑罚观，纯粹基于功利主义考虑，认为重刑虽然表面残酷，却是实现国家大治，以至于实现"无刑"境界的最佳手段，重刑是为了达到"以刑去刑，以杀去杀"之目的——只是此目的难以实现而已。

五　结语

正如尤瓦尔·赫拉利的《人类简史：从动物到上帝》中所说的，如果仅依靠非制度化的个人或亲属关系，人类很难开展超过150人的群体合作；成千上万人的大型群体合作，必须建立在想象与虚构的基础之上。就宏观层面而言，金钱、帝国与宗教都是影响人类社会最重要的虚构；就中观与微观而言，制度、法律与有限公司等是最为重要的虚构②。由此可见，在

---

① 《汉书·刑法志》，参见高潮、马建石主编《中国历代刑法志注译》，吉林人民出版社，1994，第37页。
② 以色列历史学家尤瓦尔·赫拉利在其畅销历史著作《人类简史》中写道，如果仅依靠非制度化的人际关系，人类很难开展超过150人的群体合作；人类成千上万人大型群体合作机制，必须得建立在想象与虚构的基础之上。参见〔以色列〕尤瓦尔·赫拉利《人类简史：从动物到上帝》（第2版），林俊宏译，中信出版集团股份有限公司，2017，第25页。

人类历史上，随着人类群体聚居规模的扩大，人类的政治秩序必然会从原始氏族时代的"个人魅力型统治"转变为非个人化的"制度型统治"；而任何一种"制度型统治"，都必然会需要一套比较稳定的法律制度。

在中国传统治道中，法虽然没有西方传统中那种"至尊地位"，但无论任何学派的政治思想家，都在一定程度上重视客观性、稳定性规则对国家治理的重要性。儒家虽然崇尚"礼治"，但儒家所说的"礼"，并非仅限于现代人所理解的伦理道德，而是囊括国家根本的政治制度与百姓的日常生活，因此，"礼治"实质上就是传统语境中的"法治"；道家反对礼义道德、严刑峻法，似乎根本不重视法律，但是，道家对"道"的尊崇蕴含着对"实在法"的深刻反思与对"自然法""高级法"的信仰，他们并非不重视法，而是重视"与道合一"的高级法，并且，道家所提倡的最大限度的"不干预主义"，与现代的法治精神是可以曲径相通的。法家极力推崇"法治"主义，其对法的功能与作用的重视自不待言。

但是，中国传统治道思想终究只是一种以"务为治"为中心的功利性思考。中国传统思想家阐述自己的治道思想，其目的并不在于学理探讨，而在于拿出一套能改变现实政治的"决策咨询报告"，其预期的读者是手握大权的诸侯国君主。因此，无论"礼治""道治"还是"法治"，从根本上说，都只是一种"施政策略"；无论什么样的规则，都只是一种"治之具"，"礼治""道治"与"法治"施政方略的具体内容虽然存在巨大差别，但内在精神实质却都是一种"人治"，这里的"人"，特指"君主"，即作为"君主"本人，应当如何施治。儒家讲"正心诚意修身治国平天下"固不待言，道家讲君主当"清静无为"、法家讲君主当"大君任法而弗躬"何尝又不是一种修身？只不过修身的内容不同而已。儒家君主之修身，是希望君主不断培育自身的德性，最终以德化成天下，"垂拱而治"；道家与法家之修身，是希望君主不断减少与剥离君主个人的好恶、偏好与意志对政治过程的干预，最终实现"依道"或"依法"无为而治。三者修身内容不同，难易程度却并不分轩轾。正如史华兹所指出的："真正法家开明统治者也许实际就如同孟子所说的真正有德性的统治者一样地罕见。他不应该是一位武断的专制君主，假如专制君主指听任他全部的本能冲动、荒诞的怪想和激情支配的暴君（tyrant）。一旦整体结构的体系安排到位，他就不再干预它们的运行过程。他可以利用整个系统作为实现他的国内及国际野心的工具，但在这样做的时候，他不应该打断其非人格化的运行过程。他必须始终在其个人的私生活与公共角色之间架起一道铁幕。"[1]

---

[1] 〔美〕史华兹：《古代中国的思想世界》，江苏人民出版社，2004，第356页。

清代灾荒治理的立法技艺及实践效果*

——以"检踏灾伤田粮"律为中心

王 毓**

内容提要：《大清律例》作为有清一代最为重要的综合法典，其在清代的法律体系中居于核心地位。荒政是清代统治者十分重视的事项之一。清律对于灾荒事项的规定以"检踏灾伤田粮"律为中心，共计20条。这些条款基本涵盖了清代荒政的重要方面，且基本形成于清代中期，是清代中期荒政中最核心制度的汇编。从条文制定来看，清律强调灾荒应对应以治官为主的官民共治，且劝谕式规定与强制性规定并存，但相关规定基本为原则性规定，对实际操作的程序指引性较低。同时，从司法案例来看，运用"检踏灾伤田粮"律对灾荒渎职行为进行处理的较少，这也造成了大部分清律灾荒条文失去了实际运用价值。然而，清律对灾荒贪污行为的规制却在实践中发挥了很重要的作用。在实际操作中，案件审理虽然引用了律文，但最终量刑结果却并非完全依照律例的标准，最终取决于皇帝对灾民利益和国家统治秩序的平衡，这就造成灾荒反腐并不彻底，成为封建社会的一大弊端，也为清后期灾荒应对失效埋下了祸根。

关键词：《大清律例》 灾荒 侵盗钱粮

目 次

一 引言
二 清律灾荒应对相关条文概览
三 清律灾荒条文的来源考证与功能性阐释

---

* 本文系中央高校基本科研业务费中南财经政法大学专项资金资助项目"清中期灾害背景下的粮食安全法律问题研究"（202110601）的研究成果。
** 王毓，法学博士，贵州大学法学院副教授。

四 静态评价:清律灾荒条文的制定特点
五 动态评价:清律灾荒条文的实际适用效果
六 结语

一 引言

"灾荒"即"灾害"与"饥荒",自然灾害、粮食危机,二者有其一便是对国家和人民的严峻挑战,而自然灾害叠加灾后饥荒更如剔骨之刀悬于小民百姓之上,尤其在中国古代,农业是国家和人民赖以维系的经济基础。据陈高佣教授在《中国历代天灾人祸年表》中统计,自公元前246年至1913年,共查天灾7481次①,水、旱、风、霜、雹、虫、地震等各类自然灾害频发,使得农业生产饱受危机考验。中国历史上对这一问题的研究有独特的称谓,即"荒政",对其解释纷繁多样,但总的来说就是国家救济饥荒的法令、制度与各项政策措施②。清代在灾荒史的长河中地位尤其特殊,人口高速增长、自然灾害频发,使得清代政府对荒政问题十分重视。加之中国传统法律体系至清一代达到高峰,清代荒政的程序性、制度化水平非常高,因此清代关于荒政问题的典章制度非常具有代表性,对今天仍然存在较高的镜鉴价值。与史学界对荒政问题研究的繁荣相比,法律史学界却在很长时间内对荒政问题没有给予充分重视,直到赵晓华教授《救灾法律与清代社会》③一书的出版,才打破这一尴尬,该书可以说是法律史领域研究清代荒政的第一本专著。而后杨明的《清代救荒法律制度研究》④继续在这一问题上深挖,形成了较为系统的清代荒政法律问题研究。

---

① 卜风贤:《农业灾荒论》,中国农业出版社,2006,第185页。
② 李向军:《清代荒政研究》,中国农业出版社,1995,第2页。应当说明的是,救荒机制是以政府为主导进行的,但政府或国家力量并非唯一的运行机制,朱浒在其著作《地方性流动及其超越——晚清义赈与近代中国的新陈代谢》一书中就将救灾机制划分为国家向度与地方社会向度。参见朱浒《地方性流动及其超越——晚清义赈与近代中国的新陈代谢》,中国人民大学出版社,2006,第22页。
③ 赵晓华:《救灾法律与清代社会》,社会科学文献出版社,2011。
④ 杨明:《清代救荒法律制度研究》,中国政法大学出版社,2014。

之后除以上学者的研究成果外，从各方面入手探视清代荒政中的法律问题的研究成果逐渐增多①。但当前的清代荒政法律研究存在一个共性问题，即对《大清律例》的独立地位和特殊作用重视不足。很多研究将清律的灾荒条文作为《钦定户部则例》（以下简称《户部则例》）和其他法律文件的补充和注解，没有系统地分析清律灾荒条款的分布体系以及演进脉络。应当明确的是，《大清律例》于乾隆五年（1740）正式颁布时，其涉灾条款已经基本定型，而此时《户部则例》尚未颁布。因此，清律灾荒条款属于独立的灾荒控制法律体系，也是清代尤其是清代中期治荒法律思想的集中体现。因此，本文意图详细全面地梳理清律中的灾荒条文，还原清律灾荒条文的本来样貌，对其演变过程以及功能进行考证，厘清清律作为基本法典对灾荒治理的关注重点在哪些方面、其法律规定的程度如何、条文设置存在什么特点，以及在具体的灾荒案件审理中，清律条文发挥了什么样的作用。以上是本文所要研究的问题。

二 清律灾荒应对相关条文概览

《大清律例》与灾荒应对直接相关的条文分布较为集中，主要表现在以"检踏灾伤田粮"律为中心的灾情报告、勘验、赈济、蠲免，以及流民安置等问题的处理上。总览全部律文，直接涉及灾荒的相关条文20条，涉及律目4门。为使读者更明晰地了解清律灾情应对条文的全貌，避免随意摄取律文，兹试简化录入汇成表格以便观览（见表1）。

表1 《大清律例》灾荒相关条文概览*

序号	律目	律文内容	修订时间
1	户律·户役·收养孤老	（条例）凡被灾最重地方饥民外出求食，各督抚善为安辑，俟本地灾祲平复，然后送回	乾隆十三年（1748）

---

① 如李红英、汪远忠《晚清民间救灾：法律文本、实践及其思考——以直隶为中心》，《中国社会经济史研究》2012年第4期；林乾、陈丽：《法律视域下的清代疫灾奏报与防治》，《西南大学学报》（社会科学版）2020年第3期。

续表

序号	律目	律文内容	修订时间
2	户律·田宅·检踏灾伤田粮	凡部内有水旱霜雹及蝗蝻为害……粮依（额）数追征入官	本为明律，顺治三年（1646）以小注添入，雍正三年（1725）修改
3		（条例）天下有司，凡遇岁饥，先发仓廪赈贷，然后具奏，请旨宽恤	明洪武二十六年（1393）令
4		（条例）凡夏灾不出六月底……逾限者，交该部议处	雍正三年纂入，乾隆五年改定
5		（条例）州县详报被灾情形……如逾限，照例题参，交部议处	乾隆五年**
6		（条例）赈济被灾饥民……致民不沾实惠者……俱革职	嘉庆十四年（1809）
7		（条例）凡有蝗蝻之处……该管地方玩忽从事者，交部照例治罪，并将该督抚一并议处	乾隆五年
8		（条例）凡遇蠲免钱粮之年……其不愿者听之，亦不得勉强从事。特谕	乾隆五年
9		（条例）凡遇歉收之岁，贫士与贫民一体赈恤	乾隆五年
10		（条例）遇有恩诏豁免钱粮，其漕项、芦课、学租、杂税各项，俱入豁免之内。地方官违者，以违制论；入己者，以侵盗论	雍正十三年（1735）
11		（条例）凡有蠲免，俱以奉旨之日为始，其奉旨之后部文未到之前，有已届在官者，准作次年正赋，永着为令。如官吏蒙混隐匿，即照侵盗钱粮律治罪	乾隆二年（1737）
12		（条例）凡开垦水田六年，旱田十年，将届升科之期，该督抚委员复加履亩丈勘，果有坍塌冲或成硗确者概免升科，违者以官吏不用心从实检踏律治罪	雍正十二年（1734）
13		（条例）凡各省地方被灾不及五分……将该年缓征钱粮俱作三年带征，被灾五分六分七分者分作二年带征，以纾民力	乾隆二年

续表

序号	律目	律文内容	修订时间
14	户律·田宅·检踏灾伤田粮	（条例）凡被灾地方米船过关，果系前往售卖，免其纳税……并未到被灾地方先行粜卖者，将宽免之税加倍追出。仍照违制律治罪	乾隆元年（1736）
15		（条例）各直省遇有灾害之年，该督抚将清理刑狱之处，奏闻请旨	乾隆七年（1742）
16		（条例）江海河湖居民猝被水灾，该地方官一面通报各该管上司，一面赴被灾处所验看明确，照例酌量赈济，不得濡迟时日	乾隆五年
17		（条例）凡沿河沙洲地亩被冲坍塌，即令业户报官勘明注册。遇有淤涨……地方官不查丈明确，以致拨补舛错，查出，照官吏不用心从实检踏律，分别议处	乾隆十三年
18	户律·仓库上·多收税粮斛面	（条例）社仓捐谷，听民自便，不得绳以官法。违者，以违制论	雍正七年
19	户律·仓库上·多收税粮斛面	（条例）凡社仓谷石，不遇荒欺借领者，每石收息谷一斗，还仓。小歉借动者，免取其息	乾隆元年
20	兵律·邮驿·文书应给驿而不给	凡朝廷调遣军马……因而失误军机者，斩（监侯）。若进贺表笺，及赈救饥荒，申报灾异，取所军机之类重事，故不遣使给驿者，杖八十（失误军机，仍从重论）。若常事，不应给驿而给驿者，笞四十	本为明律，顺治三年添入小注

* 本文涉及律条主要来源于薛允升之《读例存疑》，见胡兴桥、邓又天主编《读例存疑点注》，中国人民公安大学出版社，1994。

** 马建石、杨育堂主编《大清律例通考校注》，中国政法大学出版社，1992，第426页。

以上20条基本涵盖了荒政问题的各个方面。所谓荒政的法定内容，《周礼》即有所涉及："以荒政十有二聚万民：一曰散利，二曰薄征，三曰缓刑，四曰弛力，五曰舍禁，六曰去几，七曰眚礼，八曰杀哀，九曰蕃乐，十曰多昏，十有一曰索鬼神，十有二曰除盗贼。"① 清代之荒政亦有十

---

① 《周礼·地官·大司徒》。

二条,而且很多内容是《周礼》荒政十二条的延续与继承。乾隆朝《大清会典》中规定的荒政十二条为救灾、拯饥、平籴、贷粟、蠲赋、缓征、通商、劝输、严奏报之期、辨灾伤之等、兴土工使民就佣、反流亡使民生聚①。当然,其具体内容也会随着时代的发展产生一定变化,到嘉庆时期,荒政十二条就变为:备祲、除孽、救灾、发赈、减粜、出贷、蠲赋、缓征、通商、劝输、兴工筑、集流亡②。尽管在文字表达上存在一些出入,但总体来讲关于荒政的核心内容并没有太大差异③。

从表1来看,第1条针对灾区饥民安置与处理问题,第2、4、5、12、17、20条涉及勘验灾情与报灾时限问题,第3、9、16、18、19条涉及灾民赈济问题,第8、13条涉及蠲免赋税以及缓征钱粮问题,第6、10、11条针对整治灾荒贪污问题,第7条针对蝗灾的预防与处理相关问题,其中第16、17条针对特殊地域灾害的规制问题,第14条针对灾区粮食管控,第15条针对灾情中清理刑狱问题。其中"检踏灾伤田粮"律及所附条文即占16条,涉及除灾区饥民处置之外的所有方面④。然而,以关键词检索对律例条文的梳理并不能探明其整体样貌,各律例条文相互派生、互相影响,如第6、10、11条涉及侵盗钱粮律的应用。因此,只有对上述律文的源流进行考证,对其功能进行细致阐释,才能探视律例条文设置的特点以及存在的问题。

三 清律灾荒条文的来源考证与功能性阐释

(一)清律中的灾情勘报

灾情勘报环节是整个灾荒应对行动的开始,地方的报灾程序更是重中之重,也正因此,乾隆朝版"荒政十二条"中第九项是"严奏报之期",

---

① 《(乾隆)大清会典》卷十九,"户部·蠲恤"。
② 《(嘉庆)大清会典》卷十二,"户部"。
③ 杨明:《清代救荒法律制度研究》,中国政法大学出版社,2014,第239页。
④ 本处所述之流民、饥民处理是指条文当中明确规定了"流民""饥民"字样。因为荒政本身就是针对灾区受灾人民的制度,所以此处应作压缩解释,避免歧义。

第十项为"辨灾伤之等",将其从救灾项中独立出来。灾情奏报与勘验事关上级赈灾的早晚与救济的力度,勘报灾情不力势必影响国家对荒灾的控制和受灾人民的切身利益。清律"检踏灾伤田粮"律有4条例文事关灾情的勘报,分别为表1中第2、4、5、12条及特殊地形勘验一条即第17条,另有兵律一条即第20条。

第2条为"检踏灾伤田粮"律的律文,是整个律目的核心,也是从明律中直接继承和完善的律文。主要涉及灾情勘报的主要程序、灾情勘报的主体、官员在勘验过程中的各类违法行为以及相应的法律后果。清代的勘报工作分为两步,首先是灾情初勘题报,就是灾情发生后先将大致状况飞报督抚,之后上级依据该报文委派官员赴相关州县详勘①。这也就是第2条中所谓"初、复检踏"之意。勘灾要确定灾情的"分数"、灾民数量等问题,这些数据信息汇编成册成为赈济粮款拨发以及蠲免钱粮数额的重要依据。因此,国家要求州县长官以及上级委派的官员应当亲自到灾害当地实际勘验,否则依据律条应杖八十。但在实际执行中,书吏、里长、甲首往往在勘验中发挥主要作用,这不单是因为州县长官事务繁忙,更重要的原因是这些底层小吏往往深知基层情况,因此州县官不会舍弃这些小吏的作用而独自勘察。当然,《大清律例》没有完全排斥基层小吏的作用,而是要求州县长官和里长、甲首承担连带责任,这样既避免州县长官逃脱责任,也赋予了基层较为灵活的空间。同时,第2条对于勘灾出现的错误统计行为也区分了故意和过失两种,如果"原未受财,止失于关防",以所统计的"不实之田"为标准,十亩以下不算罪,最高刑为杖八十。另外,除了官员的勘察责任,如果人户作假,虚报灾伤田亩骗取赈济,也要按照所骗取的亩数进行认定,最高刑为杖一百,所冒免之田按照税粮额度折算追缴。

第2条是灾情勘验的一般性规定,对于特殊地形亦有特别规定,第17条即涉及"沿河沙洲地亩"被灾勘探问题。其特殊性在于水灾过后,沿河之地有"坍塌"的,也有"淤涨"的,对于坍塌之田亩的救济以及对淤涨

---

① 赵晓华:《救灾法律与清代社会》,社会科学文献出版社,2011,第89页。

之地的分配与管理就值得说明。此条源于乾隆十三年户部议覆湖广总督塞楞额的奏请：

> 湖广民田，多系滨江。每一洲涨出，争执构讼。请嗣后凡业户坍地，报官勘明注册。遇淤涨沙洲，如系附靠某户之地涨出者，不得即令某户据为己有，仍令报官查明原坍若干，照数补足。此外余地，不许概行霸占。如从前并未报坍，即不准给拨。……地主官不查丈明确，以致坍少补多，坍多补少，舛错不公者，查出将该州县官照官吏不用心从实检踏律议处①。

整体来看，清律对该奏请作了全面继受，将淤涨新地的所有权分配和灾后赈济结合起来，以此达到蠲恤灾户、救济贫民、新地确权三种效果的完美实现。

第4条与第5条都是对奏报灾情的期限规定，第4条关于夏灾与秋灾初期题报的最终报灾截止日期，薛允升认为该例为顺治十一年（1654）奏准定例，而《大清律例通考》却记载此为明弘治十一年（1498）之例②。对夏灾与秋灾的奏报期限作出明确规定最早始于宋代，彼时已有"夏不得过四月，秋不得过七月"③的说法。历经元、明二朝，几经修改，到万历九年（1581）变为"夏灾限五月，秋灾限七月内"，而边境地带夏灾时限后移两个月，秋灾时限后移三个月④。《大清律例》所规定的"六月底"和"九月底"最早可见于顺治十年十一月季开生关于报灾期限的奏请，而户部于顺治十一年正式将其奏请议覆定例⑤。由此可见，《大清律例通考》中认为该条起源于明弘治十一年之例的说法无从说起，同时与明代报灾期限之规定相去甚远，因此薛氏之言应为公允。

---

① 《清高宗实录》卷三百二十四，"乾隆十三年九月甲子"。
② 胡兴桥、邓又天主编《读例存疑点注》，中国人民公安大学出版社，1994，第193页。另该书第196页误将"通考"解释为《文献通考》。
③ 《续资治通鉴长编》卷十一，"开宝三年七月壬寅"。
④ 《大明会典》卷十七，《户部·灾伤》。
⑤ 《清世宗实录》卷七十九，"顺治十年十一月辛亥"。

接下来第 5 条例文就是关于详细勘报程序的规定，此时的勘察内容为"查勘分数"。该条的最终编定经历了"两步走"。其一，雍正初年规定灾区被灾分数的查明应在一个月内查明续报，但雍正六年（1728）江西万载县知县许松佶奏请放宽时限，他担心时限过短会使地方官员不用心从实检踏、草率了事。为此，经户部议覆，将地方官员的勘灾日期宽限了十日，省接到地方勘灾奏报结果之后五日之内上报中央，至此，州县的勘验时限为四十日成为定例。① 这也是《大清律例》规定州县的详报过程不得超过四十日之来源。其二，第 5 条后半段关于扣算程途日期的规定也早有可循，顺治十七年（1660）规定初报灾情的时间认定应当扣除在途时间②。而正式影响《大清律例》扣除灾情详报过程中在途时间的是乾隆二年户部议覆湖北布政使安图的奏请，户部认为："其距省遥远地方，准其照交代之例，扣算程途日期。如详报到省在限外，而扣算程途日期尚未逾限者，免其参谒。"③ 此于乾隆二年经乾隆皇帝批准成例，于乾隆五年纂入《大清律例》。

第 12 条为将界升科之田的勘探，依照"盗卖田宅"律的规定，各省的空闲土地允许百姓耕种，在耕种达到年限时须起科缴税。而升科之时官员要去勘验，如果发现有受灾冲塌的情形发生则一律免除升科。此一条定于雍正十二年，是律条在非灾伤时期的扩大适用。

第 20 条并非"检踏灾伤田粮"律之专条，但它涉及灾荒报请的途径问题，且此条律目很简单，专有此一条律文，别无条例。然而其中却透露出"赈救饥荒、申报灾异"之事为国之重事，从刑罚设定上来看，涉及"军情"的文书"故不遣使给驿"最低为杖刑一百，若产生贻误军情的后果，处斩监候。荒政事宜仅次于军情奏报，违反则处杖八十。而同时明确，其他非紧急的"常事"若违规给驿，笞四十。由此可以看出，国家对于灾荒赈济的奏报非常重视，由此可一窥荒政事宜在国家各事项中的地位。

---

① 杨明：《清代救荒法律制度研究》，中国政法大学出版社，2014，第 52 页。
② 《（光绪）大清会典事例》卷一百十，"吏部·处分例·报灾逾限"。
③ 杨西明编著《灾赈全书》卷一，"勘报期限"，载李文海、夏明方主编《中国荒政全书》（第二辑）第三卷，北京古籍出版社，2004，第 471 页。

（二）清律中的灾民赈济

当灾情奏报与勘验之后，就开始最为紧要的灾民赈济活动，清代的赈济措施比较完备，除了直接赈济措施，如赈米、赈银的发放，赈粥，还有平粜、借贷粮食、种子及其他生产资料，以工代赈等辅助措施共同赈济。与清代整体的赈济措施相比，《大清律例》关于灾民赈济的规定较为单薄。清律中涉及灾民赈济问题的条文为表1中第3、9、16、18、19条，只涉及开仓放赈的原则性规定以及粮食与其他生产资料的借贷问题。

第3条为一项事关遇饥荒先行开仓发赈的原则性规定，此为明代之令，薛允升认为："此先赈贷而后具奏也，督抚尚可，州县则断难遵行。汲长儒之矫诏赈恤，后世能有几人耶。"① 他认为，级别越低的官员越难做到在灾荒危急时刻行专擅之勇，不奉旨就放赈。事实上，这就要求地方官员在灾荒赈济过程中不拘常法、突破常规，劝谕官员为救济灾民甘愿突破法制的做法并非清朝专利。薛允升所述之汲黯就是因为巡视灾情时临灾便宜处置，汉武帝以其贤而免其矫制之罪，自此成为历代救荒官员之榜样。但正如薛允升所评，在那样一种严密、森严的官僚制度环境下，敢于专擅的官员十分稀少，尤其是底层官员如不遇上级器重则很有可能因为违反成例而遭不利后果。例如，嘉庆五年（1800），张吉安"署永康，蛟水猝发，田庐荡析，为棚厂以栖灾民，阻水者具舟饷之，溺者具棺厝之，不待申报详可，所以赈恤者甚至"。然而上司却斥责他"有违成例"，幸得"巡抚阮元素重之，悉如所请"②。在多数情况下，官员救灾是秉承逐级请示、循规蹈矩的原则来工作的，因此第3条的规定确有难以执行之嫌。通过查阅《户部则例》《大清会典》等典籍的赈恤条文可以看出，"发仓廪赈贷"决定的作出在乾隆以后似乎是督抚之责，而非州县长官的任务。

如《大清会典》规定：

---

① 胡兴桥、邓又天主编《读例存疑点注》，中国人民公安大学出版社，1994，第193页。
② 《清史稿》，中华书局，2020，第8776页。

水旱成灾,督抚疏闻即行抚恤。先给饥民一月粮,以免待哺①。

再如《户部则例》规定:

民田秋月水旱成灾,该督抚一面题报情形,一面饬属发仓,将乏食贫民不论成灾分数均先行正赈一个月,仍于四十五日限内按查明成灾分数分晰极贫次贫,具题加赈……灾民赈粮由州县亲身散给。州县不能兼顾,该督抚委员协同办理……若赈毕之后,须于正赈、加赈之外再加赈恤者,该督抚临时题请②。

从以上两条可知悉开仓放赈的决定由督抚作出,基层发放由州县负责,而这一规定是成例。因此,州县长官擅自发仓廪的行为很容易被认定为违制,也即薛允升所说的"州县则断难遵行"。另外,该条仅是号召,并无相应的处分条款,既无对拖沓放赈行为的处罚规定,也未明确对未请旨而赈济的行为进行免责。以此该条沦为价值宣示性质的条款,在实际执行中并无甚运用。

第9条为对赈济对象的特别规定,与《大清会典则例》或者《荒政辑要》对各类特殊主体,如佃户、鳏寡孤独者、游手好闲者的赈济规定有所不同,《大清律例》仅仅对贫困生员的赈济问题进行了规定。此条源于乾隆二年五月王大臣议覆山东巡抚法敏的条奏:"……文武生员,有真正赤贫者,亦一体赈恤。"③该条对此进行了原则性规定,而后乾隆三年(1738),乾隆皇帝在上谕中进一步明确了生员赈济的程序,顾及"士子身列胶庠,自不便令有司与贫民一例散赈",因此生员的赈济交由本学教官执行,此上谕内容于乾隆五年纂入《大清律例》,后为《大清会典则例》收录④。针对贫困生员的赈恤不但是对斯文的维护,更有原因是明清时期

---

① 《(乾隆)大清会典》卷十九,"户部·蠲恤"。
② 《户部则例(同治十三年刻本)》卷八十四,"蠲恤二"。
③ 《清高宗实录》卷四十三,"乾隆二年五月戊申"。
④ 《大清会典则例》卷五十四,"户部·蠲恤二"。

生员队伍庞大，且有不少老迈之徒，为通过科考实现社会阶层流动，不少人变卖家产十分贫困，因此专门对贫困生员进行赈济既维护了斯文体面，又保证了生员队伍的稳定①。由于清律是对上文之条奏与上谕的继承，故只对生员进行了特别规定，《户部则例》的编修晚于乾隆五年颁布的《大清律例》，因此清律中没有提及《户部则例》中的饥军群体。同时该项只是单纯规定，并无刑罚后果，也算是国家法典的价值宣示条款。

第16条针对沿水地区的洪灾赈济问题，洪灾相比旱灾发生更为突然，难以防范，且危害后果巨大，因此国家要求洪灾的应对要更加灵活、迅速。薛允升称此条为"美意良法"②，此条源于乾隆五年户部议覆左都御史杭奕禄的条奏：

> 凡沿江海河湖居民。有猝被水患者，该地方官于被灾之日，立即一面开仓赈济，一面申报各上司，听候勘验，毋稍濡迟等语。查沿江海河湖居民，猝被水灾，虽不比旱灾之以渐而成。该地方官亦必验勘确实，酌定分数，方可开仓赈济。若令其一闻被水，立即开仓，恐顷刻之间，办理未能允协，遗漏者多，滥给者亦复不少。仓粮耗散，灾黎究未能均沾实惠。应行文各该督抚，凡沿江海河湖居民，有猝被水灾者，令该地方官一面通报各该管上司，一面亲赴验看明确，照例酌量赈济，不得濡迟时日，专候委员。亦不得冒昧开仓，致滋弊窦。该督抚于文到之日，亦即委员踏勘。倘地方官借名捏饰，浮冒开销，以及胥役侵蚀中饱，即令委员揭报，严参治罪，勒限追赔。如委员及该管上司，扶同隐匿，查出一并严参。从之③。

按此奏陈来看，为保障被灾地区得到有效、及时的救治，该条要求地方官员不能轻易放仓，而是应当在第一时间赴灾区勘验，同时上报上级，

---

① 张建民：《饥荒与斯文：清代荒政中的生员赈济》，《武汉大学学报》（人文社会科学版）2006年第1期，第55页。
② 胡兴桥、邓又天主编《读例存疑点注》，中国人民公安大学出版社，1994，第196页。
③ 《清高宗实录》卷一百十九，"乾隆五年六月丁酉"。

但赈济却不能等到上级下来复勘以后才进行。由前文第3条可以得知，开仓发赈是督抚职责，地方官员冒然开仓可能涉嫌违制，因此第3条沦为价值宣示条款，无实际作用。然而本条却对第3条的规定进一步作出细化与落实，允许地方官员在初勘的基础上直接赈济，且不能以等待上级委员勘灾为由濡迟时日。该条的实际作用在于将开仓赈济的时间提前至初勘后复勘前，发赈主体由督抚降至地方长官，确保洪灾救济的及时性。同时也严禁不勘灾而贸然开仓，防止赈粮发放不当使灾民享受不到应有的实惠。清律对该条例的吸收没有包含违反条例的处置后果，应当注意到的是，此条例修订于乾隆五年，而此时《户部则例》尚未出现，随着时代的不断发展，该条的具体执行措施也更详尽地规定于《户部则例》或地方规定中。

第18条针对社仓管理问题。社仓为清代仓储体系中的重要组成部分，与一般仓所不同的是，社仓一般设于村镇中，由民间自主管理，主要用于灾年赈济。清律进一步明确了社仓的民间管理身份，防止官员过多干涉，谨防扰民。该条根据雍正六年上谕所制，但早在雍正二年（1724），雍正皇帝在上谕中就强调："宜劝谕百姓，听起自为之，而不当官法绳之也……但因地制宜，须从民便，是在有司善为倡导于前，留心稽核于后，使地方有社仓之义。"[1] 但从上谕中也能看出社仓管理的两难，官吏介入过深怕滋扰百姓，但国家如若不管，社仓管理会乱象丛生，正如康熙皇帝所指出的："仓粮库帑，设官专理，尚且亏空。社仓所收谷石，交百姓收贮寺庙，亏空又何待言耶。"[2] 最终，清律条文的编纂以不滋扰百姓为根本原则，将雍正皇帝的上谕精神纂入律例中。第19条主要是对社仓借贷的利息收取问题进行规定，通过允许非荒时期借贷和降息、免息等手段进一步发挥社仓在贫民、灾民赈济中的作用，该条源于雍正七年（1729）户部议覆晏斯盛的条奏，清律对该条奏的精神进行了全盘吸收[3]。

---

[1] 《清世宗实录》卷十九，"雍正二年闰四月丁丑"。
[2] 《清圣祖实录》卷二百七十，"康熙五十五年十月丁亥"。
[3] 《清世宗实录》卷八十六，"雍正七年九月戊寅"。

(三) 清律中的灾民蠲免与缓征

第 8 条涉及灾民的蠲免问题。所谓蠲免，就是免除灾民的赋税，蠲免一般用于重灾区，而与蠲免相似的钱粮缓征则主要运用于轻灾区。蠲免制度最重要的就是蠲免的标准和份额，然而《读例存疑》所依据的清律版本中并无蠲免数额的规定，但在四库本《大清律例》中是存在蠲免数额规定的："直省地方被灾十分者，蠲免钱粮七分；被灾九分者，免六分；八分者，免四分；七分者，免二分；六分者，免一分。""直省地方有被灾五分者亦准蠲免钱粮十分之一。永为定例。"① 前条源于雍正六年上谕②，五分以上灾的蠲免份额至此确定；后一条五分灾蠲免份额的确定源于乾隆三年上谕③，在该上谕中，乾隆皇帝念及"田禾被灾五分，则收成仅得其半，输将国赋，未免艰难"，因此，之后被灾五分者同样允许报灾，并减赋一分。至此，清代基本的蠲免份额完全确定。然而，该条却在后世的不断修订中被取消，这可能是因为以上只是基本的原则性规定，但在实际操作过程中，蠲免数额并非以此为绝对标准，皇帝进行法外加赈的情形比比皆是④。但第 8 条关于调整业户、佃户蠲免数额的规定却得以流传下来。第 8 条的确立分为两个部分，清晰表现了康雍乾三朝对业户、佃户蠲免数额分配思想的转变。首先，本律条前半部分关于业户与佃户份额的规定源于康熙二十九年（1690）户部等衙门议覆山东巡抚佛伦的奏疏⑤，本意为使天下佃户都享受蠲免的福利，但后来导致灾歉之年佃户抗租之事屡有发生。当然，抗租之事发生也源于一些"普免天下钱粮"时没有确定蠲免分数，

---

① 《大清律例（文渊阁四库全书本）》卷九，"户律·田宅·检踏灾伤田粮"。
② 《清世宗实录》卷六十七，"雍正六年三月癸丑"。
③ 中国第一历史档案馆编《乾隆朝上谕档》第一册，"乾隆三年五月十五日"，档案出版社，1991，第 274 页。此上谕亦可查于《清高宗实录》卷六十八，"乾隆三年五月丙寅"。因此，户部则例所载乾隆元年的说法似难以支撑。
④ 李光伟：《清代田赋灾蠲制度之演变》，《中国高校社会科学》2019 年第 2 期，第 83~100 页。
⑤ 《清圣祖实录》卷一四七，"康熙二十九年七月丁巳"。

或者无灾而捏报,导致业户、佃户之间产生冲突①。因此,雍正十三年发布上谕,不再强制业户给佃户减租,而是以劝导为主。乾隆皇帝登基之初也是遵照康熙朝所定份额对佃户进行蠲免,虽然规定有效,但在实际中却鲜有执行,因此乾隆五年河南巡抚雅尔图奏称:"豫省佃户,均系贫苦之人,而地主苛刻者甚多,宽厚者少,往往于被灾年份,照常征租,贫民无所出,有卖男鬻女以偿租者。请酌定章程,如被灾五分,则收成止五分,自应止收五收五分之租;被灾六分,则收四成之租。甚至被灾十分,租息自应全免。"得旨:"着照所请行。至各省可否照此办理之处,大学士会同九卿议奏。"②但是,该奏陈却最终没能形成定例,从史料可以看出,乾隆皇帝此时对此事尚有犹豫,一方面对上条所议照被灾分数确定蠲免数额的做法实际上是对佃户的恩惠,此处不能完全说乾隆皇帝是维护地主阶级利益的;但另一方面,乾隆皇帝也在质疑这种做法是否能够推行,这从他批准河南监察御史陈其凝恢复雍正十三年之制的奏请可以得到验证。最终乾隆皇帝采取了折中的做法,在纂入《大清律例》时,将康熙和雍正两朝的做法并行。值得注意的是,雍正的劝谕式做法被以上谕形式全文纂入,这实在是清律条文编纂的一项奇观,后来《大清会典》虽亦将两条合并,但并没有采取这种形式。从乾隆皇帝再三强调此事不可"迫以禁令""不宜明张告示"③的做法来看,以谕旨形式直接纂入的做法可算是《大清律例》对雍正朝做法的强调。

第13条为灾民缓征规定。所谓缓征,就是指除去蠲免部分的赋税延缓缴纳。缓征给灾民带来的利益不如蠲免,但同样是灾民赈济、恢复民力的有效手段。缓征与蠲免的选择往往是由国家财力决定的,如清代中期之前,国力强盛,蠲免颇多。但到清代中后期,社会动荡、国力屡弱,此时缓征运用较多,因为虽然延迟征收,但这些赋税最终还是可以被国家所收

---

① 陈锋:《清代"康乾盛世"时期的田赋蠲免》,《中国史研究》2008年第4期,第131~144页。
② 《清高宗实录》卷一一八,"乾隆五年六月戊寅"。
③ 陈振汉等:《清实录经济史资料(农业编)》第一分册,北京大学出版社,2012,第314~317页。

取的。清律的缓征条款设置比较清晰也比较全面，第13条源于乾隆二年户部议覆安徽布政使晏斯盛的条奏。清律中虽未明文规定灾害认定的标准，但从本条可以看出，在正常情况下五分以上灾可缓征，但如果不到五分灾亦可经督抚提出或者皇帝下旨的情况下缓征。同时确定了各种灾害等级下缓征的时间。清律对缓征的规定已然涵盖了清代缓征制度的核心部分，而后期不断形成的对州县中非被灾村镇一体缓征等规定都是在实践中对缓征的不断细化，并没有纂入清律。

（四）"检踏灾伤田粮"律中适用"侵盗钱粮"律的情形

荒政作为国家紧要事项，同时也是官员最重要的政务，在清代，尤其是清中期以前，灾荒应对主要是靠政府来运作的，各级官吏就成为灾荒能否成功应对的"关键少数"。救灾过程中大量的钱粮在各级官员手中流转，官员牟取利益、中饱私囊在所难免，对贪污行为的整治成为清代荒政的重大课题。这在清律中表现得尤为突出，"检踏灾伤田粮"律中有3条例文是引用"侵盗钱粮"律予以规制的，即第6、10、11条。所谓"侵盗钱粮"即指《刑律·贼盗上》之"监守自盗仓库钱粮"律[①]。该律本为明律，律文经雍正三年改定。但其实际数额在后世不断纂修，以条例的形式附后，最终于嘉庆六年（1801）正式编修停当。最终侵盗钱粮律的处罚标准见表2。

表2 "监守自盗仓库钱粮"律的处罚标准

侵盗数额（两）	刑罚	五刑种类
40≤数额<100	徒5年	徒
100≤数额<330	杖100流2000里	流
330≤数额<660	杖100流2500里	流
660≤数额<1000	杖100流3000里	流
1000≤数额	斩监候	死（斩）

---

① 王毓：《清代"贪官例"之所指》，《江海学刊》2022年第1期，第37页。

第6条可以说是一条非常重要的条款，也是"检踏灾伤田粮"律中的核心条款，因为它是贯穿赈济与蠲免整个程序的反贪条款。本条将侵盗钱粮的主体限定为州、县官员，这也是对赈灾行为的现实考量，州县长官处于灾荒应对的第一线，也是最重要的环节，灾害的情形由州县长官勘定上报，赈粮、赈银也是由州县长官负责发放的，因此，这一群体的贪污可能性较高。除了对贪腐的州县长官处置提供了明确的法律，也规定了上级的监管责任，如果下级存在贪腐行为上司不行稽查，以革职论处。

第10条实际上是对蠲免钱粮内容的进一步扩大，不但包括正税，还包括各类杂税一体蠲免。此例文之目的在于提醒官吏注意对其他杂项钱粮的蠲免，如果官员将这部分杂税征收且入己，按侵盗钱粮治罪。

第11条的目的在于避免蠲免文书在途时间差导致本应蠲免的钱粮已经征收入库而侵害灾民的利益，因此如果入库则直接算作下年的赋税已收。如果官员征收了钱粮却没有将其算作来年之赋税，以侵盗论。

以上条文是清代荒政中最为核心与紧要的方面。除此之外还有一些其他规定，如第1条流民安置、第7条蝗灾治理、第14条灾区粮食管控以及第15条受灾时期刑狱的清理问题。这些问题在清律中只作了基本规定，而事实上，这几个方面都是清代荒政中很复杂的专项问题，本文对此不再赘述。

四 静态评价：清律灾荒条文的制定特点

通过前文对清律中灾荒相关条文的逐一分析，清律对灾荒问题规制的制度体系得以展现。从整体上看，存在以下特点。

第一，内容上涉及荒政的全部方面，制定时间集中于清代中期。不管是以乾隆朝版荒政十二条还是嘉庆朝版荒政十二条为标准，清律的灾荒相关条款都涵盖了荒政中最紧要的部分，如勘灾、报灾、赈济、蠲免、缓征、备祲、流民安置、刑狱清理等方面。从制定时间来看，最晚的一条修订于嘉庆十三年（第17条），截至乾隆五年之时，也就是《大清律例》首次编纂完成之时，继承前朝条文再加上本朝经验积累，涉及荒政的核心条款已经基本确定了。值得注意的是，清代救荒非常重要的一部法律规范《钦定户部则例》此时尚未颁布，《户部则例》正式修编完成是在乾隆四十一年（1776）。因此，《大清律例》的灾荒条文绝非对《户部则例》的简单摘取和汇总①，而是一个独立的荒政法律控制体系，在清代前期独立对灾荒应对进行成文法控制。其在后期没有过多变动，维护了清律作为基本核心法典的稳定性。当然，应当注意的是，随着灾荒应对实践的不断发展，一些条文不断细化，同时为使地方官员能够更有法可依，大量的具体规定不断出现，但清律对这些细化具体条款并没有吸收，而主要规定于《户部则例》中。因此，清律的规定虽然涵盖面较广，但其细化程度较低，多数只作了最基本、最核心的规定，是赈灾各个方面的通例汇编。因此，薛允升在《读例存疑》中要求运用一些条款时参照《户部则例》或者其他的法律规范共同适用②。另外，从其条文设计来看，缺乏逻辑体系，条文设计严谨性不足，更有脱漏者难以解释。以"检踏灾伤田粮"律为例，整个律目的排列与规定比较混乱，当然这也是整个清律共有的问题。第8条直接以谕旨的形式编纂入例，与清律整体的制定模式格格不入，颇显随意。一些条款存在缺漏和不严谨的问题，如第6条只规定了布政使的责任，却无按察使的责任，这种脱漏降低了列举式立法模式的必要性。

第二，劝谕式规定与强制性规定并存。从表1所列律文可以看出，虽然清律以"刑律"的面貌示人，但并非所有条款都会克以刑罚，甚至很多条款没有任何处罚措施。条文中明确适用法定刑罚或以其他刑法条文处理的只有9条，分别为第2、6、7、10、12、14、17、18、20条，以交部议处或革职方式处理的为第4、5、6、7条，主要是对上司官员监督不力的处分，其余第1、3、8、9、13、16、19条都没有明确说明违反法律的后果，主要是劝谕官民、诱导其作出相应行为，或者仅是单纯的程序性规定。以此可以看出，清律作为有清一代"刊布中外，永远遵行"的基本法典，刑罚设置只是其中的一个方面，对于统治者十分重视的问题，即使没有相应的刑罚设置，也会一

---

① 栗铭徽：《清代法律位阶关系新论——以〈大清律例〉和〈户部则例〉的关系为例》，《华东政法大学学报》2017年第3期，第159~161页。
② 胡兴桥、邓又天主编《读例存疑点注》，中国人民公安大学出版社，1994，第196页。

体编入,通过清律广泛的影响力昭示百官与万民,这些不以刑罚为后盾保障实施的条款往往更能彰显统治者的价值取向。所以,从本文所列律条来看,对官员行为往往以强制规定加以限制,涉及人民利益的问题往往以劝谕形式或者将利民事项程序在律例中阐明,将国家对灾民的关心于律例中充分体现,是封建统治者对灾民体恤之情的重要宣示。

第三,以治官为主的官民共治。清代的荒政尤其是清代中期之前的荒政是以国家为主导的,各级政府与各级官吏在荒灾应对中扮演着十分重要的角色。因此,对于官员行为的规制成为清律中荒政条文的主要面向。以表1所列20条律例条文为例,除第2条部分条文、第8条、第14条、第17条部分条文涉及对平民百姓行为的规制外,其余16条全部都是对各级官员行为作出规制的。在职责分配上,地方官、州县长官往往是荒政应对的主体,正所谓"办理赈务,全在地方州县得人,庶不至有名无实"①。对督抚法律责任的规定在清律中也不鲜见,多数是规定其对下级官吏的监督责任,若下级事发而上级没有稽查,那么督抚也要承担革职等处分后果。虽然这种上下级捆绑连带能够督促上级官员加强对下级灾荒应对的监督和管理,但也会产生一定负面效应,上级害怕报灾会危及自己的前途,因此包庇下级。尤其在政治生态浑浊的年代,上下互相包庇、匿灾不报的情况屡屡发生。正如道光年间给事中金英麟感叹:"从前乾隆、嘉庆年间捏灾冒赈之案,无不尽法处治。今十数年来,各省督抚未有参劾及此者,岂今之州县胜于前人乎?总缘各上司惮于举发,故虽百弊丛生,终不破案,实为近来痼习。"②

第四,以纲领性和原则性的规定,结合其他法律规范共同控制。虽然清律灾荒条款是一套独立的灾荒控制法律体系,但并不代表在实际运用中清律和其他法律规范是相互割裂的。清律中的灾荒条文是整个灾荒应对过程中最基本、最核心也是最重要的事项和原则,这些条款不但指出了荒政之重点,更明确了国家治荒的基本原则。但是,在灾荒应对具体实践中,单靠清律的规定,地方官难以获得具体细致的条文指引,此时就要结合《户部则

---

① 《清德宗实录》卷三六二,中华书局,1986,第732页。
② 林则徐:《覆奏查办灾赈情形折》,载饶玉成《皇朝经世文续编》卷四十一,"户政十六·荒政一"。

例》《处分则例》以及地方性法规一体运用，方能妥当进行灾荒应对。

五 动态评价：清律灾荒条文的实际适用效果

"检踏灾伤田粮"律毕竟是刑律条文，除了要分析条文设置的特点，也要分析表1中各条文在司法适用过程中所发挥的作用，以此来明晰清代灾荒应对的司法保障。从表1条文来看，主要为两类犯罪：一种是渎职类，即违反了法定救灾程序或救灾不力；另一种是贪污类，也即前文所提到的第6、10、11条。

从渎职类案件来看，虽然表1中的第2条规定了违反检踏程序的各种后果，但从案例来看，其并非严格按照清律的设置来处置的。本文选取一些案例绘制成表，以便观览（见表3）

表3 赈灾渎职类案件一览

序号	时间	当事人	事由	结果
1*	康熙三十七年（1698）	山东巡抚李炜	匿灾不报	上谕：革职
2**	康熙四十年（1701）	甘肃巡抚喀拜	匿灾不报	九卿议覆：降三级调用 上谕：革职
3***	嘉庆十四年（1809）	隆德县知县吕荣	报灾不实、捏报灾情	革职
4****	乾隆四十八年（1783）	定陶知县倪大猷	猝被水灾，给发抚恤银两不亲身前往	革职
5*****	乾隆三十一年（1766）	沅陵县知县王元位	未勘被灾轻重情形并未确查抚恤	具革职，但仍留该处差遣办理赈灾事务，效力赎罪，以示儆戒
		辰州知府诸重光	未亲往查办，扶同该县欺蒙饰混	

* 《清圣祖实录》卷一百八十七，"康熙三十七年二月庚午"。
** 《清圣祖实录》卷二百六，"康熙四十年十月戊辰"。
*** 《清仁宗实录》卷二百十九，"嘉庆十四年十月壬寅"。
**** 《谕内阁山东定陶县被水知县倪大猷并不亲往发抚著革职》，《清代灾赈档案专题史料》，第一历史档案馆馆藏档案，档案号06—01543。
***** 《谕内阁著将沅陵县王元位等办赈不力各员分别议处并仍留该处办赈赎罪》，《清代灾赈档案专题史料》，第一历史档案馆馆藏档案，档案号06—01080。

从表3所列案例很难看到《大清律例》的影子，诚然，清律条文对于报灾不实、不亲往检踏等渎职行为作出了革职处分，但往往附带杖刑，如表1中第2条"检踏灾伤田粮"律的律文规定："若初、复检踏，（有司承委）官吏不行亲诣田所，及虽诣田所不为用心从实检踏，止凭里长甲首朦胧供报，中间以熟作荒，以荒作熟，增减分数，通同作弊，瞒官害民者，各杖一百，罢职役不叙。"但是，表3中案例4、案例5两个案例虽然对未亲往查办的官员以革职处分，但清律中所规定的杖刑却没有记录，同时皇帝为了警醒臣子，在革职的情况下令犯员留任办赈，自是条文所无从所见的。而案例3中隆德县知县吕荣捏报所属两乡被灾，但经陕甘总督确访，其实被灾较轻，因此革职。然而根据清律规定，对于吕荣的处罚，并未见杖一百的适用。而且清律中并没有对匿灾不报行为作出明确规定，相关规定见于《大清会典》。康熙朝规定："州县官不将民生苦情详报上司，使民无处可诉，其事发觉，将州县官革职，永不叙用。若州县官已经详报，而上司不准接题达者，将上司亦革职。"① 由此来看，表3中案例1、案例2两案完全符合康熙朝的规定。

综上，在非贪污性质的渎职犯罪中，严格运用清律规定的案件较少，皇帝对该类违法官员适用革职处分很难被看作一种刑罚，更类似于一种职务处分，其目的除了使违法官吏受到惩处，更是为了更好、更快地推进下一步赈灾事宜的处理，以求将损失降到最低。而且革职处分有时并非最终处分，而是事发之后，皇帝先对当事人进行革职处理，然后再组织人员对该犯罪行为依律议处，属于一种临时处置措施。

与处罚渎职案件的特点不同的是，第6、10、11条将对灾荒贪污行为的处理指向了"侵盗钱粮"律，因此针对灾荒应对中的贪污类犯罪，清律往往发挥主要作用。但是发挥主要作用并不代表完全依据律条进行科断，总的来说对于律条的适用存在以下几种情形。

第一，依侵盗钱粮律处置或依律从严处置。所谓依律处置即不管是条款适用还是最终的处罚结果都符合清律的相关要求。例如，嘉庆十四年，

---

① 《大清会典则例》卷十九，"吏部·考功清吏司·灾赈"。

宝坻县知县单幅昌侵蚀赈银达两万余两，而宝坻县一共才得赈银四万余两①，后于九月判处单幅昌斩监候，秋后以情实斩决②。从表1中第6条与表2中"侵盗钱粮"律的量刑标准来看，该案的处理可以说完全按照刑律规定进行的。也存在依律处理但以高于法定刑的标准定罪量刑的情况，如乾隆四十三年（1778）星子县知县李应龙"捏报灾蠲，恣意私收入己"，经查其侵蚀赈灾银两达一千七百余两，依据前文所述之律法，似乎应对李应龙处以斩监候，审案官员总督高晋言最初的量刑意见也是处斩监候的，但乾隆皇帝认为："李应龙身为县令，于蠲赈贫民帑项辄敢捏报灾户冒蠲侵蚀，数至一千七百两之多，岂寻常侵盗钱粮者可比？"以此判李应龙即处斩。此案案情与所涉律法和单幅昌案类似，且数额远远低于单幅昌的涉案金额，但本案却高于法定刑量刑，而且由乾隆皇帝直接干预改判。

第二，依他律处置。如表1中第6条所述，在赈济中侵蚀赈灾钱粮的，适用侵盗钱粮律的情形为州县长官，而其他州县以下小吏的侵蚀行为并无条可用，因此在司法实践中会引用他条，并平衡裁判结果。例如，《刑案汇览》在"检踏灾伤田粮"律下记录了两件案件都是如此。以"保甲捏添户口冒领赈恤银两"案为例：

> 山东臬司奏：已革保正李林帮办编查保甲，辄乘该县患病起意舞弊，将该庄病故逃亡一百九十二户仍造入册内，并添捏诡名一百七十户虚票，于初赈二赈冒领银一百九十二两。若依冒支官粮入己，军已逃故不行扣除，照常人盗仓库钱粮论，并部内遇有灾伤，里长甲首朦混供报害民，均罪止拟徒。应比照诈欺官私取财律，拟杖一百，流三千里（嘉庆二十年案）。③

从表2的量刑标准可以看出，若州县官员冒赈数额达到192两，依律当处杖一百，流两千里。本案虽无专条，但从判决逻辑来看，裁判者似乎

---

① 《清仁宗实录》卷二百一十五，"嘉庆十四年七月甲子"。
② 《清仁宗实录》卷二百一十八，"嘉庆十四年九月丁卯"。
③ 祝庆祺：《刑案汇览三编》，北京古籍出版社，2004，第235页。

是以刑罚的最终效果为指引来挑选合适的律条适用的。最终判决与侵盗钱粮律的标准是相适应的，实现了一种罪刑责较为适应的结果，避免了因为身份不同而导致同类违法行为裁判结果相差较大的局面。

第三，基于现实因素考量而从轻处置。虽然刑律规定了严格的量刑标准，律条的适用规则也较为清楚，但实践中并非所有案件都会严格不加区分、不论实际地依律处置。在塌方式腐败的情况下，对于非主犯的官员群体，会采取一种妥协的做法。例如，在著名的甘肃王亶望冒赈案中，"上下勾通一气，甚至将被灾分数，酌定轻重，令州县分报开销"①。最终王亶望以贪污一百余万两着即处斩，但并非所有的涉案官员都得到了严厉的处置，经阿桂查明，共有66名以上官员侵蚀金额达到一千两以上，依律拟斩监候，但乾隆皇帝"于心不忍"，临时调整了量刑标准：两万两以上，斩决；两万两以下，拟斩监候，入于情实；一万两以下，亦拟斩监候，请旨定夺②。虽然标准依然遵循了清律的规定，但还是留了从宽处理的口子。与前文所述之乾隆四十三年李应龙案侵蚀一千七百两即斩决的判罚相比，这桩乾隆四十六年发生的冒赈大案的处理标准宽贷良多，而理由不过是涉及面过广、涉案人数众多。这种不彻底、妥协式反腐也为后世的吏治混乱埋下了伏笔。

除此之外，民众的主动申诉也可导致对侵蚀灾赈钱粮的贪官的从轻处置。乾隆三十七年（1772）雄县县令胡锡瑛"口价索钱，并盗卖仓谷"为民人告发，根据乾隆皇帝从重处理的意见，刑部最终以侵盗钱粮定斩立决，然而乾隆皇帝以"此案由该县人民刘尽忠等挟嫌告发而起，若将胡锡瑛即行办理，恐地方奸徒以讦告有司为得计，未免易长刁风，不可不防其渐"③为由，最终改为绞监候。这种做法其实是对民众申诉的打压，换句话说，赈灾是统治者对灾民的关怀，而非灾民可以主动请求的权利，灾民对于灾荒赈恤只能被动地接受。虽然皇帝也处置了贪官，但为不打破灾民

---

① 《清高宗实录》卷一千一百三十七，"乾隆四十六年七月庚午"。
② 《清高宗实录》卷一千一百三十九，"乾隆四十六年八月戊子"。
③ 《军机处奉旨胡锡瑛办赈舞弊著绞监侯秋后处决》，《清代灾赈档案专题史料》，第一历史档案馆馆藏档案，档案号06—01287。

利益与国家秩序之间的平衡,又减轻了官员的刑罚。

由此来看,灾荒环境下的违法行为不但会影响官员本身利益,同样也对灾民的利益有直接影响。为遏制灾荒进一步恶化,尽早恢复生产秩序,清代统治者对灾荒中的渎职和贪污行为会作出严厉惩处。与渎职类行为只是违反了救荒的程序性规定不同,贪污类犯罪不但阻碍了灾赈的进度,同时也侵占了国家的钱粮,激发了民众的不满,因此应严格适用律法处理。但清代灾荒中的依律审判并非"违法必究",而是在法律规定的基础上再进一步商榷、平衡,而影响判决最终效果的是两个方面:皇帝对灾民的关怀和对统治秩序的维护。这两者在一般情况下是同向的,此时判决结果往往与律例规定相符。但当皇帝要强调对灾民进行关怀时,对违法官吏的处理会重于律例的规定。同样,当皇帝感觉灾民的行为或者对官员的大面积处置会对国家统治秩序产生威胁时,对违法官吏的处置就会减轻。因此,清律在涉灾荒的司法实践中还是扮演了很重要的角色,它就像一个天平的支架,一面承载着灾民的利益,一面承载着统治秩序,而皇帝向哪个方面加码,律例适用的结果就会向哪个方面倾斜。这其实也是清代刑事司法审判的一个缩影,说它是否依法审判并不客观,清律作为最基本的国家核心法典,司法审判多数情况下是以它为基础的,而清律的适用效果走向更多是皇帝基于执政理念对多方利益与价值平衡的结果。

六 结语

总的来说,作为清代最重要的一部综合性法典,《大清律例》对灾荒问题的应对可以说是比较恰当的,其涉及灾荒的 20 条律例基本涵盖了清代荒政的主要方面。这 20 条律例基本脱胎于康、雍、乾时期,是清代中期治荒法律思想的集中体现。但在律例设置上以原则性规定为主,对于实际操作的具体指导不足,而这也是其作为综合性法典为求律条稳定的必然体现。从内容来讲,其以治官为主、治民为辅,而治官又以治贪为重。在实际运用中,清律的规定在涉灾贪污性质的犯罪案件中得到了较为丰富的运用,但在渎职类案件中,"检踏灾伤田粮"律的作用并不明显,使得大部分律条成为国家治荒思想的价值宣示条款，在实际司法裁判中并无明显运用，这些条款更多是一体细化编纂于《户部则例》中，指引官员的治荒行政行为。而对灾荒中贪污行为的惩治虽然严厉，但并不彻底，皇帝基于对灾荒问题的重视而严惩贪污行为并非以灾民利益为中心，更多的是对统治秩序的维护以及各方利益的平衡。这种不彻底的治贪做法在吏治较为清明、国力较为强盛的时代尚可，但在国力衰竭、吏治腐败的环境下却难以维系。这也是封建统治者治荒过程中的一大弊端，为清代后期灾荒应对失控留下了深层隐患。

息讼：传统治理悖论的理论解释

冯岳澄[*]

内容提要：在行政与司法合一的背景下，孔子提出的"无讼"理想，对于传统社会的治理目标及效能而言存在难以实现的悖论：纠纷解决既然是行政管理的延伸，二者若不在制度上作特别的隔离设计，是不可能达到"息讼"目的，也不可能实现"无讼"理想的。康熙时期的息讼谕令，以"法令"与"教化"的矛盾刻画了这种悖论的内在关系，教化的理想与法令的现实存在差距，但也有深刻的内容与形式联系。为回应韦伯对中国法的"卡地审判"批评，滋贺秀三与黄宗智分别从"情理"与"王法"视角，以"实质非理性"与"形式理性"维度看待中国法，林端则以"多值逻辑"批评了韦伯的思维定式。这为息讼悖论提供了一个理论上的解释：二元合一的和谐价值与思维模式，令这两种有所差别的功能可以得到统一。尊重司法权的独特价值，是现代社会功能分化的重要特征；重视非诉调解的功能，有助于"无讼"理想的真正实现。

关键词：息讼 治理悖论 法令 教化

目　次

一　问题的提出
二　治理目标：法令与教化之争
三　理论解释：形式理性与实质非理性之争
四　结论：和谐合一与功能分化

---

[*] 冯岳澄，复旦大学法学院博士研究生。

一 问题的提出

"听讼,吾犹人也,必也使无讼乎"①,孔子以来的"无讼"理想,成为传统社会的重要治理目标。对于"无讼"的内涵,梁治平通过将其与"争讼"对比,清晰刻画了其价值取向与实现方式:

> 按照"争财曰讼"的说法,无讼的前提是不争,而这正是我们的先人极欲实现的理想。……在出现冲突的场合,重要的事情不是去协商冲突的双方,使其行为合于法律,而是彻底地消弭冲突,使之无由发生。……于是,法律的适用变成了教化加儆戒,无讼的理想化而为息讼的努力②。

作为实现"无讼"理想的手段,"息讼"成为古代父母官面对纠纷的治理模式。具体来说,息讼是指以调解劝说的方式"消除纠纷,平息讼争"③。据说,孔子不仅明确提出了"无讼"理想,更在一起父告子案件中首开先河,以久拖不判、将儿子长期监禁的方式,迫使提起诉讼的父亲放弃自己的主张,从而实现"息讼"的效果④。看来,以息讼手段达成"无讼"理想,进而实现和谐的最高社会价值,这种传统其来有自。

然而,如果说作为社会价值的和谐,塑造了"二元合一"的中国传统思维模式,并在官僚职能设置中体现为行政与司法合一,那么,"无讼"理想乃至息讼实践自始就面临一个治理悖论。

鉴于传统官员既负责行政管理("教化"),又负责司法裁判("法

---

① 《论语·颜渊》。
② 梁治平:《寻求自然秩序中的和谐——中国传统法律文化研究》,商务印书馆,2013,第200页。
③ 吕伯涛、孟向荣:《中国古代的告状与判案》,商务印书馆,2013,第183页。
④ 吕伯涛、孟向荣:《中国古代的告状与判案》,商务印书馆,2013,第183~184页。典出《荀子·宥坐》:"孔子为鲁司寇,有父子讼者,孔子拘之,三月不别。其父请止,孔子舍之。"

令"),二者在功能上没有明确区分,在合一的情形下,司法权本来分担的是行政权的压力;息讼固然减轻了司法的工作量,但这些工作量并未凭空消失,而是转化到行政一方,官员的工作总量并未减轻。纠纷解决既然是行政管理的延伸,二者若不在制度上作特别的隔离设计,是不可能达到"息讼"目的,也不可能实现"无讼"理想的。在"教化"与"法令"之间,是否构成了一种互相矛盾而又持续运动的情形,令"无讼"的理想始终似近非近、似远非远?

下文将从康熙时代一则息讼谕令开始,审视息讼悖论的成因及可能解释。

二 治理目标:法令与教化之争

(一) 从康熙谕令说起

息讼在实践与观念上的矛盾,困扰着历代的国家最高统治者。张仁善在评析康熙时代的"息讼"努力时,有这样一段论述:

> 康熙九年十月,康熙帝对礼部发布上谕,认为"至治之世,不以法令为亟,而以教化为先",因为"法令禁于一时,而教化维于可久。若徒恃法令,而教化不先,是舍本而务末"。可是,摆在他面前的现状则是:"风俗日敝、人心不古,嚚凌成习,僭滥多端。狙诈之术日工,狱讼之兴靡已。"对此,康熙忧心忡忡,感到对违法涉讼者"诛之则无知可悯,宥之则宪典难宽"[①]。

"法令"与"教化",是此处的关键词。法家重法令、轻教化,认为"法之为道,前苦而后利;仁之为道,偷乐而后穷"[②]。与之相反,虽然同样为了减少纠纷,作为汉代以后的官方意识形态,儒家却重教化、轻法

---

① 张仁善:《中国法律文明》,南京大学出版社,2018,第225页。
② 《韩非子·六反》。

令，具体而言，就是以官方调解方式化解纠纷。"法令禁于一时，而教化维于可久。若徒恃法令，而教化不先，是舍本而务末"，这是相当典型的官方态度。作为一个因为受理案件而引发的概念，或可采取司法功能的视角来考察"息讼"。

对于司法官而言，司法活动同时承载着法理功能与社会功能①，前者多是"法令"层面的断曲直，后者多是"教化"层面的化民风。在教化层面，息讼指告诫百姓少打官司、和睦相处，这主要表现在受案前。在法令层面，息讼是即使打了官司，最好也以调解告终，这主要表现在受案后。相对于法令，教化是主要的，因此司法更凸显的是社会功能，也就是侧重行政管理的一面。受制于教化的价值取向，法令层面的司法不主要以是非曲直为目的，而以调解和谐为目的。

孔子云："道之以政，齐之以刑，民免而无耻。道之以德，齐之以礼，有耻且格。"② 这或许是康熙及历代统治者推崇"息讼"的主要思想资源，典型表现了"以法治国"与"以礼治国"的治理方式之争。而在更多时候，对于面临繁杂事项的官吏而言，法和礼是需要恩威并施的；反过来，法令与教化的矛盾，构成了"息讼"概念的内部张力。这种张力延续到官府所面对的社会生活，便是清代"狱讼之兴靡已"的现状。有学者对此困境作了学理刻画：

> 官府为显示其作为"父母官"的家长式权威和恩泽，在形式上大包大揽……这种行政—司法合一的官僚家长型体制显然不可能完成其设计之初的宏大任务。州县官们不可能在这种无所不管的程序下处理数量庞大的案件③。

---

① 孙笑侠、吴彦：《论司法的法理功能与社会功能》，《中国法律评论》2016 年第 4 期，第 74 页。
② 《论语·为政》。
③ 王志强：《官方对诉讼的立场与国家司法模式——比较法视野下清代巴县钱债案件的受理与审判》，载〔日〕夫马进主编《中国诉讼社会史研究》，范愉等译，浙江大学出版社，2019，第 550~551 页。

由于息讼悖论的存在，面对纷至沓来的诉讼，官府始终不堪其累：官府有责任教化百姓，而且事无巨细；然而，大包大揽却又在实际上做不到。教化与法令看似可以分作两端，实则是合一连缀的理念与事项。二者在功能上固然不同，在价值取向上也截然有异，但当面对活生生的案件时，这种功能分化往往表现为不得不合一的内在矛盾。对此，需要作更外在的现象审视，以期描绘并澄清息讼悖论的实际影响。

（二）教化为先：理想与实际效果

对息讼的治理困境，可以作多角度的解读与审视。简言之，教化的好处，是否真能像官府希望的那样，为百姓所领会呢？

息讼宣传是官府治理社会的重要方式，"无讼""息讼"观念通过这些宣传文本，使得以儒家道德观为底色的官方意识形态，直接影响百姓的诉讼观念[1]。本文开篇所引的康熙谕令，其功能与目的正在于此。然而，官府的息讼宣传不一定为百姓接受，诉讼依旧蜂拥而至，官府只能以"细故"为由拒绝其中的一些案件以减轻压力。如上所述，息讼的教化功能，主要体现在官府受案前，通过息讼告示的方式，劝告百姓不要打官司，让纠纷尽可能在民众内部解决。但这种宣传未必奏效，"在诉讼文书中，我们不仅看到了民间百姓高超的诉讼智慧和策略，而且也发现了民众强烈的诉讼热情和勇气"[2]。传统的法制史研究曾经给人的印象是，传统社会百姓的权利意识匮乏，不善于利用法律保护自己的利益。而事实却是，百姓诉讼往往要求"断曲直"，官府则出于息讼考虑，不太愿意彻底搞清楚案情真相，导致累拖不决。因此，若真要息讼，不得不对案件本身——虽然出于诉讼策略，它可能被夸大或虚构[3]——蕴含的利益纷争根据法令作出裁决。这种官府与百姓策略选择的矛盾，也使得自上而下的息讼治理存在

---

[1] 尤陈俊：《聚讼纷纭：清代的"健讼之风"话语及其表达性现实》，北京大学出版社，2022，第96页。

[2] 徐忠明：《明镜高悬：中国法律文化的多维观照》，广西师范大学出版社，2014，第159页。

[3] 徐忠明：《明镜高悬：中国法律文化的多维观照》，广西师范大学出版社，2014，第157~159页。

困难。

作为地方治理的基本要求，息讼始终是官府的重要工作任务。为官一任，息讼工作既然给官员留下了深刻印象，一些地方官在其著述中，展现了对"息讼"的生动思考。"地方官纵能听讼，不能使民无讼，莫若劝民息讼。"① 这相当生动地描绘了无讼目标与息讼手段之间的张力，亦即理想与现实的张力：目标是可欲的，实现却是困难的。相较于其具体的息讼方法，这段话不如说道出了地方官教化不够彻底，却又不能不持续教化的心酸。如果说官府对百姓尚且因其"告状的，真是痴"② 容让三分，继续对百姓进行纡尊降贵、感同身受的劝谕（如"本县府在江西也是百姓，我家二百年来不敢告状评讼，暗中得了多少便宜"③），讼师则被视为挑起诉讼的罪魁，官府对其进行持续性打击，严令"禁止教唆，以清讼源"④。本文不欲对讼师的功过作出评价，只是想借此说明，教化的理想遇上现实的利益纠纷，其难度也确是不可低估。

"无讼"作为儒家礼治的社会理想，由来已久。一位理想主义的官吏引用汉代陆贾的话，"是以君子以为治也，块然若无事，寂然若无声；官府若无吏，亭落若无民；闾里（百姓）不讼于巷，老幼不愁于庭"⑤，来说明这种理想。可有趣的是，即使是这位理想家，也用一个"若"字表达了息讼的内在悖论，正如研究者犀利指出的，"官府无吏，是说官吏简直要失业了（古时官吏的最大业务便是'断讼'，'无讼'则官吏多余）"⑥，实际情况恰好相反。官府之忙，首先倒不是因为要靠诉讼谋取多少利益，而是实践中社会矛盾一直存在、纠纷不可避免，官府对诉讼的消极排斥，不会让矛盾凭空消失，只会令很多案件晦暗不明。传统社会的诉讼纠纷不仅存在而且数量巨大，官府的价值倾向不能改变民间社会诉讼需求旺盛的

---

① 殷啸虎：《公堂内外：明清讼师与州县衙门》，上海交通大学出版社，2019，第79页。
② 殷啸虎：《公堂内外：明清讼师与州县衙门》，上海交通大学出版社，2019，第76页。
③ 殷啸虎：《公堂内外：明清讼师与州县衙门》，上海交通大学出版社，2019，第82页。
④ 殷啸虎：《公堂内外：明清讼师与州县衙门》，上海交通大学出版社，2019，第83页。
⑤ 范忠信等：《情理法与中国人》（修订版），北京大学出版社，2011，第189页。
⑥ 范忠信等：《情理法与中国人》（修订版），北京大学出版社，2011，第189页。

现实，"通过教化而理讼、通过调解而治理"① 总是难以实现。

既然"无讼"理想存在困难、息讼方式存在争议，且这种困难大多表现为教化不得不让步于法令，地方官是否有意识地对此有所反思呢？对此，至少已经有清代地方官意识到，"无讼"理想、"息讼"理念的实现，不只是靠息讼的普法宣传，而是要在司法案件中"断曲直"，也就是通过高超的诉讼艺术，令案件得以真正解决。清人崔述说："自生民以来莫不有讼也。讼也者，事势所必趋也，人情之所断不能免也。传曰：（有）饮食必有讼。"② 这是十分实际的态度。基于肯定"讼"的立场，崔述大胆地重新阐释孔子名言："然则圣人所谓'使无讼'者，乃曲者自知其曲而不敢与直者讼，非直者以讼为耻而不敢与曲者讼也。"③ 就此而言，作为传统社会最高价值的和谐，其实现方式不只是消极地回避纠纷，也可以是积极地解决纠纷。

既然教化的目标崇高、价值尊贵而效果有限，引入法令并承认它的作用，就成为一种或明或暗的实际选择了。正如本文开篇所引述，张仁善在《中国法律文明》中指出，明清以来，息讼普法宣传备受最高统治者重视，教化无疑是最重要的息讼方式与目的。康熙在发布息讼谕令时，虽然仍贬斥法令而尊崇教化，却已经注意到"法令"与"教化"的矛盾，也就是短期的、现实的纠纷解决方式，与长期的、理想的社会治理模式的矛盾。这里值得注意的反倒是法令：虽然官府一再强调提起诉讼是愚顽的做法，但不能回避诉讼量的上升④。借用尤陈俊《聚讼纷纭：清代"健讼之风"话语及其表达性现实》第三章的标题，"'厌讼'幻象之下的'健讼'实相"，正反映了教化不足而法令风行的真实。越是依据理想目标推行息讼治理，越是要面对健讼不断、法令裁决的现实处境。

从孔子提出"无讼"、后人据此提出"息讼"以来，教化与法令的悖论，就一直内嵌于二元合一的思维及权力模式：传统社会司法与行政合

---

① 陈景良：《"天下无讼"价值追求的古今之变》，《政治与法律》2023年第8期，第33页。
② 范忠信等：《情理法与中国人》（修订版），北京大学出版社，2011，第197页。
③ 陈景良：《崔述反"息讼"思想论略》，《法商研究》2000年第5期，第119页。
④ 张仁善：《中国法律文明》，南京大学出版社，2018，第253~257页。

一,站在司法视角看,就是法理功能与社会功能合一,且后者融合前者。那么,"息讼"概念内部也就存在张力,背后是礼治与法治的治理手段之争。如果司法案件的减少,并不意味着很多矛盾在行政管理中化解,那单独、认真对待"法令"的作用就很有必要。下文将审视中国传统诉讼艺术是如何寓教化的目的于实际法令判决中的。

(三)法令之效:教化精神的重要载体

在确认息讼作为中国文化基因的前提下,尤陈俊梳理了"儒家道德观对中国传统诉讼文化的气质模塑途径",概括出"儒吏们的理讼实践""家法族规的潜移默化""明清时期的圣谕宣讲"以及种类繁多的民间艺术共四种模式[①]。这其实区分了两种实践:第一种可以视为作为司法的息讼(法令),后三种则可以视为作为普法的息讼(教化)。后者主要是在受案前劝告百姓别提起诉讼,前者关切的则是受案后如何平息纠纷。正如上文所述,尽管息讼的动力及价值目标无疑是"教化"百姓,但这种教化的实际效果实属有限。对于案件诉讼,无论"健讼之风"是否真的戳破了无讼的"表达性现实",百姓无疑相当关注自己的利益,并希望得到公正合理的判决结果。因此,必须从"法令"的角度,也就是司法的法理功能角度,对息讼的另一途径——针对诉讼争论作出回应性判决,作更充分的审视。

在《中国传统诉讼艺术》一书中,胡平仁对息讼的学术论争史作了较完备的梳理评析。作者认为,息讼是一种政治智慧、人生智慧,是官府贴合民情的良好意愿,不能脱离情境地随意肯定或否定[②]。更准确地说,"中华文化的和合精神体现在法律和法学领域,就是无讼理想和息讼追求"[③],"德威并济",也就是教化与法令两手抓,但仍"以息讼和衡平为解决纠纷

---

① 尤陈俊:《聚讼纷纭:清代的"健讼之风"话语及其表达性现实》,北京大学出版社,2022,第87~97页。
② 胡平仁:《中国传统诉讼艺术》,北京大学出版社,2017,第160~162页。
③ 胡平仁:《中国传统诉讼艺术》,北京大学出版社,2017,第246页。

的价值取向"①，这是比较实际的评语。那么，这一点怎样通过法令（司法判决）做到呢？

在前人基础上，胡平仁就个案解决提炼了五种司法官处理案件的方法："拖延""拒绝""感化""问罪""理喻"②。这是息讼的具体策略，从这些策略的术语表述足以看出教化的精神是如何渗透进法令实践。但比之泛泛而谈的教化，法令所要求的法理功能，首重司法官的准确判断：对双方的曲直已经心中有数，对怎样才是公正合理也算心中有数，所纠结的主要是在可能的条件下继续维护双方的和谐关系。以理喻方式为例，一对兄弟争财，向县官要求分家。法令的规定是，"父母在，不得别籍异财"。县官却没有向这对兄弟机械复述法令条文，而是说："你们兄弟俩认得字否？"见二人支支吾吾，县官已有判断，便写了"贫""富"两个字说："这个字认'贫'，为什么贫啊？分钱就会导致贫穷；这个字认'富'，为什么富啊？一家人在一口田里面就会富裕。"兄弟俩恍然大悟，回家过和谐日子去了③。显然，这种断案方式，既不姑息，也不生硬，而是根据教化的精神，仔细观察当事人的生活背景与情貌，以入理入心的方式，将法令贯彻下去。以今人的话说，这是司法的法理功能与社会功能结合良好的典范。

可是，这种寓教化于法令的成功案例并不多见，尽管地方官在笔记中对这些例证津津乐道，但一个更生硬的现实情境是：当事人并不满意官府的调解（苛刻些说是糊弄），也不会因为一两句至理名言而被打动，而只是关注自己在乎的东西。轰动一时、至今为法律人津津乐道的虚构案例"秋菊打官司"，正给了我们如下启示：秋菊打官司为什么一直会打下去？俞荣根在《儒家法思想通论》中评论，根据对《万家诉讼》（电影原著小说）的细致文本分析，发现这是因为地方官虽有"息讼"的愿望，但其实没有理解，达成"息讼"目标需要的不是调整赔偿金额高低，而是给个"说法"——满足当事人渴求的"义"。秋菊（小说中为何碧秋）觉得不平的，是个案中的不公正，而不是赔偿金的多少；同时，她也不愿意被告

---

① 胡平仁：《中国传统诉讼艺术》，北京大学出版社，2017，第248页。
② 胡平仁：《中国传统诉讼艺术》，北京大学出版社，2017，第163页。
③ 胡平仁：《中国传统诉讼艺术》，北京大学出版社，2017，第165页。

因为自己提起民事诉讼而锒铛入狱。在法律上，似乎确实没有更多可以回应秋菊的东西了，但她所追求的"说法"，却毕竟没能从案件判决中获得。这种愿望难道是不合理的吗？此类被古人称为"细故"的案件①，反过来说明法令为形、教化为神的重要性，在此类案件中二者缺一不可。

通过这个故事可以看到息讼观念的复杂性：百姓确非乐于打官司，而是要通过官司获得其心中的正义，用今天的话来说，即尊重个人（乃至家庭）权利为正当依据。在官府治理层面，要达到和谐这一礼治价值，并不是通过回避矛盾息事宁人的方式，而须通过官府对百姓"正当"这一"义"的诉求的尊重来实现。从价值层面来说，这其实隐含着一种仁和义的辩证关系：和谐固然重要，但不能以牺牲对立面的利益为代价。根据事情本身、根据法律本身作出判决与说理，确是一种与教化存在差异的独特功能；然而，这种说理有其限度，必须辅以入情入理的安抚与调停。如果说法令与教化的悖论，源自司法与行政的合一，那么面对秋菊的困惑，这种合一却是必要的：

> 古代的"行政与司法不分"，严格地说，也就是在县这一级。因此，在"细故"案件的调解息讼方面，知县既可以发挥"父母官"的权威进行"教谕"和"训导"，又握有司法的既判力、责罚权，从而形成"教谕式调停"和"行政式的审判"②。

那么，这种"教谕式调停"是否就是中国传统息讼的全部？法令的面貌，是否完全受制于教化的价值目标呢？下文将对此继续分析。

三 理论解释：形式理性与实质非理性之争

（一）韦伯的理性框架

上述息讼内外法令与教化之争，虽已在现象层面作了初步的刻画，但

---

① 俞荣根：《儒家法思想通论》（修订本），商务印书馆，2018，第765~769页。
② 俞荣根：《儒家法思想通论》（修订本），商务印书馆，2018，第768页。

在理论解释层面仍显不足。我们要问的是：是什么支配了具体审理案件的官员，采取教化或法令的方式？二者是否真的舍此趋彼，或是可能统一。不妨重思韦伯对中国法的评论，从理性形态角度对此问题试作解释。

众所周知，韦伯认为传统中国的法律是"卡迪司法"（卡地裁判），并将其概括为"实质非理性"的法律类型。在他看来：

> 中国的法官——典型的家产制法官——彻底家父长式的审案断狱，也就是说，只要他是在神圣传统所赋予的权衡余地下，他绝对不会按照形式的规则——"不计涉及者何人"来加以审判。情形大多相反，他会视被审者的实际身份以及实际的情况而定，亦即根据实际结果的公平与妥当来加以判决①。

在这段论述后，他进一步指出这种非形式的"卡地裁判"，背后没有神学层面的价值依据，而是严格限定于俗世的。在《法律社会学》中，韦伯对此作了法律职业层面的分析：

> 在中国，裁判的非理性，是家产制的结果，而非神权政治的结果。……那儿也没有负责解答法律问题的专家阶层存在，并且，相应于政治团体的家产制性格，亦即对形式法律的发展毫无兴趣，所以似乎根本没有任何特殊的法律教育可言。……团体成员中，通过科考的人，亦即具有学识教养者，扮演起家族、氏族及乡村里关于仪式和法律问题的顾问角色②。

综合上引两段论述，"实质非理性"的标签似乎已经贴在了中国传统司法上。无论是基于法治原理还是意图为民族文化的普遍性作辩护，正如

---

① 〔德〕韦伯：《中国的宗教：儒教与道教》，康乐、简惠美译，上海三联书店，2021，第214页。
② 〔德〕韦伯：《法律社会学 非正当性的支配》，康乐、简惠美译，上海三联书店，2021，第240页。

学者所言：

> 在中国法律史领域，韦伯"赠送"给中国法的"卡迪司法"标签，也同样萦绕在每个学者心头。无论是否直接阅读过韦伯的作品，也无论是否曾自觉回应韦伯的这个论断，几乎所有研究清代州县司法的学者，始终下意识地诱使自己追问如下问题：中国传统法律究竟是不是"卡迪司法"？韦伯的结论，究竟是对了，还是错了①？

韦伯的批评激起了学者围绕中国法制史的激烈争辩，其争论焦点在于对清代诉讼判例的不同解释②。这场韦伯身后的争论，由滋贺秀三—黄宗智在理论上的针锋相对展开，他们各自支持或否定了韦伯的看法。

（二）滋贺秀三—黄宗智之争：情理与王法

围绕韦伯带有强烈欧洲历史哲学意味的预设，亦即"如果西方是历史的终点，那么中国就是历史的起点（在完成历史起点的功能后它就'停滞'了）。如果西方是合理性，那么中国就是非理性，或者只是合理化进程的初步阶段"③，以如何看待清代审判为战场，实质非理性或形式理性的标签争论，由此徐徐展开。这场争论的相对立场，是滋贺秀三的"情理"与黄宗智的"王法"之辩。

滋贺秀三以"教谕式调停"描绘了清代的审判图景：

> 一方面，审判官可能会拘留当事人，或对当事人使用某种体罚等属于他权限范围的强制力——这既有惩处亏欠一方的当事人，让对方当事人满足的含义，又有胁迫当事人接受裁定的功能；另一方面，审

---

① 赖骏楠：《"家产官僚制"与中国法律：马克斯·韦伯的遗产及局限》，载公丕祥主编《法制现代化研究》（2015年卷），法律出版社，2015，第186页。
② 徐忠明对这场争论作了清晰评述。参见徐忠明《清代中国司法类型的再思与重构——以韦伯"卡迪司法"为进路》，《政法论坛》2019年第2期。
③ 赖骏楠：《"家产官僚制"与中国法律：马克斯·韦伯的遗产及局限》，载公丕祥主编《法制现代化研究》（2015年卷），法律出版社，2015，第193页。

判官用人世间的常识道理和大局中所见利害，苦口婆心地劝诱、教训当事人。通过这两方面的手段，引导案件趋于解决。也就是说这是调停色彩很浓厚的审判，借用亨德森教授的表述，可以称其为教谕式调停①。

如果说这是一个尚且符合中国人常识的判断的话，那么接下来的系列概括性论断，则激起了很大的争议。滋贺秀三认为，在清代审判中，"国法绝非在所有乃至大多数的民事案件中被引照了"②，"审判官在审案时会引用比照国法条文，这并不意味着他们严密拘泥于法律条文中的文字"③，总之，"在传统中国，国家的法律是漂浮在'情理'大海上的冰山"④。如果将滋贺秀三的"情理"对应韦伯的"实质非理性"，则韦伯的论断确凿无疑：教化吞没了法令，实质吞没了形式。

黄宗智明确反对这种说法，认为清代审判总体上是依法审判，亦即"法令"层面无虞。在审视了大量曾任地方官的士人退休后笔记后，黄宗智得出了这样的结论：

> 不过……都同意这样一点，即如果讼案不能透过民间调解得到解决的话，就必须作出明确的裁断。他们当中没有一个主张县官扮演调停而非裁判的角色。他们之间的分歧在于是否允许通过民间调解人的呈请而结案，不在是否依据律例来判案。他们的著说所映照出来的州县官主持堂审时的形象，无疑是一个法官，而不是一个津津于"教谕

---

① 〔日〕滋贺秀三：《清代中国的法与审判》，熊远报译，江苏人民出版社，2023，第245页。
② 〔日〕滋贺秀三：《清代中国的法与审判》，熊远报译，江苏人民出版社，2023，第250页。
③ 〔日〕滋贺秀三：《清代中国的法与审判》，熊远报译，江苏人民出版社，2023，第252页。
④ 〔日〕滋贺秀三：《清代中国的法与审判》，熊远报译，江苏人民出版社，2023，第264页。

式调停"的息事宁人的调停者①。

换句话说，在黄宗智看来，清代法官也依法裁决而非"彻底家父长式"，形式理性是他们所着重考量的因素。清代法官的实际面貌，更接近"作为儒家，清代州县即是道德家；作为官吏，他们则也是世俗的讲实际的人"，其思维方式，是"注重德化与讲求实用"的"实用道德主义"②。

林端对此有进一步的评析：在他看来，滋贺秀三强调的"情理"，与黄宗智着重的"王法"二者是否矛盾、如果矛盾能否统一的问题，缘于韦伯二元对立的思维方式。他批判性地说：

> 韦伯惯用二元对立的二值逻辑（非此即彼）来思考中国传统法律文化，以为中国法官一旦诉诸"情理"，便会弃"王法"于不顾。殊不知"王法"与"情理"并行，正是中国传统法律文化多值逻辑（既此且彼）特色具体呈现的一个方面③。

多值逻辑概念的提出，使我们有了回应韦伯式命题的有力护盾。相对于二元对立、非此即彼，和谐概念本身就预设了二元合一、既此且彼。虽然在理论上更接近黄宗智的立场，但林端的论述实际上为将滋贺秀三与黄宗智的视角进行整合有了等置的可能性。有学者认为，滋贺秀三与黄宗智的差异，不在于其选取基础史料差异，而在于理论解释模型的不同④。另有学者指出，"黄宗智在研究过程中对法律的界定实际上超出了其所指称

---

① 黄宗智：《清代的法律、社会与文化：民法的表达与实践》，世纪出版集团、上海书店出版社，2001，第196页。
② 黄宗智：《清代的法律、社会与文化：民法的表达与实践》，世纪出版集团、上海书店出版社，2001，第194页。
③ 林端：《中国传统法律文化："卡迪审判"或"第三领域"？——韦伯与黄宗智的比较》，载中南财经大学法律文化研究院编《中西法律传统》（第六卷），北京大学出版社，2008，第426页。
④ 刘家楠：《清代民事审判研究综述——以黄宗智与滋贺秀三的研究为核心》，载张海燕主编《山东大学法律评论》，山东大学出版社，2010，第208页。

的《大清律例》的范围"①,因此其所谓的依法审判结论不一定能够成立。本文无意去支持或否定韦伯的判断,而是希望借此引出的滋贺秀三—黄宗智之争,为息讼悖论提供一个可能的理论解释:形式理性与实质非理性的差异与并置。

四 结论:和谐合一与功能分化

在一篇新近的论文中,李栋提炼了"权宜裁判"概念,希望终结清代司法是否"依法裁判"的争议。他认为,过往讨论的错误在于将"法"视作裁判的大前提,实际上清代司法重视裁判结论的可接受性高于法源意义上的"依法"。他引述寺田浩明概括的相对于"规则型法"的"公论型法"模式,指出"当'天下公论'反复出现时,它们就会凝结为'法',呈现出形式化的另一面"②,能够保障裁判决策的稳定性。与之相应,如果仔细留意会有趣地发现,"息讼"概念内部的教化—法令、行政—司法合一悖论之争,可以很好地对应滋贺秀三强调的"教谕式调停"与黄宗智指出的"依律审判"。哪一种才是历史的真实?或许两种都是。追根溯源,这一悖论源于孔子自己提出"无讼"理想时就存在的内在张力与主导力量:教化统摄法令、行政统摄司法、实质统摄形式、非理性统摄理性。具体来说,就是思维没有彻底的二元分化,价值更是二元合一的"和谐"观。在近年的新著中,黄宗智对此有更清晰具体的论述:

> 这样的实际更需要中国长期以来对待二元实际的基本思维倾向来认识——看到二元关系中的背离和抱合,既矛盾又合一,不会像西方经典理论那样偏重非此即彼的二元对立。只有认识中西方思维方式之间的这个基本差异,才有可能真正进入对中国近代以来的历史实际③。

---

① 汪雄涛:《功利:第三种视角——评滋贺秀三与黄宗智的"情理—法律"之争》,《学术界》2008年第1期,第120页。
② 李栋:《超越"依法裁判"的清代司法》,《中国法学》2021年第4期,第304页。
③ 黄宗智:《中国的新型正义体系:实践与理论》,广西师范大学出版社,2020,第35页。

与之相近，梁治平在分析和谐作为中国社会的信仰时，相当有洞察力地提出了"司法意识和行为"①的区别性概念。戴着这副理论透镜，再来读他的下列论述，将会收获不一样的感受：

> 理想的社会必定是人民无争的社会；争讼乃是绝对无益之事；政府的职责以及法律的使命不是要协调纷争，而是要彻底地消灭争端。为做到这一点，刑罚是必要的，但更重要的是教化。要利用所有的机会劝导人们，以各种方式开启他们的心智，使之重返人道之正②。

"教化"的必要性，在这段论述息讼价值的话中显露无遗。然而，它很可能主要是一种努力付诸实践的"司法意识"，其载体依旧是看似冷酷的"法令"行为。孔子有意识地提出"无讼"理想，在行政—司法合一的逻辑下，这似乎是不可能实现的：纠纷解决既然是行政管理的延伸，二者若不在制度上作特别的隔离设计，是不可能达到"息讼"目的，也不可能实现"无讼"理想的。如何让司法有别于行政，成为真正意义上的司法权？我们今天也有"息讼"的理想，但如果没有把司法当作独特的、终局性的判断性权力，那么自然就会有鼓励诉讼的措施，如"让人民群众打得起官司"的制度安排（立案登记制、诉讼费减免等）。由此，息讼悖论将一再于当下显现："目前在实践中，很多法院的立案庭为了贯彻有诉必立，对明显属于重复起诉的纠纷也予以立案，导致一些缠讼当事人为同一件纠纷反复诉至法院，浪费了司法资源，也造成对方当事人的讼累。"③ 究其原因，是行政的压力传导至司法，教化的目的延续至法令，司法并未能分担行政的责任，法令也未能发挥其独立的作用。

息讼的治理悖论告诉我们，在教化与法令的矛盾运动中，司法指向的

---

① 梁治平：《寻求自然秩序中的和谐——中国传统法律文化研究》，商务印书馆，2013，第213页。
② 梁治平：《寻求自然秩序中的和谐——中国传统法律文化研究》，商务印书馆，2013，第213页。
③ 相庆梅：《立案登记制：理论反思与完善路径》，《社会科学家》2020年第1期，第110页。

是这个社会所追求的和谐价值。然而，追求和谐即使是可欲的社会价值，重视司法的法理功能，在定分止争层面尊重其独立性价值，方能使当下司法显出新意。正如卢曼指出的，功能分化是社会现代化的标志，"政治从宗教的神意授权中分出，经济与狭窄的家政模式相分离，法律也拒绝再充当政治意志的纯粹注脚"①。在此意义上，尊重司法的法理功能，其要害是注意到司法的独特属性，不只作为行政功能、教化目的的附属，而是真正做到司法克制主义。

就此而言，2023年9月27日最高人民法院、司法部联合印发的《关于充分发挥人民调解基础性作用 推进诉源治理的意见》表明，作为弥合"法令"与"教化"鸿沟的调解行为，是实质解决争议、响应和谐价值的关键。该意见开宗明义地表示："坚持把非诉讼纠纷解决机制挺在前面，抓前端、治未病，充分发挥人民调解在矛盾纠纷预防化解中的基础性作用，深入推进诉源治理，从源头上减少诉讼增量。"② 这给我们提供了一种启示：在司法权已然分化为一种独特功能的现代社会，息讼"功夫在诗外"，亦即不必事事以司法解决为最终依归，"非诉"也可以息讼。对息讼悖论的理论解释，目的在于提醒我们：和谐价值所模糊的教化与法令、行政与司法的界限，需要通过重构司法的法理功能，单独重视司法的特有价值，才能真正实现原本就有所自我否定的"无讼"理想。"虽然法律的功能是稳定全社会的规范性预期，但是这并不意味着全社会的冲突和纠纷都应该提交到法院来解决。"③ 强调司法法理功能的目的恰恰在于，那些更为公众关心的"社会功能"，可以而且应该交给非诉调解机制加以解决。诉源治理概念的提出，本身就暗含了这一要求。

---

① 张海涛：《功能分化社会的"去分化"？——权力生产性与权力媒介性的理论冲突及其消解》，《交大法学》2021年第2期，第90页。
② 最高人民法院、司法部：《关于充分发挥人民调解基础性作用 推进诉源治理的意见》，2023年9月27日。
③ 张文龙：《系统论法学视角下的多元解纷机制》，《江汉论坛》2024年第1期，第122页。

定罪与量刑：明代民间女性犯罪问题研究*

——以《明实录》为中心的考察

向 扬**

内容提要：在明代文献资料中，有关民间女性犯罪的记录寥寥无几，目前学界对该问题的探讨亦殊为少见。《明实录》中保存了数十例不同时期全国各地平民女性犯罪的案例，虽记载分散，但仍为研究这一问题提供了极为重要的官方记录材料。在梳理《明实录》所载女性犯罪案例的基础上，结合明代相关司法文书与结案判词内容，不仅可以考察明代民间女性获罪的基本情况，而且也能了解明廷对该类女性犯罪的态度，进而对明代女性的社会地位及其变化形成更为清晰的认识。

关键词：明代 女性犯罪 《明实录》 《折狱新语》

目　次

一　引言
二　明代民间女性犯罪行为的分类与统计
三　明代民间女性各类犯罪行为及定罪量刑概述
四　《明实录》所载民间女性犯罪案例的特点与价值
五　结语

一　引言

受传统观念的影响，在明代文献资料中，女性多以男性附庸的形象出

---

* 本文系天津社会科学院重点课题"宋元明清犯罪学史"（24YZD-09）的阶段性成果。
** 向扬，南京大学历史学院博士研究生。

现，有关女性犯罪的直接记载较为少见。目前学界对明代民间女性犯罪的研究大多围绕《大明律》与《折狱新语》等文献展开①。相较而言，《大明律》所记较为刻板固定，鲜有实例予以说明；《折狱新语》则为明末李清任职宁波时的判案文牍②，局限于一时一地，缺乏典型性③。有鉴于此，如何进一步开拓研究视野，整理与利用既有资料，是推动这一专题研究不断深入的当务之急。

作为明朝历代官修的编年体史书，《明实录》中保存了数十例不同时期全国各地民间女性犯罪的案例，虽记载零碎分散，但仍是研究该问题重要的官方记录材料④。从中不仅可以考察明代平民妇女获罪之原委，还可了解明廷对此类女性犯罪的态度。同时，也能以更加直观的视角，分析明代女性的社会、法律地位及其变化。本文即在梳理《明实录》所载案例的基础上⑤，

---

① 相关研究大致可分为三类。其一，从司法文书、判案文牍出发，审视明代律令中与女性相关的内容。参见杨瑶《明代妻妾犯罪及其司法实践——以法律文书为考察中心》，西南大学历史文化学院硕士学位论文，2014；张思佳《明代妇女犯罪问题研究——以判牍为中心的考察》，东北师范大学历史学院硕士学位论文，2019。其二，以动态的视角，观察明朝各个时期女性社会生活、法律地位的变化。参见赵崔莉《明代妇女地位研究》，安徽师范大学历史系硕士学位论文，2002。其三，以专题的形式，考察涉及女性案件的处理过程与结果。参见梅欢《从〈折狱新语〉看晚明女性诉讼》，西南政法大学法学院硕士学位论文，2013；吴广法：《〈折狱新语〉中的婚姻判决研究》，上海师范大学法学院硕士学位论文，2016。

② 李清，字心水，一字映碧，号碧水翁，晚号天一居士，明朝南直隶兴化人。崇祯四年（1631）进士，授宁波府推官，于当地冤案多有平反。弘光年间仕至大理寺左寺丞，国变后隐居不仕。李清学识渊博，史学、文学、戏曲、艺术无一不精，其中尤以史学造诣最高。著有《南渡录》《三垣笔记》《折狱新语》等书。

③ 与李清《折狱新语》类似，明崇祯末年广州府推官颜俊彦也有判语及公牍专集《盟水斋存牍》留存。全书系作者任官广州时司法审理事务的真实记录，内容涉及刑事、民事、诉讼等，具有极高的历史价值。但相较而言，颜氏在此书中对案件的分类较为笼统，且"刊刻问题较多，尤其是书板错乱致使内容多有残缺不全"。参见颜俊彦《盟水斋存牍》，中国政法大学法律古籍整理研究所整理标点，中国政法大学出版社，2002。

④ 除记载列帝谕令诏敕及相关政治、经济、礼仪大事外，《明实录》对有明一代的社会风气、民间生活、刑狱诉讼等内容亦有所反映，而有关女性犯罪的记述便是其中较为典型的一部分。

⑤ 20世纪90年代以来，学界开展了从《明实录》中摘录资料并加以分类、编纂成书的工作，其成果即为《明实录类纂》丛书。该丛书由分类汇编与地方汇编两部分组成，先后共出版21册。其中，在由徐适端编、武汉出版社出版的《明实录类纂·妇女史料卷》，专列"刑狱诉讼"一节，辑录了《明实录》中所载涉及明代女性犯罪的诸多案例。本文便以该书所收录的刑狱诉讼资料为基础，进一步查考、整理《明实录》中的记述，对明代妇女犯罪问题展开分析。参见徐适端编《明实录类纂·妇女史料卷》，武汉出版社，1995，第680~822页。

稽考明代民间女性的犯罪类型，检核明朝官府定罪量刑的方式与尺度。这或许也能对《明实录》的性质与内容作出更为全面的说明。

二 明代民间女性犯罪行为的分类与统计

根据身份、民族、地位不同，明代妇女大致可以分为宗室（含公主及各王府之郡、县、乡主君等）、少数民族（含土司妻妾）、妃嫔宫人（含官员家眷）、民间女性四种类型①。本文所关注的"民间女性"（又可称作普通女性、平民妇女等），即泛指生活于广大城镇、农村地区，身份地位普通，占明代女性绝大部分的妇女群体②。总体而言，此类女性大部分处于社会底层，依靠个人劳动获取生活物资，论者认为"其起居环境、劳动方式和受教育程度，决定了她们受封建礼教束缚的程度较低"③，因而最能反映明代基层社会的真实情况。

李清在《折狱新语》中将崇祯年间宁波地区的犯罪案件分为"婚姻""承袭""产业""诈伪""淫奸""贼情""重犯""冤犯""钱粮""失误"等十大类④，反映了明代司法工作者对该时期地方犯罪类型的理

---

① 需要指出的是，虽然当今学界对明代女性群体的分类依据大多与此类似，但上述标准依然不可避免地将明代女性作为男性或所谓"皇权"制度的"附属品"。民间女性、官员妻妾或妃嫔宫人身份的尊卑，事实上还是男女身份差异的投射。而所谓宗室与土司，也同样是因依附于皇权制度才得以尊崇。女性个体的地位仍未得到公正审视与对待。对于这一现实，应以历史的视角、批判的眼光进行分析。受史料限制，以及为了分类尽可能全面、直观，本文暂循其旧。
② 1927年，中山大学《民俗周刊》的《发刊词》确认"民"指平民，即区别于"皇帝、士大夫、贞洁妇女、僧道"的"民"，包括"农夫、工匠、商贩、兵卒、妇女、游侠、优伶、娼妓、仆婢、惰民、罪犯、小孩"等民众。因此，为使统计案例尽可能丰富、分析结果尽可能全面，本文将同样需要从事劳动生产、社会地位较低的军户眷属、勋贵仆婢归入"民间女性"类别进行讨论。参见高丙中《民俗文化与民俗生活》，中国社会科学出版社，1994，第35~38页。
③ 参见高海燕《明代中后期江南民间妇女新探》，西北师范大学历史学院硕士学位论文，2011，第1页。
④ 华东政法学院法律整理研究所：《折狱新语注释》，吉林人民出版社，1989。

解与认识，具有鲜明的时代性与历史性。本文在对明代平民妇女犯罪案件的统计与分析中，亦采取这一分类方式。除此之外，本文之核心目标，是为了展现以实录为代表的明代官方文献对女性犯罪案件记载侧重等问题。为便于统计，表1数据皆以"案/件"为基本单位，一案中即便涉及多名共同参与犯罪的平民妇女，仍记为一例①。若一人数罪并犯，则分别予以统计②。

表1 《明实录》中民间女性犯罪种类、数量一览*

单位：件

种类	婚姻	承袭	产业	诈伪	淫奸	贼情	重犯	冤犯	钱粮	失误	总计
数量	2	0	0	3	8	0	12	4	0	3	32

* 其中，需要着重关注"淫奸"类与"重犯"类案件的具体内容。就"淫奸"类案件而言，李清《折狱新语》"淫奸"卷共有案牍三十三篇，除记载男女"通奸"之事外，还多涉及女性遭强奸、猥亵之刑事案件。《明实录》中对男女"淫奸"之事并无专有称谓，但往往在用词上存在差异。若有"奸""占""强"等词者，当归罪于男性。若为"通""淫""烝"等词，则女性亦当予以定罪。就"重犯"类案件而言，李清《折狱新语》"重犯"卷共有案牍十篇，参考《折狱新语》所记以及《大明律》中"十恶"之条，应至少包含"人命""谋逆""不孝"等内容。

据表1可知，《明实录》中有关平民女性犯罪案件的记载数量为32件。就犯罪案件的类型而言，实录中对事涉"不孝""谋逆""杀人"的"重犯"之罪记载最多（12件），占总数的37.5%。其次则为违反纲常伦理、不守"妇道""贞节"的淫奸之罪（8件）。与之相对，实录中并无民

---

① 以万历四年（1576）九月"张大金弑母"案为例。"（万历四年九月甲午）东厂缉弑母烧尸犯人张大金，并廉其妻李氏、吴氏，一致夫殴母至死，一坐视烧尸不闻。命付诏狱。"该案虽牵涉李氏、吴氏二人，但事属一案，故仍记为一例，归入"重犯"之条中。参见《明神宗实录》卷五十四，万历四年九月甲午条，台北"中央研究院"历史语言研究所，1962，第1263页。

② 除以上两类情况外，《明实录》的记载中还存在某一案件内施害者与被害者皆为平民妇女的情况。这主要集中于"诈伪"与"冤犯"案件中。

间妇女犯"承袭""产业""贼情""钱粮"之罪的记载①。

三 明代民间女性各类犯罪行为及定罪量刑概述

通过对《明实录》所载民间女性犯罪类别、案件数量的统计与梳理，可以大致了解明代平民妇女犯罪的基本情况、有司定罪与量刑的考虑，以及相关律令法规的适用与调整。以下结合李清《折狱新语》及时人文集等文献资料的记载，分别加以详述。

（一）"婚姻"类案件

《明实录》中对民间女性涉及"婚姻"犯罪的记载，见于洪武十七年（1384）十二月壬寅条与弘治十一年（1498）正月己未条②，尤以洪武年间翰林院待诏朱善对该时期婚姻法律、社会风气的论述最为重要。据朱善称，洪武以降，"民间婚姻之讼甚多"，而"江西、两浙此弊尤甚，以致狱

---

① 值得注意的是，在李清《折狱新语》中，除犯罪主体为官员的"钱粮"之案外，崇祯年间宁波府境内女性因"承袭""贼情""产业"等案情而获罪、受刑者在在有之。那么，有关平民妇女因上述行为而获罪的案例为何会在实录中"失载"呢？事实上，这一现象当与《明实录》的记载侧重点与篇幅规模密切相关。"承袭"之案，即指"涉及宗族承嗣、嫡庶之争的案件"。实录所载犯"承袭"之罪的女性多为宗室勋贵女眷，以及西南土司首领（含妻妾）。此类女性权尊势重，牵涉甚广，地方有司惮于得罪，故多在查勘时相互推诿，难以作出公正的判决。"产业"之案，主要收录的是"宗族亲眷、乡亲邻里之间关于家财、田产归属权产生纠纷的案件"。一般而言，与普通百姓相关的"产业"纠纷，大多只是简单的民事案件，仅仅涉及部分财产的争议，据地方有司查勘后便可作出裁决。若非数额巨大、影响深远，或发展成杀人越货的人命官司，实录中势必难以一一列举陈述。"贼情"之案，即指盗贼偷窃财物的案件。此类案件多发生于民间，且事实明确，审理简单，仅需将罪犯抓获并予以惩罚即可，故实录对此类案情鲜有记载。对于《明实录》记载内容的侧重点与目的，后文也将进一步展开讨论。参见剧丽婵《〈折狱新语〉判词风格及其现代意义》，河北经贸大学法学院硕士学位论文，2021，第8~9页。

② 《明太祖实录》卷一百六十九，洪武十七年十二月壬寅条，台北"中央研究院"历史语言研究所，1962，第2575~2576页；《明孝宗实录》卷一百三十三，弘治十一年正月己未条，台北"中央研究院"历史语言研究所，1962，第2346~2347页。另外，实录对男性涉及"婚姻"犯罪的记载颇多，其中尤以宗室为甚。明代礼制对宗室男子迎娶妻妾的数量、流程都有严格的规定。而明初以降，宗王将军强娶民女、不遵守礼仪制度之事便屡有发生，朝廷亦多有责令改正之旨。

讼繁兴、贿赂公行、风俗凋敝"①。据明初之律,"姑舅之子若女""两姨之子若女"皆于法不当,不少女性因此得罪,"或已聘而见绝;或既婚而复离;或成婚有年,儿女成行,有司逼而夺之,使夫妇生离、子母永隔,冤愤抑郁无所控诉,悲号于道路,亲戚为之感伤,行人为之嗟叹"②。

对此,朱善认为有家者重世婚,"古人未尝以为非也",明律所严禁的是"尊属卑幼相与为婚者",但姑舅之子女、两姨之子女"是无尊卑之嫌",且门第相匹、才德相称、长幼相若,"为子择妇、为女择婿,宜莫先于此"③。对于朱善之言,太祖也表示了认可,这些因"婚姻"而获罪的女性也得以夫妻子女团聚。

值得注意的是,李清《折狱新语》中"婚姻"类案件的内容,以重婚、悔婚、逼婚、聘金争夺为主④。就犯罪主体而言,则大多为男女双方的父母家人,与(未婚)夫妻无关,其中尤与女性无涉。由此可知,在明代"父母之命、媒妁之言"的传统婚姻制度下,子女(特别是女性)对于婚姻大事并无发言权。部分女子甚至成为父母赚取聘金、居奇待沽的工具。与之相比,《明太祖实录》中这一条"婚姻"犯罪的记载,因与女性自身直接相关而具有独特的价值,展现了明初朝廷对事关女性婚姻法律的调整。

(二)"诈伪"类案件

《明实录》中对民间妇女犯"诈伪"之罪的记载共3例⑤。总体而言,

---

① 《明太祖实录》卷一百六十九,洪武十七年十二月壬寅条,台北"中央研究院"历史语言研究所,1962,第2575~2576页。
② 《明太祖实录》卷一百六十九,洪武十七年十二月壬寅条,台北"中央研究院"历史语言研究所,1962,第2575页。
③ 《明太祖实录》卷一百六十九,洪武十七年十二月壬寅条,台北"中央研究院"历史语言研究所,1962,第2575页。
④ 华东政法学院法律整理研究所:《折狱新语注释》,吉林人民出版社,1989,第3~81页。
⑤ 分别见于《明宣宗实录》卷十六,宣德元年夏四月癸酉条,台北"中央研究院"历史语言研究所,1962,第428~429页;《明宣宗实录》卷五十七,宣德四年八月庚子条,台北"中央研究院"历史语言研究所,1962,第1369页;《明神宗实录》卷一百九十五,万历十六年二月戊辰条,台北"中央研究院"历史语言研究所,1962,第3670页。

"诈伪"犯罪的主要形式可分为"诬陷妄告"与"夸大事实"两类,其主要目的皆是使当事人坐实某项罪名而得到惩罚。面对数量庞大、情况复杂的平民百姓间"诈伪"之案,地方官员实际并无精力——勘察审理。这在导致若干疑案、冤案产生的同时,也促使针对某些特定案件的法例逐渐完善——宣德四年(1429)八月"沈阿回母告妇"案便是其中典型的一件。具文如下:

> (宣德四年八月庚子)孝陵卫军沈阿回母因醉呼妇索茶,妇无茶,饮以汤,姑怒箠妇,妇趋避,遂告妇詈己,刑部当妇死罪,妇固称冤,且引邻里为证。邻里至,皆言妇冤,而姑亦惭悔,自陈实妄告。上命释之,因笑曰:"求茶得汤,亦何不可?而遽欲杀之,为妇亦难矣!官府每为人解怨邪?"①

有明一代,子孙不孝,"殴骂祖父母及妻妾殴骂夫之祖父母、父母",皆属于违背伦理、十恶不赦之重罪,一旦坐实,便"坐斩绞罪",即使"祖父母、父母或告息词",也需"决杖发回养亲",并且再犯不宥②。实录所记"母告子""姑告妇"不孝之案③,或以小憾,或因积怨,告讦于官。法司鞫罪,子、妇多将面临斩、绞之刑。幸运的是,邻里辨伪称冤,母姑事后惭悔,经皇帝亲审而得其实。母(姑)、子、妇皆无罪释放,而

---

① 《明宣宗实录》卷五十七,宣德四年八月庚子条,台北"中央研究院"历史语言研究所,1962,第1369页。
② 《明宪宗实录》卷一百二十七,成化十年夏四月甲子条,台北"中央研究院"历史语言研究所,1962,第2418页。
③ 实录中与宣德四年八月"沈阿回母告妇"案类似的"母告子""姑告妇"不孝之案还有数例,分别见于《明太宗实录》卷二十三,永乐元年九月癸卯条,台北"中央研究院"历史语言研究所,1962,第429页;《明宣宗实录》卷五十二,宣德四年三月己巳条,台北"中央研究院"历史语言研究所,1962,第1255页;《明英宗实录》卷七十六,正统六年二月癸未条,台北"中央研究院"历史语言研究所,1962,第1495~1496页;《明英宗实录》卷三百三十九,天顺六年夏四月己卯条,台北"中央研究院"历史语言研究所,1962,第6900~6901页。因此三例案件中犯罪女性皆属于千户、总旗等军官之母,故本文未将其列入统计。但上述案件内容相似,有司查勘、定案与量刑的过程亦大致相同,因而可视作一类。

最初负责此案之官员则因"泥文法、亏节义",不能为人"伸冤理枉"而斥以他用。官员之草率冷酷与皇帝之审慎仁慈,形成了鲜明对比——《明实录》中对皇帝形象的构建之法,由此也可见一斑。事实上,"母告子""姑告妇"案还反映在以"孝"治天下的明代社会中,子女与父母尊卑分明,身份、地位差异悬殊的情况——上述女性因官员或皇帝重视而得直,其他子女被诬告而不得直者,正不知凡几。

值得注意的是,针对"姑告妇"之类复杂、重要的案件,明廷逐步设立、完善了相关法例以避免官员草率结案,酿成人祸。正统二年(1437),英宗令"今后继母告陷前妻之子、嫁母告陷前夫之子不孝者,俱令邻佑保实取问如律。如有冤枉,即与辩之"①。景泰元年(1450),刑部官员请求有司在审理"告义子女、义妇、义孙、妾子、前妻前夫之子不孝"之案时,复"审其四邻""验其年岁"之旧例,以免讼者"挟私冤抑"②。明中期以降,朝廷还进一步加重了对民间"诈伪"罪行的惩罚力度。万历十六年(1588),神宗令"以后军民奏诉虚捏者,著于本处枷号三月"③。这些法条的制定、施行与完善,都在一定程度上起到了保护女性的作用。

(三)"淫奸"类案件

《明实录》中对民间女性犯"淫奸"之罪的记载数为8例。值得注意的是,在这数例案件中,"淫奸"行径作为诱因,往往会导致后续杀人、劫财、诬陷案件的发生。试举以下两例说明:

> (宣德元年夏四月癸酉)释义勇右卫军阎群儿等死罪。初,群儿妻毛有淫行,李宣者尝以告群儿,群儿数箠击毛,欲杀之。毛于是诬群儿与宣等九人强劫校尉陈贵家。监察御史悉论强劫罪当斩,宣等家

---

① 《明英宗实录》卷二十八,正统二年三月丁巳条,台北"中央研究院"历史语言研究所,1962,第571页。
② 《明英宗实录》卷一百八十九《废帝郕戾王附录》第七,景泰元年二月丙戌条,台北"中央研究院"历史语言研究所,1962,第3879页。
③ 《明神宗实录》卷一百九十五,万历十六年二月戊辰条,台北"中央研究院"历史语言研究所,1962,第3670页。

人击登闻鼓诉冤，云贵被劫之日，宣等各有事他适，实不为盗。给事中李庸以闻，上曰："平人岂可枉杀，以事他适当有证验。"命行在都察院与之辩。至是行勘他适有验，实不为盗。上命释群儿等，毛氏抵罪①。

（嘉靖二十四年十一月）己卯，山西保德人崔鉴年十四，以其父私于邻女魏氏，斥逐其母，不胜愤，乃手刃魏氏杀之。有司谳上其狱，法司议鉴以母故陷大戮，可悯。上曰："鉴幼能激义，其免死，发附近徒工三年。"②

"淫妇"毛氏怒夫杖己而诬之，崔鉴愤魏氏通父逐母而杀之。上列两案，皆因"淫奸"而起，发展成为事关人命之"重犯"、诬陷妄告之"诈伪"，从而引起官府重视③。事实上，"淫奸"罪行之所以会引起如此强烈的反响，也正是因为明代社会对女性恪守纲常、保持"贞节"的要求与预设。这一点在明廷对涉"淫奸"罪女性的量刑中表现更加清楚（见图1）。

图1中平民妇女因"淫奸"犯罪所受惩处类型分为死刑（含被杀、处死）、施以杖刑，以及未提及三种。就此类女性所受处罚来看，除3例未具体提及惩罚手段外，处以死刑的为4次，占施刑总数的80%。惩罚之严厉，由此可见一斑。从中也不难看出，明廷对女性群体违背纲常伦理、不守"妇道""贞节"行为的痛恨。

---

① 《明宣宗实录》卷十六，宣德元年夏四月癸酉条，台北"中央研究院"历史语言研究所，1962，第428~429页。
② 《明世宗实录》卷三百零五，嘉靖二十四年十一月己卯条，台北"中央研究院"历史语言研究所，1962，第5770页。
③ 除此两例案件外，其余"淫奸"类犯罪分别见于《明英宗实录》卷一百五十七，正统十二年八月己巳条，台北"中央研究院"历史语言研究所，1962，第3056页；《明孝宗实录》卷一百四十，弘治十一年八月戊寅条，台北"中央研究院"历史语言研究所，1962，第2429页；《明武宗实录》卷三十二，正德二年十一月乙巳条，台北"中央研究院"历史语言研究所，1962，第789~790页；《明武宗实录》卷一百五十九，正德十三年二月癸未，台北"中央研究院"历史语言研究所，1962，第5057页；《明武宗实录》卷一百六十二，正德十三年五月癸亥条，台北"中央研究院"历史语言研究所，1962，第3122~3123页；《明世宗实录》卷三百零三，嘉靖二十四年九月丁丑条，台北"中央研究院"历史语言研究所，1962，第5746~5749页。

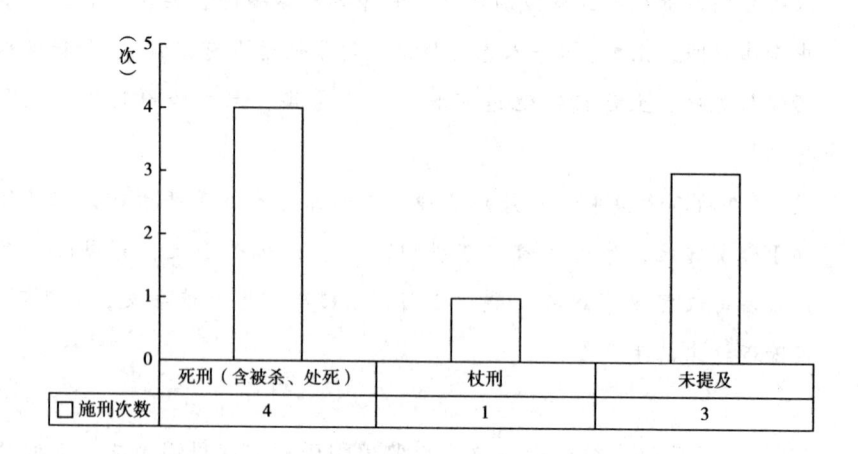

图1 女性因"淫奸"犯罪所受刑罚种类及施刑次数

说明：需要指出的是，在图中所统计的案例中，民间女性所犯之罪往往并非仅有"淫奸"一项。此外，宣德元年夏四月癸酉条载"上命释群儿等，毛氏抵罪"，毛氏"有淫行"在先，复犯"诈伪"之罪，几乎造成其夫蒙冤而死，罪业深重，故本文将其所受刑罚（"抵罪"）计为"死刑"。

（四）"冤犯"类案件

"冤犯"，即一审中存在疑虑或判决不公，经过二审乃至数次事实核查，并重新予以审判的案件。在李清《折狱新语》所记"冤犯"类案件中，"通过二审都或多或少对当事人减轻了处罚甚至进行无罪释放"[1]。《明实录》中对民间女性蒙冤获罪的记录共4例[2]。除去前文所述宣德四年八月"沈阿回母告妇"案，以及与之极为相似的宣德八年（1433）"苏惟善

---

[1] 参见剧丽婵《〈折狱新语〉判词风格及其现代意义》，河北经贸大学法学院硕士学位论文，2021，第9页。

[2] 事实上，《明实录》对女性蒙冤获罪的记载仅见于平民妇女这一身份群体。这也正是明代不同女性身份地位差异的体现。与"诈伪"一案的审理过程相似，对宗室、土司、官员女眷等特殊身份女性所犯之罪，明廷多会再三派遣官员（含太监、勋臣等）去核实；而对于数量庞大的普通百姓犯罪，地方官员并无足够精力——查勘审理，这也造成了部分"冤犯"案件的产生。

告女"案外①，尚余2例，具文如下：

> （正统五年十一月壬戌）民有姑苦贫，数逼其妇与馈己者通，妇辄恶词色拒之。山西道坐妇以詈姑绞。既而，移鞫贵州道辨其可矜。上曰："然此妇居贫，苦为姑挟以非礼，何得罪其不孝？其释之。原鞫御史泥文法、亏节义，吏部其斥以他用。"②

> （正统八年秋七月）乙卯，坐大理寺左少卿薛瑄死罪。初，有妇其夫死，人告其妇魇魅所致，锦衣卫指挥马顺鞫送刑部议罪，坐以凌迟处死。瑄等驳，调都察院问，亦如之。瑄等奏请差监察御史体访，都察院以委御史潘洪体访，洪言其夫实病死，犯者得释。锦衣卫校尉复言魇魅有形迹，洪报不实，下洪锦衣卫狱坐斩罪，宥充军。于是，给事中、御史交章劾瑄等脱囚罪，下群臣廷鞫……③

明初之制，"有大狱必面询"④，太祖又命"法司论囚，拟律以奏，从

---

① "（宣德八年冬十月辛亥）行在大理寺奏苏氏女詈父当绞。苏盖锦衣卫军匠苏惟善之女，嫁办事官何俭四年，俭病死，惟善卖己屋就女居，女将送夫丧归葬其乡，惟善不听归，又欲尽取俭遗财。女不从，父怒殴之，又不从；惟善遂告女詈父。法司议女当绞，上曰：'彼送夫丧归葬是理之正，而父之所为皆非正，亦不闻女有非理言，何以论绞？此女释不问，俾归夫丧。'"由此可见，苏氏受诬蒙冤，而苏惟善则犯"诈伪"之罪。见《明宣宗实录》卷一百零六，宣德八年冬十月辛亥条，台北"中央研究院"历史语言研究所，1962，第2371页。
② 《明英宗实录》卷七十三，正统五年十一月壬戌条，台北"中央研究院"历史语言研究所，1962，第1421页。此案中，该妇确有"恶词色拒之"之举，故姑告其"不孝"并非"诈伪"，但事出有因，本文仍将其列入"冤犯"之类。
③ 《明英宗实录》卷一百零六，正统八年秋七月乙卯条，台北"中央研究院"历史语言研究所，1962，第2148页。除以上两例外，《明实录》中还记载了成化五年（1469）九月与正德三年（1508）十月的"审录重囚"之事，数名女性之冤案得以洗刷："（成化五年九月）癸未，刑部郎中陈俨审录南直隶狱囚死罪之有冤者十人：……又妇女二人，夫谋杀人事觉，给其妻自承于官，夫亦入狱瘐死，遂并坐其妻。俨皆为辩明其狱上请。从之。""（正德三年冬十月）壬午，刑部会多官审录重囚，得情可矜疑者十八人，具狱上请，得旨……以妇女释放者三人。"但因此两段记载未提及蒙冤女性的具体身份，故本文未将其列入统计。分别见《明宪宗实录》卷七十一，成化五年九月癸未条，台北"中央研究院"历史语言研究所，1962，第1388页；《明武宗实录》卷四十三，正德三年冬十月壬午，台北"中央研究院"历史语言研究所，1962，第996页。
④ 《明史》卷九十四《志》七十《刑法二》，中华书局，1974，第2307页。

翰林院、给事中及春坊正字、司直郎会议平允，然后覆奏论决"①。永乐年间，除制定"热审"之例外，成祖还"令在外死罪重囚，悉赴京师审录"②。仁、宣两朝，亦时有内阁学士会审之事。此后，英宗特行"朝审"，宪宗朝则更有"大审""在外恤刑会审"之制，"所以合至公，重民命"③。由此可见明廷司法审理之谨慎、法例之完备，这也正是受诬蒙冤女性得以重获新生的重要原因。

而正统八年（1443）薛瑄"脱囚之罪"一案，实际上是正统朝政治斗争、王振专权的体现。作为同乡之人，王振素闻薛瑄学识渊博，品行高洁，故召薛为大理寺少卿以笼络人心。但薛瑄不仅直言"拜爵公朝，谢恩私第，吾不为也"④，还面见王振而不拜，丝毫不为之屈。故王振时常怀恨在心，试图借此女之事对薛瑄加以陷害。《明史纪事本末》中对此案也有颇为详细的论述：

> 太监王振陷大理寺少卿薛瑄下锦衣狱，诬死罪。瑄素不为振屈，振衔之。会有武吏病死，其妾有色，振侄王山欲夺之，妻持不可，妾因诬告妻毒其夫。都御史王文究问，已诬服。瑄辨其冤，屡驳还之。王文诣事振，潜之，嗾御史劾瑄受贿，故出人罪。廷鞫，竟坐瑄死，下狱。瑄怡然曰："辨冤获咎，死何愧焉。"在狱读《易》以自娱。初，瑄既论死，子淳等三人请一人代死，二人戍，赎父罪。不许⑤。

幸王振闻老仆"薛少卿不免，是以泣"之言而心动⑥，薛瑄方才得以免死放归。由此也可见正统一朝王振势力之盛，朝官任免、司法审判皆由其党羽掌握。

就《明实录》所载诸例女性"冤犯"案来看，记述者皆有其目的。如

---

① 《明史》卷九十四《志》七十《刑法二》，中华书局，1974，第2307页。
② 《明史》卷九十四《志》七十《刑法二》，中华书局，1974，第2307页。
③ 《明史》卷九十四《志》七十《刑法二》，中华书局，1974，第2307页。
④ 谷应泰：《明史纪事本末》卷二十九《王振用事》，中华书局，1977，第445页。
⑤ 谷应泰：《明史纪事本末》卷二十九《王振用事》，中华书局，1977，第447页。
⑥ 谷应泰：《明史纪事本末》卷二十九《王振用事》，中华书局，1977，第448页。

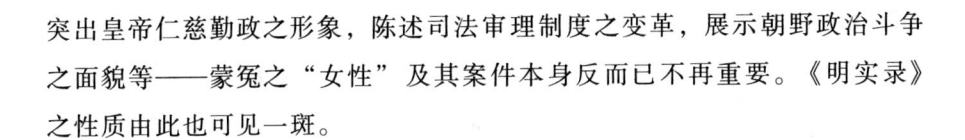

突出皇帝仁慈勤政之形象，陈述司法审理制度之变革，展示朝野政治斗争之面貌等——蒙冤之"女性"及其案件本身反而已不再重要。《明实录》之性质由此也可见一斑。

（五）"失误"类案件

《明实录》中对民间女性犯"失误"之罪的记录共3条。具体情况如下：

> （洪武十六年十二月）戊寅，鹰扬卫军妇失火，焚军士庐舍，所司坐当笞。妇年六十余，其子请代受刑。上曰："子孝其母而母非故犯，宥之。"①
>
> （洪武十七年秋七月乙卯）民有与妻忿争而裂其钞者，事觉，法司以弃毁制书律罪之。事闻，上曰："彼夫妇一时私忿耳，非有意于毁钞也，宥之。"②
>
> （洪武二十五年冬十月）乙丑，西河中护卫奏："军旗牧马践梁国公家奴麦苗，奴妻掷镰伤马足与孕驹，俱毙，请治其罪。"上曰："纵马践麦苗，非也。掷镰伤马，此一时之忿，妇人之愚也，勿问。但掌马官校失约束，不得无责。"命杖之。③

需要指出的是，李清《折狱新语》中"失误"一卷收录的案件，皆是官员玩忽职守而对国家财产、百姓利益造成损害，即所谓"过失犯罪"④。虽上述事件的主体并非官员，但实录中记载的军妇失火、夫妇毁钞、奴妻伤马等案，也都属于人为疏忽大意而造成的国家财产（房舍、官钞、马驹

---

① 《明太祖实录》卷一百五十八，洪武十六年十二月戊寅条，台北"中央研究院"历史语言研究所，1962，第2445~2446页。
② 《明太祖实录》卷一百六十三，洪武十七年秋七月乙卯条，台北"中央研究院"历史语言研究所，1962，第2528页。
③ 《明太祖实录》卷二百二十二，洪武二十五年冬十月乙丑条，台北"中央研究院"历史语言研究所，1962，第3242页。
④ 华东政法学院法律整理研究所：《折狱新语注释》，吉林人民出版社，1989，第453~465页。

等）损失。这也正是本文将这些案件列入"失误"之类的原因。

在洪武年间的三例案件中，受太祖皇帝之意，犯案女性都因并非"故犯""有意"而获得宽免。然而，即便属于无心之过，这三位女性也在客观上造成了国家利益损失，理应受到惩罚。但此三人因太祖之言而邃得宽宥，这在展示、塑造朱元璋仁慈形象的同时，也极为清楚地表明了明代司法判决以皇帝意志为转移的事实。有明一代，因"失误"犯罪之女性当远不止此三位。但因上述案件可以展示皇帝仁厚、亲民形象而被史家所关注与记录，这也正是《明实录》撰写目的与重点的展现[1]。

（六）"重犯"类案件

《明实录》中对平民女性"重犯"案件的记载有 12 例[2]，为各类犯罪行为记载数量之最。其中，有关"杀人"之刑事案件最多，达 6 例，占"重犯"案件总数的 50%。违背伦理之"不孝"以及十恶不赦之"谋逆"则各有 2 例（17%）与 4 例（33%）。具体情况见表 2。

---

[1] 除以上三例案件外，《明实录》中对女性涉及"失误"犯罪的记载还包括万历元年（1573）十一月"宫人张秋菊逸火"案。在此案中，年幼的万历皇帝在张居正的支持下，依法对"素放肆"的宫人张秋菊予以严厉惩罚，展现出神宗少年老成、张居正股肱脊之圣君贤相形象，因而被实录编纂者所记录。见《明神宗实录》卷十九，万历元年十一月辛巳条，台北"中央研究院"历史语言研究所，1962，第 531 页。

[2] 分别见《明太宗实录》卷一百三十三，永乐十年冬十月丁丑条，台北"中央研究院"历史语言研究所，1962，第 1633 页；《明太宗实录》卷二百二十二，永乐十八年二月己酉条，台北"中央研究院"历史语言研究所，1962，第 2193 页；《明英宗实录》卷一百五十六，正统十二年秋七月癸卯条，台北"中央研究院"历史语言研究所，1962，第 3043 页；《明宪宗实录》卷二十九，成化二年夏四月庚午条，台北"中央研究院"历史语言研究所，1962，第 584 页；《明宪宗实录》卷二百八十二，成化二十二年九月乙卯条，台北"中央研究院"历史语言研究所，1962，第 4776~4777 页；《明武宗实录》卷三十二，正德二年十一月乙巳条，台北"中央研究院"历史语言研究所，1962，第 789~790 页；《明武宗实录》卷一百六十二，正德十三年五月癸亥条，台北"中央研究院"历史语言研究所，1962，第 3122~3123 页；《明世宗实录》卷十二，嘉靖元年三月癸亥条，台北"中央研究院"历史语言研究所，1962，第 438 页；《明神宗实录》卷五十四，万历四年九月甲午条，台北"中央研究院"历史语言研究所，1962，第 1263 页；《明神宗实录》卷三百五十三，万历二十八年十一月戊寅条，台北"中央研究院"历史语言研究所，1962，第 6612 页；《明神宗实录》卷四百七十二，万历三十八年六月丁酉条，台北"中央研究院"历史语言研究所，1962，第 8918 页；《明熹宗实录》卷二十八，天启二年十一月癸丑条，台北"中央研究院"历史语言研究所，1962，第 1416 页。

表2　明代民间女性涉"重犯"之罪的种类一览

杀人	谋逆	不孝	总计
6	4	2	12

说明：正德二年十一月乙巳条载："陕西三水县民赵恕妻梁氏与所私谋杀恕论斩，系狱久矣。"赵恕虽未死，然恕妻以谋杀未成论斩，本文暂以"杀人"论。万历三十八年六月丁酉条载："固安县民卢学仁与妇张氏殴死亲父，诏法司问如律。"子女谋杀父母者，既为"杀人"，又属"不孝"。虽同属"重犯"，但以今日立场审之，"杀人"之罪更重，本文暂以"杀人"论。

根据《明实录》的记载，本文将涉"重犯"之罪女性所受的惩罚分为处死、发配与其他三类。其中，"处死"一条，按其轻重可分为"（令其）自经""处斩""磔"等。"其他"一类则包括未提及处以何种刑罚、犯人潜逃或失踪、接受审判前已死（含自杀）等。具体情况参见表3。

表3　明代民间女性因"重犯"获罪所受惩罚种类一览

处死	发配	其他	总计
6	1	5	12

说明：万历三十八年六月丁酉条载："固安县民卢学仁与妇张氏殴死亲父，诏法司问如律。"据皇帝之态度、《大明律》中相关法条，本文将此张氏所受之惩罚定为"处死"。

由表3可知，有司对涉及"重犯"之罪的平民女性的量刑与惩处可谓十分严厉。在以上7例明确记载了刑罚种类的案件中，共有6人被处以死刑，其余1人亦在丈夫"依律处决""枭首示众"的同时，被"配给边军"[①]。但需要指出的是，《明实录》所载平民女性的"重犯"案件皆事实清晰、罪行明确、影响恶劣，犯案者理应受到惩罚。对于这些要案，官员行为与律法相合，有司定罪与量刑的尺度亦多属得当。事实上，对"重犯"类犯罪采取严刑处置手段，也正是明廷为维护社会稳定、巩固统治秩序所作出的努力。

四　《明实录》所载民间女性犯罪案例的特点与价值

对明代民间女性犯罪问题的研究表明，《大明律》《折狱新语》等文献

---

① 《明宪宗实录》卷二百八十二，成化二十二年九月乙卯条，台北"中央研究院"历史语言研究所，1962，第4777页。

中的案例与论述具有重要价值。与之相较，《明实录》所载平民妇女犯罪案件类型丰富，时空分布广，亦具有典型意义。考察《明实录》所载明代民间女性犯罪的基本情况及有司定罪量刑的过程与尺度，可以得出以下结论。

其一，明代的司法判决带有较强的主观色彩，难以保证公正性与程序性。虽然部分重要案件会经过地方官府、刑部、大理寺、都察院等若干部门层层审理，但最终裁决权始终掌握于皇帝之手。在部分英察之主在位时，这一制度或能起到平反冤假错案之效。但多数情况下，皇帝的主观判断、亲信陪臣的进言更有可能对司法程序及其执行产生消极影响①。

其二，明代司法具有鲜明的等级性与阶级性。这突出表现在不同身份之人的法律地位悬殊——如父母与子女、丈夫与妻子等。在犯罪事实相似、罪名相同的情况下，女性所受刑罚的种类、程度也会因其身份地位不同而千差万别②。

其三，《明实录》所记载的人或事，皆重点分明、目的明确。首先，实录对于女性违背贞节伦理之"淫奸"、十恶不赦之"重犯"类案件的记载最多。这不仅展示了《明实录》"大事必书"的特点，还反映了明政权所强调并孜孜维护的忠孝、贞节等伦理观念；其次，历代实录纂修者多有意选取对比明显（如冤假错案中反映的官员之粗心与皇帝之谨慎）、影响深远（如薛瑄"脱囚之罪"一案所反映的正统朝政治斗争）的案件进行论述，带有明确的目的性——如塑造皇帝仁君之形象，陈述司法制度之变革，展示政治斗争之面貌等。

其四，总体而言，在女性未违背忠孝、尊卑、贞节等纲常伦理的情况下，明廷对女性犯罪的量刑是相对宽松的，历代皇帝常有宽宥之旨。在某

---

① 事实上，即便是同一位皇帝在位期间，也会出现前后相异的情况。例如，英宗皇帝在正统五年（1440）十一月的"妇詈姑"案中，驳斥了山西道御史"泥文法、亏节义"的错误，使蒙冤之妇女重获新生。但在三年后（正统八年，即1443年）的薛瑄"脱囚之罪"一案中，英宗受内臣王振进言的影响，不顾群臣劝阻而坚持要将薛瑄处斩。由此可见，权力的高度集中、皇帝的个人意志或对明代司法程序的稳定运行产生不良影响。

② 对于《明实录》所载明代不同身份女性（即宗室、少数民族、妃嫔宫人、官员女眷、平民妇女等）犯罪情况、刑罚尺度的对比研究，拟专文另作探讨。

些刑罚手段的使用上，明廷也有较为细致的考虑，如"杖刑"便是其中较为典型的一例。景泰以降，从都察院左都御史王文等奏请，"妇人犯死罪蒙恩审录当宥死者俱杖八十释之"①，这也正是明廷对女性犯罪宽容处理的"善政"之一。然而"妇人犯笞杖并徒罪者例俱单衣的决，但其间所犯多缘连累，且素怀廉耻之人一被刑辱，终身莫雪"②。在传统观念中，"杖刑"对女性而言无异于一种社会身份的摧残③。因此，天顺初年，英宗命"妇人犯笞、杖、徒，文官、监生犯笞，俱令纳钞"④，成化八年（1472），宪宗令"自后妇人所犯除奸盗不孝并审无力与乐妇的决，余悉纳钞赎罪。著为令"⑤。此外，有明一代，"罪人不孥"观念亦得到了执行⑥。这些措施皆在一定程度上起到了保护女性、避免连累无辜的作用。

五 结语

论者指出，有明一代法律规定、司法过程对女性犯罪行为的宽容处理，"从表面上看是对妇女的豁免，实则是剥夺了妇女的法律人格，并不

---

① 《明英宗实录》卷二百十一，景泰二年十二月乙酉条，台北"中央研究院"历史语言研究所，1962，第4545页。
② 《明宪宗实录》卷一百零二，成化八年三月丁未条，台北"中央研究院"历史语言研究所，1962，第1984页。
③ 事实上，据《明实录》记载，"杖刑"作为处罚手段，仅见施行于妃嫔宫人（含官员家眷）这一类身份的女性。例如，弘治五年"周府清河王同鏮与宫人李氏并孟氏之父宣出府夜游，巡更小甲止之……（王）令孟、李二氏截其两耳"，孝宗皇帝便派遣"镇守太监蓝忠入府杖之"，在保全宫人颜面的同时予以惩罚。见《明孝宗实录》卷六十六，弘治五年八月甲辰条，台北"中央研究院"历史语言研究所，1962，第1260页。
④ 《明英宗实录》卷三百三十五，天顺五年十二月丁卯条，台北"中央研究院"历史语言研究所，1962，第6845页。
⑤ 《明宪宗实录》卷一百零二，成化八年三月丁未条，台北"中央研究院"历史语言研究所，1962，第1984页。
⑥ 如万历三十一年（1603）十二月庚子，神宗下令逮治周嘉庆妻妾子女，沈一贯上言"嘉庆罪状未明，系在廷二品官；而逮及妻孥，大骇观听，殊伤国体；且嘉庆若为此事，必与心腹男子商量，何至谋及内人？古者，罪人不孥。臣等敢为诸妇女请命，谅非漏网"。见《明神宗实录》卷三百九十一，万历三十一年十二月庚子条，台北"中央研究院"历史语言研究所，1962，第7383~7384页。

将女子视为有行为能力的个体"①。这一观点在本文对《明实录》所载民间女性犯罪问题的考察中也数次得到印证。事实上，所谓"宽容"的态度正是建立在男尊女卑、男强女弱的歧视观之下的。例如，永乐帝便曾以"妇人乌知法律"为由宽宥了"贿官救子"的天城卫千户之母②。有关女性受刑之事，实录中亦多用"悯"等词表达皇帝、官员的态度，展示了居高临下的姿态。就此角度而言，对于明代法律内容、司法程序中的封建属性，仍有必要予以充分重视。

---

① 参见唐莹玲《论明代妇女财产之司法保障及其启示》，《求索》2013年第12期，第66页。
② 《明太宗实录》卷一百一十四，永乐九年三月癸酉条，台北"中央研究院"历史语言研究所，1962，第1453页。

·"枫桥经验"与基层治理·

新时代"枫桥经验"推进基层社会治理法治化建设的理论逻辑与实践路径[*]

康兰平　李芳芳[**]

内容提要：党的十八大以来，以习近平同志为核心的党中央围绕"加强和创新社会治理"的战略目标，全面落实法治保障的社会治理体系和治理能力现代化建设；党的十九大报告和四中全会决定强调要打造共建共治共享的社会治理格局，为全面提升社会治理法治化水平、完善中国特色社会治理的法治路径提供方向指引和机制保障。党的十九届五中全会提出了社会治理精细化的法治路径。上述部署体现了党对中国特色社会治理法治化建设的深刻认识。党的二十大报告赋予了新时代"枫桥经验"中国特色基层社会治理现代化的重大历史使命。为探索新时代"枫桥经验"与基层社会治理法治化的内在联系，进行"枫桥经验"热点可视化分析与前沿趋势探寻，坚持以人民为中心，以习近平法治思想为根本遵循在法治轨道上构建共建共治共享的社会治理格局，以"五治融合"推动基层社会治理迈向民主化、智能化与法治化。新时代"枫桥经验"是推进基层社会治理法治化的具体实践和经验总结，是中国特色社会主义法治体系在基层的铺陈实践。厘清新时代"枫桥经验"的实践逻辑、理论逻辑和历史逻辑，有助于明晰基层社会治理法治化的实践脉络、中国智慧与中国方案。

关键词：新时代"枫桥经验"　社会治理　基层社会治理法治化　文献计量分析

目　次

一　"枫桥经验"科学知识图谱分析

二　新时代"枫桥经验"与社会治理法治化相关理论概述

---

[*]　本文系安徽省哲学社会科学规划项目"新发展格局下安徽推进省域治理体系和治理能力现代化的理论逻辑与智能化实践路径"（AHSKXZ2021D03）的阶段性成果。

[**]　康兰平，法学博士，合肥工业大学文法学院副教授，浙江大学光华法学院博士后；李芳芳，合肥工业大学文法学院研究人员。

三 新时代"枫桥经验"与基层社会治理法治化实践困境
四 基层社会治理法治化路径优化
五 结语

诞生60多年来,"枫桥经验"不断推陈出新,内涵与外延在全面依法治国实践中不断有机更新。新时代"枫桥经验"作为中国治国理政的基层名片,法治元素的植入提升了"枫桥经验"的现实生命力。2024年是新中国成立75周年,是实现"十四五"规划目标任务的重要节点,新时代"枫桥经验"是中国基层社会治理的工作方法,并成为法治建设的重要支撑。全面厘清新时代"枫桥经验"推进基层社会治理法治化的理论逻辑、实践逻辑和历史逻辑,有助于在中国式现代化进程中拓展基层社会治理法治化的广度、深度。

一 "枫桥经验"科学知识图谱分析

(一) 数据来源和研究方法

本文数据来源于中国知网(CNKI)数据库的核心期刊和CSSCI期刊,以"枫桥经验"为主题,时间限定在1997年至2023年,对中国知网(CNKI)数据库的核心期刊和CSSCI期刊进行检索,得到117条检索结果,再经过人工筛选,剔除重复、与"枫桥经验"关联度不大、新闻报道、会议等文献,以最终筛选的88篇高质量期刊文献为研究样本,通过CiteSpace软件(5.7.R3版本)以共现分析方法进行"枫桥经验"的可视化分析,呈现"枫桥经验"的研究现状、探寻热点问题以及未来研究热潮。

通过CiteSpace(5.7.R3版本)可视化工具,将研究样本以Refworks格式导入CiteSpace,分次选取作者、关键词等网络节点,设置相应运算方式、参数进行知识图谱绘制,以定量分析方法探寻国内"枫桥经验"的研究趋势。

(二) 研究文献的现状分析

1. 核心期刊和 CSSCI 期刊发文量分析

将人工筛选后的中国知网（CNKI）数据库中的 88 篇文献进行核心期刊和 CSSCI 期刊发文量总体趋势分析，2004~2007 年有关"枫桥经验"的文献发文量增长趋势较缓慢，在 2008 年毛泽东主席"枫桥经验"学习推广 45 周年纪念活动后，文献发文量呈现平缓增长趋势，2010~2015 年呈现剧烈增长趋势，2016 年文献发文量则呈现低迷态势。伴随社会主要矛盾的新变化，新时代"枫桥经验"不断发展完善，2017 年至今，文献发文量相较前期呈现断崖式下降趋势，"枫桥经验"文献发文量因政策导向、周年纪念活动而变化。

2. 研究作者情况分析

将人工筛选后的中国知网（CNKI）数据库中的 88 篇核心期刊和 CSSCI 期刊文献，导出 Refworks 格式至 CiteSpace（5.7.R3 版本）进行作者聚类分析，发现 N 代表的作者节点显示为 105 个，暂未形成一个较为完善的研究"枫桥经验"的作者网络群体，并且 E 代表的连接线仅有 42 条，作者之间的相互交流合作较少，其中以卢芳霞教授发文量最多，可以粗略看出卢芳霞教授在"枫桥经验"研究领域属于核心作者。Density 网络密度为 0.0077，各作者研究"枫桥经验"处于相对孤立状态。卢芳霞等以诸暨枫桥镇为依托，认为"枫桥经验"是基层社会治理模式，以浙江的实践诠释新时代"枫桥经验"，将地方经验的"枫桥经验"上升为可推广的省域经验，以政法经验丰富发展为平安经验，从建设平安浙江向平安中国迈进[①]。王斌通通过比较矛盾纠纷源头治理与新时代"枫桥经验"的异曲同工之处，认为二者有内在联系，且后者对前者有引领作用，强调多元主体协作，回归以人民为中心的精细化治理，实现矛盾

---

① 卢芳霞等编著《创新"枫桥经验"建设平安浙江》，浙江大学出版社，2021，第 148~149 页。

纠纷源头治理法治化转型①。张文显等以公检法视角探索新时代"枫桥经验",探索适应社会主要矛盾变化的基层社会治理方式,注重"三治融合"。汪世荣以诸暨市人民法院的诉源治理改革实践总结"枫桥经验"在基层社会治理中的启示:党建引领始终放在首位,以人为本建设人民司法,将矛盾纠纷化解于基层,使社会治理向社会化、法治化、智能化、专业化迈进②。

"枫桥经验"历经三个时期转变,适应社会主要矛盾变化,由社会管制经验发展为社会管理经验再到现在的社会治理经验(见表1),不仅是治理理念的转变,也是治理主体多元化的体现。学者们围绕各个时期的"枫桥经验"进行研究,其中治理方式是研究重点。

表1 "枫桥经验"演进历程

	阶段	社会主要矛盾	主要经验	治理方式
社会管制	1963~1978年	以阶级斗争为纲	改造"四类分子"经验	依靠群众、就地改造、说理斗争
社会管理	1978~2003年	人民群众日益增长的物质文化需要同落后的社会生产之间的矛盾	社会治安综合治理经验	群防群治、基层帮教、治安管理、立足预防、基层调解
社会治理	2003年至今	人民群众日益增长的美好生活需要和发展不平衡不充分的矛盾	平安建设、法治建设的"枫桥经验"	综合治理、共建共治共享、"五治"融合

(三)"枫桥经验"热点可视化分析与前沿趋势探寻

1. 文献关键词共现分析

以CiteSpace(5.7.R3版本)对筛选后的文献进行关键词共现分析,

---

① 王斌通:《新时代"枫桥经验"与矛盾纠纷源头治理的法治化》,《行政管理改革》2021年第12期,第67页。
② 张文显、朱孝清、贾宇、汪世荣、曹诗权、余钊飞:《新时代"枫桥经验"大家谈》,《国家检察官学院学报》2019年第3期,第3~37页。

发现全部文献均围绕"枫桥经验"进行研究,由社会管理到社会治理以及与治理有紧密联系的各类词语,共同构成了"枫桥经验"的研究热点网络。N 代表的网络节点显示为 152 个、E 代表的连接线为 284 条,网络密度(Density)是 0.0247。其中枫桥经验、社会治理、基层治理代表相较其他文献关键词频次较高,说明在"枫桥经验"学术研究领域,学者对社会治理、基层治理的关注度较高。

节点中心度(Centrality)越高,代表与其他关键词相互关联的程度越高。分析显示,"枫桥经验"依据节点中心度排序位列第一,"社会治理""基层治理"位列第二与第三,"新时代""法治""信息治理""善治"紧随其后,但仅小部分学者研究涉及此方面,成为未来研究热点的可能性较大。

2. 关键词时区视图分析

运行 CiteSpace(5.7.R3 版本),设定 TimeSlicing = 2004-2021,"#YearsPerSlice3"参数,对文本进行数据分析,导出"枫桥经验"关键词共现时区图谱。分析发现:2004~2007 年研究重点由枫桥经验、社区、犯罪预防向硬法、枫桥法、公共治理发展,向创新发展社会治安综合治理方法转变;2007~2010 年研究重点是浙江、治理模式、综合治理,以浙江为先行先试省份,探寻可示范推广的治理模式;2010~2013 年以法治建设、人本思想为研究重点;2013~2016 年更加强调纠纷解决要注重善治;2016~2019 年新时代基层社会治理能力突出社会共治与合作治理;2019~2021 年以基层社会治理、新时代"枫桥经验"、数字赋能、乡村善治、平安建设为研究重点;2023 年是毛泽东同志批示学习推广"枫桥经验"60 周年,在 2021~2023 年有关"枫桥经验"与社会治理具体领域结合迎来一股新的学术热潮。

二 新时代"枫桥经验"与社会治理法治化相关理论概述

学者们关于"枫桥经验"的学术研究思路与成果值得深入探讨,以把握未来研究热潮。"枫桥经验"是社会治理的法宝,本质上属于社会治理范畴，厘清新时代"枫桥经验"与社会治理的相关理论，有助于探究新时代"枫桥经验"与基层社会治理法治化的关系。

（一）社会治理与基层社会治理

"枫桥经验"理念是政府职能转变、经济社会发展的产物，是从源头化解纠纷的体现。汪世荣教授认为，社会治理指的就是社会权力机关处理各种公共事务活动的总和①。治理主体多元化要求政府、社会公众与社会组织进行多方互动。党的十八届五中全会报告以及十九大报告均提及社会治理格局，推动政府治理和社会调节、居民自治建立良性互动关系。社会治理最显著的特征是多元主体参与，以单一政府为中心转向多元共治。

新时代"枫桥经验"坚持以人民为中心、发动和依靠群众就地解决矛盾、共建共治共享一体化、党组织领导的"三治融合"与平安、和谐为其五大核心要义。基层作为社会治理最小单位，落实在基层、预防在基层，基层社会治理的重要性不言而喻。十九大报告提出，基层治理是国家治理、地方治理的基石，在具体实践中社会治理与基层治理在一定程度上存在重合，基层是社会治理的重点。

（二）新时代"枫桥经验"与基层社会治理法治化建设

雷树虎将"枫桥经验"的发展演进归纳为从制度建构、主体生成、历史发展到政治保障四层逻辑②。"枫桥经验"有其时代性，最初是浙江省诸暨市枫桥镇依靠群众以"文治"改造"四类分子"的社会改造经验。改革开放时期经济发展速度与社会管理能力不匹配，发展经济的同时高度关注农村稳定问题，发展为社会治安综合治理经验。浙江作为"枫桥经验"的发源地，呈现"三治融合"和智治支撑的鲜明特点，新时代"枫桥经验"以政治、自治、法治、德治、智治"五治融合"实现平安和谐的最终目标

---

① 汪世荣：《"枫桥经验"视野下的基层社会治理制度供给研究》，《中国法学》2018年第6期，第5页。
② 雷树虎：《"枫桥经验"发展演进的四重逻辑——从毛泽东到习近平》，《科学社会主义》2020年第3期，第110页。

(见图1)。学者张文显提出，新时代"枫桥经验"可用四个理论命题来论述，新时代"枫桥经验"与基层社会治理关系紧密。张爱民提出，新时代"枫桥经验"为加快推进社会治理现代化提供理念、格局、模式等理论借鉴。王杰认为，新时代乡村治理的核心在于善治，如何实现善治是其核心问题，"枫桥经验"成为最佳解决途径。新时代"枫桥经验"与基层社会治理关系亟待厘清，新时代"枫桥经验"归根到底是中国基层社会治理实践的产物，是中国特色社会治理方案。

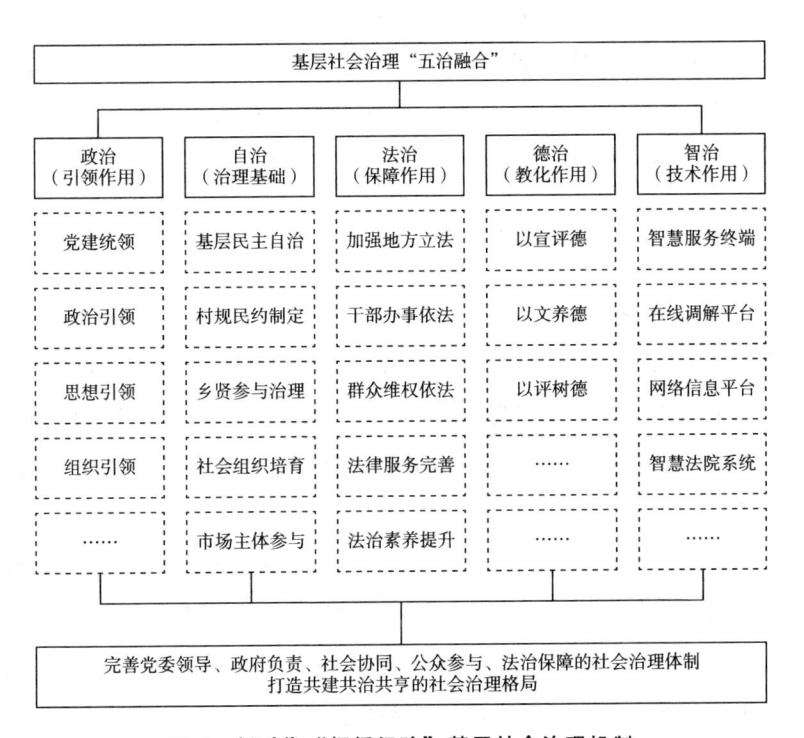

基层社会治理"五治融合"				
政治（引领作用）	自治（治理基础）	法治（保障作用）	德治（教化作用）	智治（技术作用）
党建统领	基层民主自治	加强地方立法	以宣评德	智慧服务终端
政治引领	村规民约制定	干部办事依法	以文养德	在线调解平台
思想引领	乡贤参与治理	群众维权依法	以评树德	网络信息平台
组织引领	社会组织培育	法律服务完善	……	智慧法院系统
……	市场主体参与	法治素养提升		

完善党委领导、政府负责、社会协同、公众参与、法治保障的社会治理体制
打造共建共治共享的社会治理格局

图1 新时代"枫桥经验"基层社会治理机制

社会治理法治化是国家治理现代化的重要内容。十八大以来，我国社会治理实践以社会治理法治化为鲜明特征，即社会治理与法治建设相结合。社会治理法治理论是习近平法治思想的有机组成部分，习近平高度重视社会治理与法治建设深度融合，以促进社会治理法治化。社会治理引入法治逻辑是习近平法治思想在社会治理中的生动体现。

三 新时代"枫桥经验"与基层社会治理法治化实践困境

社会治理主要是处理社会纠纷,基层社会治理就是处理基层社会纠纷,处理纠纷的方式分为"自治"与"他治",以"自治"为主。"枫桥经验"为基层社会治理提供示范与借鉴,新时代"枫桥经验"基层社会治理机制中党建统领的政治、自治、法治、德治、智治,即"五治融合"是适应新时代社会主要矛盾变化的主要治理方式。党的十九届四中全会首次提出"社会治理共同体"概念,坚持和完善共建共治共享的社会治理制度[1]。推动基层社会治理效能提升,将制度优势转化为治理效能,目前仍存在以下问题亟待解决。

(一) 社会治理法治文化体系

1. 村规民约形式化

制定村规民约是宪法和村民委员会组织法明确赋予的重要内容,是基层社会自治的重要手段,作为村民自治的重要载体,在"五治融合"中有独特的思想政治教育功能。在具体实施过程中,村规民约功能发挥仍存在较大偏差。

首先是制定过程形式化,村民参与度低。2018年发布的《关于做好村规民约和居民公约工作的指导意见》将村规民约从起草到公布涉及程序五阶段具体化,提出到2020年村规民约、居民公约要普遍制定或修订。各地推动村规民约制定落实过程中出现一些形式化问题,如某些地方制定村规民约是为应付检查,未严格按照国家法律规定的流程制定,或未得到村民广泛参与或认可,村规民约实际执行不可避免形同虚设,很难发挥行为规范作用。

其次是制定内容同质化,宣传力度弱。村规民约的内容虽有宽泛性要

---

[1] 《释放"中国之治"最强信号——解析党的十九届四中全会公报关键词》,新华网,2019年11月2日。

求,具体内容可因地制宜,如余杭百丈镇半山村村规民约凸显垃圾分类、生态环保新观念,以"零碳版"为特色。但各地村规民约很多内容同质化严重,或存在较大滞后性。一方面,为应付文明乡村建设检查照搬大纲,忽略结合当地特色,不能因地制宜;另一方面,村民法治意识淡薄,对村规民约制定关注不足,加上村规民约宣传工作简单化,"刷在墙上,写在纸上"是常见宣传形式。

最后是具体实施低效化,监督力度弱。村规民约能不能实施好,关键在执行与监督。作为村民自治重要载体之一的村规民约,目的是村民实现自我管理,但政府力量在村规民约制定过程中往往起主导作用,不利于发挥村民自治的积极性。实际上村规民约的执行主体也多为村委会成员或村干部,其威望高低与是否公正对村规民约的执行影响较大。再就是村规民约中惩戒性条款少或无明确惩罚机制,违反村规民约后多是教育训诫,可执行度低。这就叠加导致村规民约形式化。

2. 传统乡贤文化力量弱化

社会学家费孝通先生为准确区分中国传统社会和现代社会,引入"差序格局"和"团体格局"概念,即"熟人社会"向"生人社会"转型[①]。乡贤文化以伦理道德为基石,乡村社会中人与人的联系根植于血缘、地缘、业缘土壤,在现代社会陌生人缺乏建立联系的土壤,向"生人社会"转型过程中沿用传统乡贤治理可能面临价值功能失灵、阻碍乡贤治理功能实现等问题,基层社会治理面临新挑战。

乡贤文化的核心是发挥德高望重乡贤的独特人文道德价值,维护乡村社会秩序[②]。乡贤文化本身具有极强地域色彩,外乡人进入当地乡村,即陌生人打破"熟人社会",在与当地人产生矛盾或同是外乡人发生纠纷时,乡村中德高望重的乡贤权威力量逐步虚化,更多会向公权力机关寻求救助,往往造成社会资源浪费。

乡村人才流失对乡村社会基层治理产生较大影响,现代工业文明发

---

① 费孝通:《乡土中国》,山东文艺出版社,2019,第34页。
② 刘淑兰:《乡村治理中乡贤文化的时代价值及其实现路径》,《理论月刊》2016年第2期,第76页。

导致大量劳动力涌向城市,造成乡村人才流失。一方面削弱乡贤文化影响力,另一方面乡贤文化赖以生存的人才根基也被严重削弱。乡贤治理是新时代"枫桥经验"的治理方式之一,是社会治理法治化理论的重要组成部分。乡村人才流失得不到有效遏制,将对乡贤文化价值功能实现形成阻碍。

(二)矛盾纠纷多元化解机制

1. 诉源治理法院角色定位偏颇

我国矛盾纠纷多元化解机制分为诉讼和非诉讼方式两大类,借助多种手段协调化解矛盾纠纷。最高人民法院工作报告数据显示,受理案件与审结案件数量呈居高不下态势,诉讼方式是解决矛盾纠纷的首要方式,要从源头减少诉讼增量。

2. 社会组织解纷能力弱,调解结果权威性不足

《最高人民法院关于深化人民法院司法体制综合配套改革的意见——人民法院第五个五年改革纲要(2019~2023)》提出,将非诉讼解决机制挺在前面,推动从源头减少诉讼增量。2020年最高人民法院工作报告也提出,要强化非诉讼与诉讼对接,将非诉讼解纷机制挺在前面。解纷路径多元化应注重发挥调解解纷功能,调解基础上的解纷机制主要分为两类,一是村民自治的自我调解机制,二是三大调解机构组成的"三调联动"工作体系(见图2)。

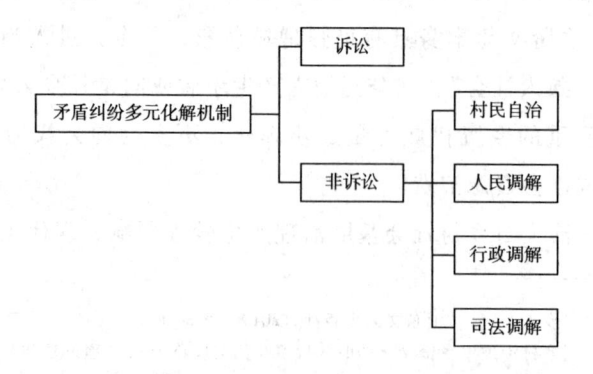

图 2 调解基础上的矛盾纠纷多元化解机制

法治贯穿社会治理全过程是基层社会治理法治化的题中应有之义，多元主体在社会治理中的主体地位至关重要，能否充分调动多元主体参与组织机制建设法治化制约着非诉纠纷解决机制的有效运转。第一，缺乏矛盾纠纷多元化解机制相关法律规范，我国到目前为止仍未出台相关立法，矛盾纠纷多元化解机制缺乏效力，权威性不足。第二是固有观念阻碍。在强调共治格局下，社会组织是基层社会治理法治化的关键主体，各级综治中心都设有特色调解室，群众广泛参与，如溪爷说事、乐和合调解、小巷管家。但公众有事更倾向于借助公权力解决矛盾纠纷，或对社会组织的解纷认可度不高，可能造成矛盾升级，未妥善发挥社会组织预防、化解矛盾作用。

（三）智能化治理技术障碍与法律保障

社会治理智能化就是以融入数字资源、数字技术为依托，加快构建"互联网+社会治理"新范式①。社会治理智能化处于动态变化过程中，2016年习近平总书记首次对社会治理智能化水平提出要求，2017年党的十九大报告又一次强调社会治理智能化，智慧社会作为全新理念第一次在党的报告中出现。后又提出以大数据辅助社会治理，党的十九届四中全会、五中全会不断深化社会治理智慧化要求，运用前沿技术创新社会治理形式。工信部数据显示，"村村通宽带"已在我国行政村全面落实，为智能化社会治理提供坚实网络支撑。推动政府数据与技术支撑相融合，完善配套制度体系与法律保障体系已成为提升智能化社会治理水平的重要课题。

1. 技术障碍与数据壁垒

社会治理智能化以技术为导向，目前普遍采用合作开发模式。各地落实部署中央政策，初步形成创新社会治理与智能化建设齐头并进局面。例如，浙江省的"浙里办"、安徽省的"皖事通"，以"互联网+政务服务"创新新时代"枫桥经验"，进一步提升智能化治理水平与智能化治理能力。

《新一代人工智能发展规划》提出，社会治理智能化涵盖政务、法庭、

---

① 周汉华、刘灿华：《社会治理智能化的法治路径》，《法学杂志》2020年第9期，第12页。

城市、交通、环保五大板块,实现安全便捷智能社会建设。目前中央未制定具体落实方案,各地规划智能化社会治理有极大自主空间,可因地制宜推出符合当地特色的智能化治理形式。深圳、上海、浙江等经济发达地区的政策扶持、资金支持力度远大于河南、安徽、江西等经济相对落后地区,技术支撑力度也是如此,区域发展不平衡现象较普遍。

智能化治理以技术为依托,为政府数据治理赋能。刘灿华提出,智能化社会治理基本框架涵盖要素的数据化、数据的聚集化、规则的算法化与治理机制的共治化①。数据治理包括利用数据进行治理与对数据进行治理,政府如何用好数据和协调好、管理好数据至关重要。跨越数据鸿沟,政府应与企业、高校科研机构等建立良好合作关系,跨越数据霸权,企业、高校科研机构等要合理运用政府数据。

智能化治理借助海量数据的收集、筛选、分类等技术手段,数据成为生产要素之一,首要问题是确保数据采集合法适时,数据使用正当,调配好社会本位与注重个人信息保护,注意总体利益平衡。在运用大数据、云计算、物联网等技术手段时调控适度,如利用智能感知技术收集社会治理数据信息,南京某地运用人脸识别技术识别、提取不文明社会行为,该过程中应注意个人信息保护。智能化治理以技术为导向、数据为核心,以基层社会治理数据的收集形成数据库,打破"信息孤岛",激发制度创新内生动力。例如,浙江省能源大数据中心推出双碳智治平台,借助数据化技术跨部门、跨区域汇聚接入数据,促进部门协同治理机制完善。但实践中打破数据壁垒,实现数据的跨部门共融共通、技术人员与党政机构协同合作是难点痛点,导致数据融合流于形式。借助"互联网+政务服务"提升基层社会治理能力,化解矛盾于萌芽状态要避免流于形式。

2. 法律保障体系不完善

加强智治法律监管,为智能化时代政府治理水平提升提供有效的法律保障。政府数据治理赋能既是政府治理水平的提升,也是对法律保障体系

---

① 刘灿华:《社会治理智能化:实践创新与路径优化》,《电子政务》2021年第3期,第49页。

的考验。

第一，政企合作模式缺乏法律保障。党政机关与企业、高校科研机构达成合作开发协议后，仍然存在法律风险。党政机构提供的数据类型、数据范围、数据样本数量暂无明确法律规定，党政机构提供的数据是否存在数据泄露风险，是否能够有效防控风险仍是未知数。

第二，智能化治理软件数据收集与应用缺乏法律保障。《信息安全技术个人信息安全规范》规定了个人信息存储、使用各方面内容，但个人信息传输环节规范不明确。例如，生物识别技术在火车站、小区等场景应用中若遭遇黑客攻击易导致数据泄露，法律保障制度不完善可能由个人风险转化为社会风险。

第三，网络舆论给社会治理法治化带来挑战。资本冲击网络舆论价值取向，资本垄断网络空间控制权。以微博为例，如江歌案在微博引发一系列连锁反应：人肉搜索侵犯他人隐私权、网络虚拟性的去责任化导致网络暴力，进而引发更严重的后果。最后江歌母亲一审胜诉，表面上是公众监督下实现公平正义，实则加深了对司法机关的不信任，影响政府公信力。风险预防是新时代"枫桥经验"的最显著特征，要从源头减少诉讼增量，而舆论"审判"显然违背社会治理法治化要求。矛盾纠纷重在预防、重在调解，营造良好的网络舆论生态环境需多元主体协同，注重网络社会治理立法工作展开，建设以政府为主导、网络平台为桥梁、公众参与的良性互动网络社会治理模式。

四　基层社会治理法治化路径优化

（一）基层党建统领基层社会治理法治化

《中共中央 国务院关于加强基层治理体系和治理能力现代化建设的意见》要求，党的领导应始终贯穿基层治理，完善党建统领基层治理机制，促进政治优势向治理效能转化。坚持党的领导是中国特色社会主义、国家治理体系现代化的关键和难点，是国家治理体系最本质的特征。十九大报告也强调,要促进社会治理同基层党建相结合,以党建统领基层社会治理法治化。党建统领表现在基层社会治理强化政治、思想与组织三方面引领,始终坚持党对基层党组织的领导,确保基层治理始终沿着正确的政治方向前进,始终沿着社会主义轨道前行,坚持对基层治理工作、基层党组织与党员队伍的组织引领,密切党与人民群众的血肉联系①。

(二)坚持以人民为中心推动多元共治

基层社会治理法治化要坚持党建统领,在推进社会治理法治化过程中更要紧紧围绕以人民为中心,推动政府与社会力量联动协调、共建共治共享关键在于坚持人民主体地位。以人民为中心始终贯穿"枫桥经验",坚持一切为了人民、依靠人民,基层社会治理法治化过程中也应始终坚持以人民为中心。

第一,推动法治理念养成。法治观念淡漠是社会治理法治化的薄弱点,各地积极推行的民主法治村(社区)创建,是基层社会治理法治化的关键环节。促进公共法律服务体系建设现代化,配备专业人员上线民主法治微信群解答法律问题,引导公众树立法律意识,前端化解矛盾。例如,宁海县黄坛镇后黄村贯彻落实《宁波市法治乡村建设条例》,注重法律法规宣传教育,真正让人民群众成为基层社会治理法治化的中坚力量,为社会治理法治化夯实基层基础。

第二,积极推动多元共治。多元共治强调社会治理各主体均在社会治理中发挥积极作用,人民、政府、企业、社会组织都是共建共治共享治理格局中的核心主体,激发社会治理各主体深层活力,促进主体间良性互动,提升社会治理法治化整体效能。各地陆续颁布社会治理促进条例,有条不紊促进多元共治。以《南京市社会治理促进条例》为代表,注重专业型社区社会组织培育,鼓励和支持志愿服务组织在纠纷化解等方面发挥作用,发挥人民团体的桥梁纽带作用,助推基层社会治理法治化。

---

① 卢芳霞:《中国式基层社会治理的时代内涵与世界意义——以新时代"枫桥经验"为例》,《马克思主义研究》2023年第10期,第122~131页。

(三) 发挥社会主义核心价值观精神引领作用

将社会主义核心价值观与新时代"枫桥经验"相结合，可以创新社会治理模式，提升基层治理效果，构建和谐稳定的社会环境。通过坚持自治、法治、德治"三治融合"，广泛发动群众力量，运用现代科技手段和多元调解机制，助力实现共建共治共享的社会治理新格局。具体如下。第一，坚持以人为本，提升基层治理能力。新时代的"枫桥经验"依然强调依靠群众力量，社会主义核心价值观所彰显的"人民至上"理念与之高度契合。在基层治理中，应当贯彻以人为本的理念，尊重群众的意见与参与权，鼓励群众广泛参与基层治理，共同解决矛盾和问题。在结合"枫桥经验"的过程中，提升基层干部和社区工作者的能力尤为重要。通过教育和培训，帮助基层干部树立社会主义核心价值观，增强其法治意识、服务意识和责任感，提高他们在实际工作中处理问题、调解纠纷的能力。第二，推进法治与德治相结合。新时代的"枫桥经验"不仅强调法律手段的运用，还主张将德治作为补充手段。社会主义核心价值观中的"诚信"等道德准则，可以与基层治理中的调解、教育、道德劝诫等方式有机结合，形成法治与德治互补的治理模式。在社区和村镇中，可以通过志愿者、老党员、社区代表等群众力量，广泛传播社会主义核心价值观，开展道德模范评选等活动，引导群众树立正确的道德观念，促使矛盾的非诉讼化解。第三，坚持自治、法治、德治"三治融合"。新时代"枫桥经验"强调基层自治，这与社会主义核心价值观中的"民主"理念密切相关。在基层治理中，广泛发挥村民委员会、居民委员会等自治组织的作用，推行群众自我管理、自我服务的自治模式，确保群众参与基层决策和管理的全过程。法治是新时代"枫桥经验"不可或缺的保障。通过将社会主义核心价值观中的法治精神融入基层法律服务、普法宣传等工作，增强基层群众的法律意识，促进基层治理的规范化和制度化。德治是通过道德教化引领群众自觉规范自身行为。将社会主义核心价值观中的道德要求，如诚信、友善、公正等，融入社区道德规范和日常行为准则中，推动形成崇德向善的社会氛围。第四，加强基层法治宣传与教育。新时代的"枫桥经验"强调基层法治文化建设，社会主义核心价值观中的法治精神应通过普法宣传活动广泛传播，增强基层群众的法治意识。同时，加强道德教育，使公民既遵守法律，又具备良好的道德素养。通过现实中的典型案例，特别是在矛盾调解中的成功经验，向群众传播法律知识和核心价值观，帮助他们运用法律维护自身权益，在纠纷中寻求和平解决方案。

（四）提升智能化平台建设水平

党的十九届四中全会公报提出完善社会治理体系，首次增加了民主协商与科技支撑两大要素，推动社会治理体系向民主化、智能化迈进。科技是第一生产力，数据已然成为生产要素之一，提高基层社会治理法治化水平离不开在法治轨道上加强智能化平台建设。

以智能化技术支撑智能化应用，加强政务数据共享交换，破除数据壁垒。政府机关提供公共数据、测试反馈后，企业、高校科研机构不断更新调试，政企合作可最大化、最优化利用社会资源，提升智能化治理能力与智能化治理水平。浙江作为智能化治理试点省份之一，"互联网+"从2013年开始探索，打造网上"枫桥经验"，释放社会治理效能。互联网与传统的基层社会网格化管理结合，充分发挥互联网平台功能，推动基层社会治理能力向智能化、便民化与高效化迈进。借助大数据、云计算、物联网等技术手段，打造基层治理"四平台"，形成智能化基层社会治理模式。宁波海曙运用矩阵化管理理念，形成"综合信息指挥室+四个平台+全科网络"基层社会治理模式。总体而言智慧型治理模式是解决基层社会治理的重要路径。

智能化社会治理更要在新的时代起点上回应社会主要诉求，提高人民生活质量，满足人民美好生活需要。技术增能型智能化社区治理模式的"社区大脑"联合指挥中心先后展开试点，以科技手段有效提升源头预防风险防控能力，实现科技与源头治理深度融合，精准帮扶、快速响应，提升智能化法治平台建设水平，最终提升社会治理效能。

五　结语

无论是顶层社会治理还是基层社会治理，毫无疑问法治都是社会治理最基本的模式，坚持党建统领智治"五治融合"，坚持以人民为中心在法治轨道上构建共建共享的社会治理格局，以"五治融合"推动基层社会治理迈向民主化、智能化与法治化。在中国共产党领导法治建设丰富实践和宝贵经验的新时代，在基层治理法治化的实践场域仍然是熟人社会，"枫桥经验"仍将具有持久的生命力，而法治元素的植入也为新时代"枫桥经验"提供了勃勃生机和鲜活的理论元素。新时代"枫桥经验"推进基层社会治理法治化建设迈向以规则为中心、多元共治的法治社会。站在新的起点上，新时代"枫桥经验"应当通过诉源治理探究矛盾纠纷多元化解的智能化治理与中国方案。

积分制的实践逻辑及其优化路径
——基于五个典型案例

王朝霞 成文娟[*]

内容提要：近年来，为在基层社会更好地推进"三治融合"治理理念，不少地方自行探索在乡村治理、社区治理中应用积分激励方式赋能"三治融合"，在显著推进"三治融合"取得一定成效的同时，也出现了治理资源不足、缺乏有力抓手等瓶颈。本文以积分制促进"三治融合"的实践逻辑为研究主线，对五个典型积分案例进行比较分析，将积分制的基层实践形态概括为制度嵌入型、乡贤引领型、数字赋能型、社会组织支持型、资源整合型五种形态。通过对五个典型案例的研究发现，积分制具有激励功能、信用治理功能、约束功能，依托基层社会组织基础、主体基础、技术基础助力促进"三治融合"落地见效。在五个典型案例基础上，对积分制实践中普遍存在的指标设置不够科学合理、资金支持难以持续、群众和社会不足力量等提出了优化指标设置、强化资源保障、筑牢党建引领协同治理等优化路径。

关键词：积分制 "三治融合" 基层治理

目 次

一 研究背景与问题提出
二 积分制的基层实践形态：基于五个典型案例
三 基于典型案例的总结与讨论：积分制的定性与作用机理
四 案例的延伸：积分制的实践困境与优化路径

---

[*] 王朝霞，法学博士，浙江工业大学法学院讲师，浙江省新时代枫桥经验研究院特邀研究员，浙江大学光华法学院博士后；成文娟，余杭区委社会工作部部务会议成员、余杭区社会治理中心主任。

一 研究背景与问题提出

近年来,随着经济社会发展和治理重心、治理资源的下沉,基层治理水平有效提高,但乡村自治基础弱、基层内卷化①、基层行政化悖论等问题仍需解决。为缓解上述治理困境,2020年,《中央农村工作领导小组办公室 农业农村部关于在乡村治理中推广运用积分制有关工作的通知》指出,各地要"因地制宜在乡村治理工作中推广运用积分制"。2022年底,习近平总书记在中央农村工作会议上指出,"深化党组织领导的村民自治实践,创新乡村治理抓手载体,完善推广积分制、清单制、数字化、接诉即办等务实管用的治理方式"。目前,积分制在我国31个省级行政区全面铺开,成为解决"三治融合"难题的重要方法。

积分制在基层社会的广泛实践也引发了学界关注。目前相关研究主要包括积分制的内涵与价值、有效性的关键因素及存在的问题。关于积分制的内涵及价值,朱政认为积分制是一套具有"软法"性质的地方性行为规范及其运作机制,并巧妙地构造"三治融合"②;刘雪姣将积分制视为一种社会有效治理的制度安排,认为其在延伸和拓展城乡网格化管理平台功能基础上,通过建立信息库,以积分形式对治理对象的行为、表现进行全方位量化考核,将社会福利和资源与积分挂钩,并向高分的治理对象倾斜③;马树同基于J县积分制乡村治理模式的研究,认为积分制增强了基层党组织的凝聚力和号召力,强化了基层社会综合治理能力,激发了村民参与乡村治理的内生动力,培育了乡村公共精神④。关于积分制存在的问题,刘雪姣基于湖北荆州地区的个案研究,发现积分制运行面临财政支持难以持续和社会参与不足两

---

① 陈锋:《分利秩序与基层治理内卷化 资源输入背景下的乡村治理逻辑》,《社会》2015年第3期。
② 朱政:《"三治融合"乡村治理体系探索——以"积分制"治理为素材》,《湖北民族大学学报》(哲学社会科学版)2022年第4期。
③ 刘雪姣:《从制度安排到实际运行:积分制的两难困境及其生成逻辑——基于鄂中T村的调研分析》,《甘肃行政学院学报》2020年第6期。
④ 马树同:《共建共治共享社会治理格局下乡村治理模式的生成逻辑——基于宁夏J县积分制的实践考察》,《宁夏社会科学》2020年第4期。

大困境。刘文婧、左停通过对和平村的个案调查发现，积分制存在"指标涉及较为狭窄，社会力量参与不足""规则设置有待加强，惩罚幅度不大，边界不清""考核监督激励机制有待完善，受益群体比例失衡""保障资源有待拓宽，集体经济发展不强"四大问题①。黄鹏进、王学梦认为，有些地方未注意积分制使用的限度与边界问题，积分通兑的范围过大，造成激励异化和治理的混乱②。关于积分制的有效性，王振等基于华北谷村的创新实践，将积分制的成功概括为制度和机制的融合和创新，认为农村积分制成功运行的内在机理在于将无序甚至是恶性的竞争关系转化为规则化的竞争关系③。谭海波、王中正着眼于积分制成功的条件，通过湖南省新化县油溪桥村的调查认为，积分制的有效治理要以重建村民与村级组织的利益关联为前提④。马九杰等结合湖北荆门和浙江余姚的案例说明激励与积分之间存在多维、高维的选择类别，而积分制的设计难点就在于，如何设计积分制规则从而实现有限激励约束下社会总福利最优⑤。彭珊、唐少奕则认为，积分制的成功来源于党建引领、"一核多元"的政治逻辑、运行监督与协调配合的行政逻辑和自治、德治、法治的社会逻辑形成有机统一⑥。胡卫卫基于乡村"数字化+积分制"治理模式，认为"社会适应"和"行为能动"是构筑乡村"数字化+积分制"治理模式并有效运行的关键变量⑦。

上述研究为更好地理解积分制的内涵、价值及其运作逻辑提供了有益参考。但已有研究多以个案为主，缺乏对多个地区不同实践做法的多案例

---

① 刘文婧、左停：《公众参与和福利激励：乡村治理积分制的运行逻辑与优化路径——基于和平村的个案调查》，《地方治理研究》2022年第2期。
② 黄鹏进、王学梦：《乡村积分制治理：内涵、效用及其困境》，《公共治理研究》2022年第4期。
③ 王振、郝炜、王文昌：《农村积分制治理何以成功——基于谷村的个案研究》，《山西农业大学学报》（社会科学版）2021年第6期。
④ 谭海波、王中正：《积分制何以重塑农村集体经济——基于湖南省油溪桥村的案例研究》，《中国农村经济》2023年第8期。
⑤ 马九杰、刘晓鸥、高原：《数字化积分制与乡村治理效能提升——理论基础与实践经验》，《中国农业大学学报》（社会科学版）2022年第5期。
⑥ 彭珊、唐少奕：《积分制赋能乡村治理的实践逻辑——以贵州省J县F社区为例》，《贵州社会科学》2023年第7期。
⑦ 胡卫卫：《乡村"数字化+积分制"治理模式的运作逻辑与实现路径研究——基于"全国乡村治理示范村"数字乡村建设的实证考察》，《电子政务》2023年第12期。

描述，在一定程度上对当前积分制在我国的总体运行情况把握不足。本文拟对积分制应用的五个典型案例进行模式的类型化总结，进而从总体上把握积分制的定性、作用机理和实践逻辑，并针对普遍性的困境提出进一步优化完善的路径。

二 积分制的基层实践形态：基于五个典型案例

本文选取浙江省嘉兴桐乡市、江苏省宿迁市宿豫区、上海市浦东新区航头镇、杭州市萧山区河上镇众联村、湖南省娄底市新化县油溪桥村[①]五个典型案例作为研究样本。这五个案例分别体现了积分制在县（市、区）、乡镇（街道）、村（社区）三个层级的创新探索，且展现了积分制的五种不同实践形态。

（一）制度嵌入型：浙江省嘉兴桐乡市

制度嵌入型指的是积分治理工具嵌入作为基层社会治理的"三治融合"制度，受到"三治融合"制度的制度主体、制度结构、制度网络的形塑。在此过程中，积分治理工具与"三治融合"双向赋能，构建"共建共治共享"的治理图景。

桐乡的"三治融合"已形成一套制度体系。桐乡的积分制依靠"三治融合"、发展"三治融合"。桐乡市将211个村（社区）的治理载体逐步升级为"一约两会三团"[②]模式，形成"多元自治共治、依法办事、以理服人"的

[①] 桐乡是"三治融合"的发源地，其积分制具有很强的"三治融合"特征；杭州市萧山区"五和众联"积分制乡村治理新模式是浙江省第三批社区治理和服务创新实验区的实践成果之一；2020年宿迁市宿豫区"创新推行村（社区）'三治'融合积分制管理模式"被评选为"第二届长三角基层依法治理十大优秀案例"；上海市浦东新区航头镇被上海市政府评为上海市乡村治理积分制示范基地；湖南省娄底市新化县油溪桥村2018年入选首批乡村治理典型案例。

[②] "一约"指的是村（居）民进行自我管理、自我教育、自我服务、自我监督，共同遵守的村规民约（居民公约）。"两会"指的是村（居）民、乡贤通过协助村（社区）解决和协调基层事务，形成民事民议、民事民办、民事民管的村（居）民议事会和乡贤参事会。"三团"指的是提供社会志愿服务（专业技术服务）、基层法律服务、道德评议服务的村（居）民服务团、法律服务团、道德评判团。

治理景象。积分管理依托和发展桐乡"三治融合"经验,在参与主体方面,建立以党员干部带头垂范,道德评判团、百姓议事会成员和"微网格长"为评分骨干,群众共同参与的"积分制"评判队伍;在积分清单方面,围绕市级设立的自治德治法治框架的18项基础清单,与当地政府中心工作充分融合,按照村规民约规定,制定以村(社区)为主体的"微清单";在积分运作环节,桐乡乡村内的"道德评判团"针对个人道德行为进行评分,积分可以兑换礼品和服务,所得分数与金融贷款、道德模范评选挂钩。桐乡市"道德积分制度"建立后,将善治、德治等核心治理价值融入村民治理实践活动,极大提升了村民参与治理的意愿,增加了村民的德治行为,村内出现村民自发清理河道、修整道路等行为。

2023年,团体标准《新时代基层治理三治融合建设指南》出版,以标准化推动新时代基层治理"三治融合"规范化建设。"三治融合"的规范化、标准化为积分制的实施定下了基本方向。

(二)乡贤引领型:江苏省宿迁市宿豫区

乡贤引领型是指依靠乡贤、城归青年、农业科技人员等乡村本土人才和外来人才的力量,引领本村庄积分制实现高质量发展的实践类型。乡贤能够为积分制实施和乡村振兴实践提供智力支持和社会资源支持,是引领乡村发展进步的能人。

宿豫区的乡贤参与积分制实施取得了较好治理效果。为强化法律在维护农民权益、化解农村社会矛盾中的作用,宿豫区2018年由司法局和关庙镇结合法治乡村建设,在关庙社区、水汉社区试点推行了基层自治积分制管理,在自治基础上融入"法治""德治"。后来,宿豫区印发了《关于全面推行"三治"融合积分制管理的实施意见》,形成具有宿豫特色的"三治融合"积分制管理模式。这一模式的特点是积分制工作由镇村两级的工作领导小组领导,两级工作领导小组的组长分别由乡贤理事会(镇级)、参事会(村级)会长担任,成员主要为理事会参事会成员、优秀老党员、法律明白人、群众代表等。村居领导小组负责积分制管理的组织实施、积分增减初审和集体研究上报。镇领导小组对结果进行审核和目标管理考核。乡贤能够获得当地群众的较高支持，且能力出众，能够做好积分制各方面工作。宿豫区的乡贤理事会和参事会等群众自治组织为积分制管理工作的实施主体，村委会提供必要的办公条件和资金支持，乡镇政府根据考核结果进行表彰奖励，以"政府搭台、社会组织和群众唱戏"的方式保障积分制运行。

（三）数字赋能型：上海市浦东新区航头镇

数字赋能型指的是利用多重数字技术手段提升积分制运行效能的实践类型。航头镇各层级和各部门协同合作，打造数据开放共享平台，促进数据整合，构建数据融合框架，实现数字化积分治理。数字技术通过降低居民参与积分制实践的交易成本、显化社会规范的表达和度量来赋能积分制运行。

航头镇是数字赋能型的代表。一段时间以来，航头镇人口老龄化问题日趋严重，加之大量外来人员居住在自然村宅，全镇乡村治理工作量大面广、情况复杂，村民参与乡村治理热情不高、主动性不够，而疫情防控、农村自建房管理等工作需要村民的自我管理、自治共治。为此，航头镇强化基层党建引领，探索运用"科技+积分"方式创新乡村治理，通过梳理乡村治理的痛点堵点、明确积分指标和标准，构建了特色积分体系。在此基础上，以数字赋能打造智慧化积分平台，包括面向村民的积分制小程序、面向村级组织和职能部门的PC端审核平台、接入城运中心的积分治理系统，与上海的"一网统管"数据互通。在积分申报方面，村民在家即可申报、查询、兑换积分。在积分数据管理方面，航头镇积分治理系统可以实时汇总分析积分推进情况。根据各村、组、户积分数量生成热力图、分析图等，以可视化方式直观了解乡村治理的效果和村民的参与程度。航头镇积分治理数据可以与全镇乡村治理事项数据共享。与"一网统管"基础信息实时互通，全面、动态、直观展示乡村治理成效，为政府提供管理决策支持。例如，系统收集家庭安装灭火器信息，实时传输给分管部门，助力全镇开展火灾防范工作。

(四) 社会组织支持型: 杭州市萧山区河上镇众联村

社会组织支持型是指发动村民群众、社会组织等多元主体积极参与积分治理的实践类型。社会组织支持型能够培育新社会公民、拓宽公民服务供给渠道，发挥社区居民、社会组织在治理中的积极作用，实现公共利益最大化。

社会组织能够把公民分散的、单个的参与聚合起来，合作解决问题，共同进行社会事务治理。2016年，众联村小村意识较重、空心化日趋明显、村民参与公共事务积极性不高、乡村治理主体缺失、不良社会风气有所抬头等问题突出。弘扬崇德向善的村风民风，提高乡村向心力迫在眉睫。在此背景下，社区社会组织七彩功德社在众联村成立。在村党支部领导下，功德银行成立，由七彩功德社具体实施，设立用于记录全体村民好人好事的账簿，并进行积分管理。由于功德银行积分管理有效增强了村民奉献意识和参与程度，2017年，村委会经过广泛征求意见和民主协商，在功德银行积分管理的基础上出台了《五和众联积分通则》。每个家庭经过评议获得信用积分，信用积分是每季度的奖励兑换、每年年底的荣誉表彰的依据。积分通则发布后，如何动员村民参与活动挣积分，让积分管理"活起来"是个大问题。众联村依托自己的社会力量条件，通过发展以七彩功德社为代表的"1+5"社区社会组织，每年在众联村举行两三百次活动，吸引村民加入，聚集村民志愿者、乡贤、党员等社会力量，通过积分激励动员村民参加公益服务队，进行助老扶幼、慈善救助、洁美乡村等各类公益活动。同时，积极参与公益创投项目，扩大服务范围。社会组织的参与有效破解乡村治理主体单一、基层自治缺少空间等问题。

(五) 资源整合型: 湖南省娄底市新化县油溪桥村

资源整合型是指基层立足自身实际，以积分制为抓手，对自然资源、文化资源、社会资源等资源进行整合、转化与利用，重塑基层发展的动力机制，实现高质量发展的实践类型。

油溪桥村是以积分制撬动乡村治理改革的典型案例。2007年以前，油溪桥村是名副其实的"空心村""贫困村"。为改变村庄局面，村"两委"一班人创造性地应用积分制发展集体经济，通过产权积分化和声誉积分化整合资源，齐聚人心，壮大了集体经济，改变了落后面貌。村民的总积分包括土地资源积分和个人行为积分①。村民可以将承包的土地转化为积分，也可以用积分换取更多土地进行耕种，部分村民出让承包的土地给村"两委"重新规划，因此村"两委"能够更好地整合土地。土地整合后招商引资，成立了村办管理型企业，提高了村集体收入。村民通过遵守村规民约、参加村内公共事务等获得个人行为积分，以家庭为单位记录和公开。土地资源积分与个人行为积分合在一起形成了家庭总积分，并依照总积分计算村集体经济的年底分红。每户人家的土地资源积分较为固定，若想得到更高分红，村民需要在个人行为积分上更加努力。由此，油溪桥村通过积分整合了土地资源，提高了土地资源配置效率，壮大了集体经济；又通过个人行为积分将村民行为与家庭收入挂钩，倡导正外部性行为，实现了经济和文明的双重飞跃。

三 基于典型案例的总结与讨论：积分制的定性与作用机理

上述五个典型案例全面展示了积分制运行的制度嵌入型、乡贤引领型、数字赋能型、社会组织支持型、资源整合型五种形态，本部分深入探讨积分制的定性与作用机理，最终分析其实践逻辑，为探寻积分制的制度绩效提供借鉴。

（一）积分制的定性

积分制作为一种基层制度创新，发挥了对群众自治的激励功能、对基层社会信用治理的重塑功能、对主体行为的约束功能。

---

① 谭海波、王中正：《积分制何以重塑农村集体经济——基于湖南省油溪桥村的案例研究》，《中国农村经济》2023年第8期。

1. 激发群众自治的激励工具

积分制以"积分+奖惩"为核心机制,明显具有奖功罚过的制度设计,奖励的内容包括物质奖励、精神奖励、公共服务奖励,惩罚包括扣除一些原有福利、上"黑榜"等。奖惩与村(居)民的个人行为紧密联系,对行为的正当与否、合理与否进行了重新定义。另外,积分制指标普遍包含鼓励村(居)民参与公共事务的自治内容,参与公共事务治理就能获得积分得到奖励。基层群众性自治组织、社会组织、村(居)民通过对积分制的指标设置广泛推进民主讨论、日常行为以积分制内容为指引、参与积分制的管理与监督等来进行自我管理、自我服务、自我教育、自我监督。

2. 重塑基于信任和信用的良性治理

基于信用的治理是维持社会良好秩序不可或缺的手段。乡村积分制被认为是信用惩戒在基层社会治理场域的移植和投射[1]。以积分制为主要内容的社会诚信机制通过建立责任连带性,为基层治理创设新的权威性资源,弥补了基层治权的不足。而社会诚信机制通过对接"自治、法治、德治相结合"的话语,为基层治理重建了话语权,由此基层治理能力得到提高[2]。通过积分多少塑造的"面子转换"就是典型的社会诚信机制重塑过程。积分制下的面子显化其实是将过去隐性的道德评议转化为可视化的积分数额,以积分数额多少衡量个人在村庄社会网络中的面子。有些地方通过积分制的应用来遏制红白喜事大操大办的问题,就在于将原来大操大办的"面子"转化为高积分带来的"好声誉",而这种声誉的承认范围并不比以往通过大操大办红白喜事的派头小。另外,村庄"去年轻化"后剩下的年龄较大的成员,非农忙时节不外出务工,也需要在村庄内做实事来找到自己的价值,通过参与公共事务来获得积分则为他们提供了实践窗口,创造和获得自身的"内在声誉"。积分制是一种信用治理,巧妙地运用信用规则带动村(居)民遵守"三治"、践行"三治"。

---

[1] 石建:《基层信用治理如何促进三治融合?——基于鄂西 Y 市"诚信档案"的经验研究》,《甘肃行政学院学报》2022 年第 5 期。
[2] 陈柏峰:《社会诚信建设与基层治理能力的再造》,《中国社会科学》2022 年第 5 期。

3. 发挥软法的约束作用

一般来说，积分制的规则参考来自村规民约或者积分制清单，村规民约和积分制清单规定了积分制围绕什么开展、怎么开展，集中体现了"依法治理"。法治下乡的首要任务是规则下乡，基层治理的有序化、现代化离不开规则。对于司法和行政执法来说，距离成本高、无法深入私人领域和私人道德，但乡村中涉及私人领域的部分民俗正发展成为不良风气亟须纠正，建立在权威性和合法性基础上建制化的村规民约弥补了原本司法和行政执法长期无法有效接入基层治理事务的空缺[①]。由基层共同制定获得上级政府承认的村规民约天然没有司法和行政执法与基层社会的距离问题和管理成本过高问题。这样一来，积分制便具有某种"软法"意义上的规范性，能够在法治意义上对基层治理主体行为进行约束和引导。随着积分制的连续实施，最终也成为村（居）民行为的无意识参考，内化成为制度的一部分。

（二）积分制促进"三治融合"的作用机理

本部分从积分制成功的关键因素入手，研究发现积分制依托于组织基础、主体基础、技术基础对"三治融合"发挥促进功能，从而提升基层治理水平。

1. 组织基础

自治需要组织化的载体，乡村振兴离不开外部资金、技术、人才的支持，但最主要是依靠广大农民群众，农民才是乡村振兴的主体，只有农民参与和主导的乡村振兴才是真正的乡村振兴。培育基层自治需要组织承担一些功能，将公民有机集合起来，发挥自我决策、自我管理、自我服务的作用。只有提高基层的组织化程度，发挥基层的主体作用，才能将人、资源等生产要素整合起来，让民众在自治中表达意见，激活基层治理。宿迁市宿豫区通过党建引领整合基层的社会组织体系，搭建共治平台，让乡贤加入社会治理网络。宿迁市宿豫区2017年成立了乡贤协会，2018年，宿

[①] 孙冲：《村庄"三治"融合的实践与机制》，《法制与社会发展》2021年第4期。

迁市发布了《关于设立乡镇、村（居）乡贤参事会的指导意见》《乡贤参事会议事规则》等文件，实现了乡镇、村居乡贤参事会全覆盖。宿豫区镇村两级的乡贤理事会、参事会一直发挥着为民协商作用，在积分制工作中，乡贤参事会、理事会负责积分管理工作的具体实施。桐乡"三治融合"的实践依托"两会三团"、调解委员会、睦邻客厅等治理载体，这些治理载体主要由党员、村民代表、村民小组长等人士组成。为实现"三治融合"提供了平台和人力。随着这些治理载体对治理事务的具体承担，社会自治活力增强，社会治理能力显著提高。

一项制度的持续，需要各参与主体能够实现互惠，形成总体的正向反馈。有了自治载体后，个人和集体需要实现链接，私人和公共需要实现链接，积分制就是激励私人和公共实现链接的治理工具。这样，个人对于集体不再只是"旁观者""执行者"，而是集体主动吸纳个人加入。积分制通过参与公共事务获得奖励的方式鼓励村（居）民加入社会组织，同时以个人化和组织化形式实现自治共治。萧山区河上镇众联村在党建引领下发展社会组织，由党员带头不断壮大志愿队伍，拓展了社会参与的公共空间，为群众参与提供了基本依托。

2. 主体基础

主体的能动性在积分制工作实施中非常重要。基层治理除了依靠国家和行政逻辑之外，由于各地资源禀赋有较大差异、关系网络错综复杂，社会逻辑是决定地方治理效果的必要因素。乡村治理活力需要村庄内部民众积极配合、能够开展各类行动，立即响应公共事务，而村庄内部民众的积极配合需要关键人物出场，进行动员、计划、统筹等活动。集体行动的发起者和主导者是组织内部的领袖人物，他们是各项权利关系中的权威主体，也是组织形成自我治理的关键要素，拥有高于其他个体的社会资本[①]。正是这些主导者所拥有的社会资本，让集体的资源安排、人事安排、制度安排能够被接受，最终达到互惠的目标。油溪桥村的积分制也是从乡村能

---

① 王琦：《"私有共治"的集体行动逻辑及其内在机理——以浙江省 M 村水田治理为例》，《江汉大学学报》（社会科学版）2022 年第 4 期。

人回村担任村党支部书记后根据在外经商的多年经验，提出以积分制来撬动村集体经济发展模式的变革。由于该村党支部书记在村民中具有较高声望，能够识别资源并用积分制这一工具将分散的资源组织起来加以利用，积分制在油溪桥村得以成功运行。

3. 技术基础

这里的技术指的是数字化技术。数字化能够在政府内部、政府与社会的互动中简化政府行政过程，简化公共事务处理，并提高政府行政的民主化程度。数字化赋能积分制能够对公共服务进行整合，并开展协同决策。数字技术是提高基层治理效能的"助推器"，能够赋能组织基础和主体基础，形成合力。上海市浦东新区航头镇开发使用了积分治理系统小程序，村民在家即可申报、查询、兑换积分，激发了居民参与公共事务的意识，增强其参与公共事务的能力。在数字平台辅助决策方面，航头镇的数字化智慧积分平台还能根据各村、组、户积分数量生成热力图、分析图等，以及与"一网统管"数据打通来提供决策参考。

（三）积分制促进"三治融合"的实践逻辑

积分制促进"三治融合"并非单一的积分制叠加基层治理的过程，整个促进过程是一个积分制的激励功能、信用治理功能、约束功能嵌入组织基础、主体基础、技术基础的互动过程。其中，组织基础、主体基础、技术基础是积分制能够有效发挥作用的重要保障，旨在解决积分制如何开展的问题。三者并非单一存在，而是按照实际需要共同发挥作用。组织基础在于保障积分制多元主体的参与平台和行动能力，主体基础在于人的主观能动性保障积分制的实施落地，技术基础在于保障积分制运行过程中信息的高效流通和科学决策。依托三大基础保障，积分制的激励功能、信用治理功能、约束功能最终有效实施并提升"三治融合"水平（见图1）。

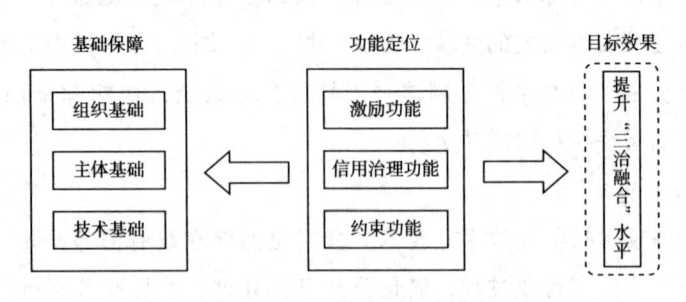

图1 积分制促进"三治融合"的实践逻辑

四 案例的延伸：积分制的实践困境与优化路径

积分制在基层治理实践中发挥了重要作用，有效促进了基层治理现代化发展，但在各地运行效果不一，面临诸多挑战。本部分脱离案例，着眼于积分制的普遍实践，分析积分制的困境，提出优化路径。

（一）指标设置不够科学合理，需优化指标设置

"三治融合"项目的有效性着眼于产出和需求的匹配度[①]。作为积分制的重要内容，指标设置直接体现本地区治理的真实需求，引领村（居）民的实际产出，关乎积分制的实际应用效果。首先，从积分指标内容来看，一些地区的指标设置与中心工作偏离，导致指标体系不能很好地体现工作需求、助力达到工作目标。一些地区指标赋值不够合理，没有按照重要性原则进行赋分，中心工作的指标赋值与其他普通倡导性工作的指标赋值相差不大，凸显不了中心工作的重要性。其次，指标过多或过少。指标过多会使积分评定复杂化，难以衡量和管理。一些地区为在短时间内出成效，积分指标设置过多，囊括了太多事项，导致积分工作负担过重，基层难以开展。指标过少则可能无法有效评定积分实施结果。一些地方不去仔细研究指标，"一刀切"地照搬市级、区级指标，或只选择一些通用指标，指

---

① 郁建兴：《三治融合的持续创新》，《治理研究》2020年第6期。

标设置太少,不能达到有效激励的效果。

指标设置是对服务对象的行为进行客观评价的基础,科学的指标设置是保证积分制可持续性的重要条件。首先,指标设置应更加注重以"三治融合"目标为导向,紧紧围绕"自治、法治、德治"设定具体指标。其次,指标设置应进一步对标治理中心工作,融合法治建设、乡风文明、共同富裕、民主法治示范村打造等中心任务,围绕重点设置加分项和扣分项。再次,指标应涵盖基层治理难点,应伴随基层治理难题的变化动态调整。应将出租屋管理、自建房管理、拆迁征地等问题整合进来,在面对占地纠纷等难题时发挥积分的奖励作用,促进矛盾化解。积分制管理具有动态演进性,管理的对象、范围随着治理环境和治理目标的改变而动态调整。应及时观察指标分数,调整那些积分变动不大的指标,如当群众都已经能够自主做到保持房前屋后卫生时,这个指标就可以撤销,换成其他指标,确保指标始终发挥引导作用。最后,指标的设置应遵循简便易行、方便操作原则,让群众易懂、易行、易评,方便群众参与,并且给基层工作人员减负。

(二)资金支持难以持续,需强化资源保障

作为基层治理创新工具,积分制稳定推行面临的直接挑战是积分兑换的资金保障问题。财政直接拨付是积分制得以生成并有效运行的重要基础,但单纯依赖财政资源这一单一渠道无法给积分制提供长效资源供给,一旦财政资金减少或取消,积分制自然而然陷入困境。很多村社的积分制是依靠政策试点开始的,一旦试点结束,上级拨付的财政资金也相应停止,积分工作便难以为继。同时,当积分制大范围推广时,财政负担过重,单纯依靠财政拨付难以实现。对于主要依赖村集体经济保障积分制运行的村庄来说,集体经济不均衡导致各地积分制应用效果差异过大,村集体经济薄弱的村庄难以支持积分制的运行成本,导致积分奖励对群众的吸引力不大,难以吸引群众参与。

积分制的有效实施最终落脚于积分的兑换。资源保障是保证积分制兑换落到实处的本源。区级部门应当重视积分制项目,给予财政支持。积分

制的供给资源是在"国家—市场—社会"框架下探索的合作模式，体现了社会治理过程中，通过协调市场和社会力量达成资源有效配置的制度建设和政策选择。应引入社会组织、企业等力量分担成本，区级部门、镇街应与市场主体合作，开展基层经营性合作、公益性帮扶壮大集体经济；与社区基金会等社会组织合作，为积分制项目提供资金支持。另外，还可灵活运用原有资金，如村集体投资建立积分兑换超市，以超市的经营利润补贴积分兑换成本。在政策资源方面，应整合条线部门的各类公共服务资源，包括获得电话充值卡、绿色通道就医卡、优先获得考核评比奖励等，推动公共资源下沉与积分制治理相结合。积分兑换要保证吸引力，探索酒店优惠、超市购物券、银行信贷资格等多样化积分奖励。例如，慈溪桥头镇的积分不仅可以在"群治分"内的积分商城使用，更能在桥头镇全镇范围内120余家线下商铺使用，包含超市、早餐店、奶茶店等①。湖北省十堰市竹溪县重点采购老人、妇女和小孩适用的物品，并根据群众不同的季节变化需求，安排补货调货②。适当鼓励村居民自主发布积分悬赏，调动村（居）民的积极性和主动性，激发群众参与基层治理的内生动力。

（三）群众和社会力量不足，需筑牢党建引领协同治理

虽然积分制是为全体群众设计的，但由于动员不足、奖励不够、干群关系一般等，积分制的参与群体并不均衡，表现为以党员、网格员、乡贤等"精英"为主，普通群众参与率并不高。在一些城市社区中，以户为单位，未能把流动人口纳入积分治理对象，极大削弱了该群体的参与感。这不仅与积分制的"三治融合"目标背道而驰，还会激起基层社会新的壁垒和隔阂。另外，在实际运行中，由于社会组织自身生存处境艰难、政策环境支撑不足、村干部缺少治理抓手和资源等，社会组织未能有效参与积分

---

① 《数字化赋能乡村共治 百年古村用小程序实现"云"管理》，封面新闻，2022年8月15日，https://baijiahao.baidu.com/s? id=1741222693912129566&wfr=spider&for=pc。
② 《"积分制"要在发挥实效上动脑筋——基于湖北省竹溪县的调查与思考》，中国农村网，2023年9月14日，https://baijiahao.baidu.com/s? id=1776970630873149223&wfr=spider&for=pc。

制工作,发挥不了积极作用。社会力量"弱参与"的现象并未得到改变。

1. 要强化党建引领积分制,凝聚共治文化

通过党建服务群众、党建联合社会力量、党组织有效嵌入基层治理事项等方式,发挥党的治理优势,形成推动积分制工作的"集体行动力"。建立"区党委—镇街党委—村(社区)党支部—网格党支部—微网格党小组—党员中心户"六级组织架构,将积分制管理机制融入基层网格治理。例如,江苏省宿迁市宿豫区关庙镇的"村(社区)党委—网格党支部—片区党小组—党员中心户"四级组织架构层层覆盖村居院落、村民小组等乡村基本治理单元。发挥党员作用,加强对积分制工作的宣传引导,增强积分制工作人员的治理理念,培育共治观念,武装"软约束",提高"软激励"。

2. 要筑牢组织架构,吸纳社会参与

组织架构是基层实现积分制的重要前提,只有把人安排好,事情才能做好。完善区、镇街、村居三级乡村治理工作领导小组和联席会议制度,发挥领导小组的核心作用。组建各村积分制工作推进专班,建立定期例会、调研督导等机制,确保各项工作有序推进。组建以村"两委"干部、党员、乡贤、村居(民)代表、网格员为主的积分评定小组,组建积分监督管理小组,规范积分评定过程。将流动人口纳入积分管理,推动流动人口常态化参与基层治理。吸纳社会组织力量,整合乡贤、商会等资源,搭建共治平台,发起产业振兴、环保、公益服务等活动,既让村(居)民受益,也鼓励更多村(居)民参与进来。

分配型村庄的矛盾纠纷机制及其化解路径[*]

苏聪聪[**]

内容提要：区域发展不平衡与城乡发展不协调导致不同地区农村发展水平不一，村庄之间类型分化严重。不同类型村庄矛盾纠纷的侧重点各异，解决问题的方法也应当分类讨论。动员型村庄不断弥合其与分配型村庄的发展差距，使得后者的矛盾纠纷化解对前者具有借鉴意义。分配型村庄的矛盾纠纷往往围绕村庄公共利益的分配，与村庄正义观念、发展理念、分配制度以及干群关系密切相关。为推进城乡一体化、实现空间正义，增加村庄利益存量、重塑村庄正义观念、贯彻共享发展理念、落实股份制分配制度并利用好"三治融合"体制机制成为化解分配型村庄矛盾纠纷的可行路径。

关键词：分配型村庄　矛盾纠纷　利益分配　"三治融合"

目　次

一　村庄类型分化及其矛盾化解的方法论要求
二　分配型村庄矛盾冲突的表现形式
三　分配型村庄矛盾纠纷的问题机制分析
四　分配型村庄矛盾纠纷的化解路径
五　结语

一　村庄类型分化及其矛盾化解的方法论要求

目前我国正处于社会转型期，农村社会的形态变迁导致矛盾纠纷数量

---

[*] 本文系国家社科基金重大项目"深化基层矛盾纠纷化解　共建共治机制及其风险预判研究"（18ZDA166）的阶段性成果。
[**] 苏聪聪，法学博士，国家法官学院教师。

持续增加。繁多复杂的农村社会矛盾激化容易威胁基层稳定,应当引起重视。然而,区域发展差异使得不同地区农村分化严重,其产生的矛盾纠纷也有明显区别。用相对统一的手段和方式解决分化的农村矛盾纠纷,其效果往往不容乐观。要解决以上问题,就需要针对分化后不同类型村庄的矛盾纠纷加以具体讨论。

(一)村庄类型分化

我国疆域辽阔,不同区域的发展特征、方向以及资源配置都会有所不同,这导致不同地区农村类型存在固有差异。改革开放后,城镇化建设得以快速推进。在城镇化建设过程中,因各个地区先天条件及其发展潜力参差不齐,相应的政策倾向也表现不一。交通发达、对外开放较早的沿海城市在城镇化过程中获得较多发展机会与政策支持,也随之拉开了东部沿海地区与中西部的经济发展差距。除此之外,长期以来的城乡二元结构发展模式使得典型的农业村庄与城市及其周边地区的发展水平相差甚远。一方面,东部沿海地区农村受地区发展整体带动,远高于中西部农村的发展水平。以长三角和珠三角地区农村为例,在工业化建设支持当地产业发展和外来资本在内地兴建代加工厂的双重推动下,几乎每个村庄都有乡镇企业和代加工厂落户,这也吸引了大量外来务工人员。外来务工人员不仅为当地经济发展贡献了人力资源,也通过支付房租和生活消费等为当地人收入增加作出了贡献,东部沿海地区农村与中西部农村在发展趋势和发展潜力上都产生了分化。另一方面,城中村和城郊村的发展水平又远高于典型的农业种植型村庄。城镇化建设导致资源配置不均,人财物等资源要素大多集中在城镇,务工机会也多集中在城镇,农业种植型村庄中村民的收入来源较为单一。中西部地区农村与城郊村也随着人口和资源的流动逐渐分化。

农村问题相关研究中,也有一些学者对村庄类型进行了划分。按照农村社会结构将村庄分为团结型村庄、分裂型村庄和分散型村庄,按照村庄经济社会分化程度将其分为低度分化村庄、中度分化村庄和高度分化村庄①。按照村集体掌握资源多少，把民主化的村级治理划分为动员型（资源较少）和分配型（资源较多）②。根据村务民主治理的方式，将村庄划分为动员型、分配型、清障型和监理型③。根据乡村振兴政策的进路，将村庄类型分为城郊融合型、集聚提升型、传统农业型、特色保护型和搬迁撤并型④。针对的问题不同，村庄类型划分的标准自然不一。就农村矛盾纠纷化解而言，要追究矛盾产生的根源，并以此作为关键性要素和划分类型标准，才能立足问题的本质特征进行化解。矛盾纠纷的本质是利益的冲突与博弈，农村社会的矛盾纠纷概莫能外，尤其是"以经济利益为中心的农民利益矛盾与冲突问题"⑤。与此相关，村庄中经济利益的多寡也就直接影响矛盾纠纷类型划分。经济利益和资源富足的村庄主要围绕利益的分配进行村庄治理，对于资源匮乏且经济贫弱的村庄而言，如何筹措资金进行村庄建设才是首要任务。本文依旧称前者为分配型村庄，后者为动员型村庄。

（二）不同类型村庄矛盾侧重点不一

分配型村庄的集体资源走向是从上而下的，政府转移支付和村集体经济收益能够满足村庄公共建设需要，而且，村民都期待能够在集体中获得福利性收益，分享村级组织的制度红利。动员型村庄则恰恰相反，因为政府财政力量薄弱、村庄集体经济盈利困难甚至没有任何村庄集体经济企业，公共设施建设仍然要靠村民小组内的农民筹款实现。

分配型村庄矛盾纠纷集中在公共收益分配过程中。虽然将民主化村级治理划分为动员型和分配型两种类型，被认为是一种理想型的分类方法，实践中两种类型交叉重合甚多，但相对来看，分配型村庄多分布在东部沿

---

① 贺雪峰：《最后一公里村庄》，中信出版社，2017，第8页。
② 参见贺雪峰、何包钢《民主化村级治理的两种类型——村集体经济状况对村民自治的影响》，《中国农村观察》2002年第6期，第46页。
③ 陈柏峰：《村务民主治理的类型与机制》，《学术月刊》2018年第8期，第93页。
④ 乔陆印：《乡村振兴村庄类型识别与振兴策略研究——以山西省长子县为例》，《地理科学进展》2019年第9期，第1340页。
⑤ 李长健：《论农民权益的经济法保护——以利益与利益机制为视角》，《中国法学》2005年第3期，第121页。

海发达地区，各地区打造的"示范村"中也不乏该类型村庄。前者因为经济发达保证了地方财政对村庄建设和发展的支持，而后者则因为地方政绩工程需要，将地方财政对村庄的支持集中在某一部分"典型"村庄。可见，分配型村庄通过政府转移支付、项目制等可以自上而下获得较为充足的公共资金和资源，并能在此基础上发展本村的村集体经济与村办企业。转移支付的资金、申请的项目额度与村集体经济收益不但可以为村级治理提供足够的运转资金，还能够为村民提供福利性或者惠民性建设项目。村庄的运转与民主治理都越来越依赖自上而下的资金与项目，这也使得村庄公共利益分配成为人们最关心的事项。村庄公共利益在分配时是否被村干部截留可能引发干群矛盾，如村庄项目分配给某一村民小组而非其他小组时，往往会产生村民内部矛盾。

动员型村庄的矛盾重点集中在公共资源共筹中。与分配型村庄相比，动员型村庄表现为村庄外部资源转移到村的数量不足，村庄公共事业需要村民筹资筹劳以解决。就此而言，"在动员型村庄，因为村集体经济资源较少，村中举办公共工程和公益事业的第一步，是从村民手中提取人财物资源，这个提取资源的过程是村级治理中最为艰难的过程"①。当然，这个提取人财物资源过程并不是村庄公共事业与公共设施建设完全依赖于村民共筹，一般是当地财政能够为村庄建设提供部分资金，村庄为谋求发展与村庄环境改善而自筹另一部分，配合项目并保障其在村庄落实。当然也存在一些"能人治村"的村庄，村干部可以充分调动群众的积极性完成村庄公共事业的内部共筹。共筹村庄公共事业的受益人虽然是全体村民，但还是因为村民之间需求程度不同以及部分村民"搭便车"思想作怪，导致村庄民主政治运行遇到各种矛盾障碍。村民可能在筹集项目时提出质疑，从而阻滞村庄公共项目落实，也可能因为个人的"搭便车"行为引发他人不满导致项目搁浅。所以，如何顺利实现村庄公共事业共筹，是动员型村庄的矛盾重点。

---

① 郑黎芳主编《和谐社会与新农村建设》，上海大学出版社，2007，第148页。

(三) 泛化的纠纷化解方法亟待升级

现有农村矛盾纠纷化解方式方法可概括为以下几种。一是强调时代性与阶段性。不同历史时期、阶段矛盾纠纷的主要类型和特征不同，学界对矛盾纠纷化解方式的研究往往强调其时代兼容性。学者们先后从社会主义和谐社会、城市化、新农村建设等方面，结合社会转型时期脱贫攻坚、乡村振兴战略等时代意涵探究各阶段农村矛盾纠纷的特征表现、生发机制以及解决方案。二是突出矛盾类型。从研究的体量来看，针对农村矛盾纠纷中某一具体类型的研究仍占多数。相对稳定的研究对象有农村承包地矛盾、征地拆迁、农村集体产权、农村公共服务产品、农村干群关系、农村民主选举、农村劳动力就业与转移、农村养老、农村公共体育服务等，近年来农村电子商务发展、农村金融、农村公共数字资源服务等领域的矛盾纠纷也成为新的研究对象。三是调研具体地点和区域。农村矛盾类型往往具有地区特性，在调研过程中梳理总结当地的矛盾机理并探究解决方式具有合理性。从现有材料来看，西部地区、欠发达地区、西南地区和苏北、山西、山东、吉林、湖北等地农村的矛盾纠纷各有论述。某一地区被单独讨论的概率越高，越表明其与我国一般意义上农村发展及其矛盾生发机制的差异越大。四是在重述既有经验的基础上实现创新。"枫桥经验"在20世纪60年代被创造之初，就充分发动了基层力量就地化解矛盾纠纷。随着时间的演进和社会的发展、进步、转型，"枫桥经验"不断被赋予新的时代内涵，仍然在基层治理与农村矛盾纠纷化解过程中发挥中流砥柱作用。学术界不断阐释新时代"枫桥经验"的时代价值与启示意义，而基层组织者则结合实践创新管理方式。浙江桐乡的"三治融合"被认为是新时代的"枫桥经验"[①]，村庄的内部伦理、法治化建设底蕴与中华民族的传统道德观念合力将矛盾纠纷化解在基层。除此之外，具体讨论新乡贤、宗族、共建共治共享、多元矛盾纠纷化解体系的文章也不在少数，都在某种程度上

---

① 参见余钊飞《新时代"枫桥经验"：乡村治理中的"三治融合"》，《人民法治》2018年第14期，第50页。

重述并发展了以往的经验。

农村矛盾纠纷化解方式方法日渐多元，但总体来看存在且不限于以下两个方面的问题。一方面，解决农村矛盾纠纷的方法泛化统一。从普遍意义上谈论农村矛盾纠纷化解方式方法，难以在全国范围内统筹推进相关工作，因为各个地方的实际情况不同，相对一致的解决方案无法避免分化的农村类型之间矛盾差异扩大。另一方面，研究者没有深入探究不同类型农村矛盾产生和发展的机理。尽管有学者就特定区域矛盾纠纷展开了调查研究，然而其方法论仍然难以跳出固有研究范式。按照某一地区的经验或者相关政策寻求和创新化解农村矛盾纠纷的方法，可能存在治标不治本的情况，导致农村矛盾纠纷化解停留在文件层面，容易流于形式。

将不同发展模式的村庄类型化，然后针对具体类型农村深入探究其矛盾产生和发展的根源与机制，才可能寻找到能够解决具体问题的方案，进而促进农村治理能力提升。同时不难发现，随着国家综合实力的增强，政府对农村的转移支付逐年增多，受惠村庄范围也持续扩展。从历史发展进程来看，动员型村庄又会不断弥合和跟进分配型村庄的发展进度，且二者有共同的规律可循。就此来看，探究分配型村庄的矛盾纠纷不仅对其现阶段矛盾纠纷的化解具有现实意义，也为动员型村庄提供了借鉴。

二 分配型村庄矛盾冲突的表现形式

村庄可分配资源和利益越多，其矛盾纠纷发生的频率越高。从分配型村庄和动员型村庄的村民上访情况看，前者的矛盾纠纷明显比后者数量多、程度复杂。现将矛盾冲突的具体表现归结如下。

（一）地权冲突：频繁的征地拆迁激发了农民的维权意识

从地理位置上讲，分配型村庄往往在城镇与农村的结界地段及其延展区域。因为城镇化建设的需要，城镇场域不断扩大、城乡边界持续向外蔓延，城镇面积的扩大又需要征收农地这一发展资料，即"城市化主要表现为国家为获得城市发展所需土地向农村征地以实现城市空间扩展的过程，其中伴随大量拆迁行为"①。与动员型村庄土地被用于置换城市用地指标相比，分配型村庄自身所处的地理位置决定了其与前者相比更有被征收土地的紧迫性。然而，随着分配型村庄的发展模式不断演进，征收农地的用途和产生的问题也不断变化。较为传统的发展模式是将农村作为城市工业发展的附属区，在城郊村建设工业园区、修建公路，工业园区分布在村头村尾，与农民生活区域不作严格分割。但近年来对用地指标的严格控制，让农民搬迁上楼集中居住成为实现置换用地指标和村庄发展双重目标的选择。农民拆旧房上新楼，要腾出之前的宅基地，这实际是一个利益置换的过程，因为涉及的范围大、预期多元，矛盾纠纷更为复杂和多样。"城镇化进程中征地引发的群体性事件在数量和强度上都呈上升趋势，成为后农业税时期影响农村稳定的主要因素。"②

在征地拆迁过程中，农民有两种思想偏差。一种认为土地是自己的，谁都没有权力拿走。另一种认为钱是国家的，占国家的便宜并不可耻。于是，"钉子户"与公权力博弈从而谋取更高补偿款的行为就很常见，其中不乏一些过激和夸张的行为。首先，征地拆迁政策的下达需要讲求策略。如果拆迁政策或者意向过早为被拆迁村民获悉，村民就会通过在农地里栽种果树、临时借鱼苗到池塘养殖、将宅基地上的房屋短时间内扩建和翻新等方式来获得额外补偿。当地政府若采取行动对该类行为进行制止，就容易引发村民与执法者的矛盾冲突。其次，村民对征地补偿款数额不满而引起的纠纷较为普遍。人的趋利性决定了村民对征地拆迁补偿款的态度是求多不求少，"钉子户"也正是在利益激励下采取拒拆手段与政府抗争，从而谋求更高价码的征地补偿款。一旦有"钉子户"抗争成功，后来者便会争相效仿。近年来，征地拆迁标准的制定越来越规范和严格，被征地拆迁的村民通过对比其他地区或者早期征地拆迁村庄的补偿情况，没有获得预期的赔偿额度，导致拒拆和群体上访的事件时常发生。最后，村民认为征

---

① 杜姣：《利益分配型治理视角下的村民自治研究》，《南京农业大学学报》（社会科学版）2019年第2期，第48页。
② 柳建文、孙梦欣：《农村征地类群体性事件的发生及其治理——基于冲突过程和典型案例分析的分析》，《公共管理学报》2014年第2期，第102页。

地拆迁决策没有充分保障其应有权利。村级组织通过村民代表会议决策村级事务，不可避免地导致部分村集体成员不熟悉征地拆迁的政策和运行细节，让其产生了怀疑、不解，进而引发了与村干部、基层政府的矛盾冲突。被征地村民采取闹访、游行示威、政府门前下跪等方式寻求"说法"，增加了基层政府部门工作的压力和难度。而基层政府相关部门为不激化矛盾，多采取"拖""磨"方式解决问题。征地拆迁矛盾至今仍然没有成熟又体系化的解决方案，仍然对基层治理能力现代化构成威胁。

（二）家事纠纷："祖业"货币化动摇了乡土继承传统

农村社会内部有一套祖业继承的传统规则，一般情况下"男性继承权优于女性继承权"[①]，但入赘的女婿也同样拥有继承的权利，多个儿子的家庭可以通过分家来获得宅基地。长期以来，乡土社会的规则体系在农村社会中维持着稳定的祖业继承秩序。但在社会转型期，人们传统的祖业观念与具有西方理性的继承法规则融合甚至杂糅，不断稀释家族传承理念，也使得祖业继承不断面临问题、矛盾和挑战。

目前学界对祖业的探讨和概念界定并不是从继承角度展开的，如华中乡土派最早是从地权的逻辑与视角讨论"祖业"这一概念。究竟什么是"祖业"呢？陈柏峰认为："'祖业'是祖先留下来的产业，多指房屋和土地等不动产，具体包括祖坟山、宗祠、老祖屋和集体林地、荒地、滩涂和水面。"[②] 在实践中，祖业的继承范畴则主要是家里老人的宅基地和承包地，因为祖坟山和宗祠是被人们所尊崇的，是不得冒犯的。当然，分配型村庄中已然很少有大面积祖坟山和宗祠了，甚至很多地方已经没有了。

分配型村庄早已突破了传统村庄内向型的发展模式，村庄外来资本和经济要素的持续增加改变了村庄资产的价值结构。"祖业"作为村民最大的资产，其传统功能、价值和继承规则被外来因素逐渐打破、瓦解。对比

---

① 潘淑岩：《农村继承习惯与继承法的冲突与协调》，《人民论坛》2017年第8期，第112页。
② 陈柏峰：《"祖业"观念与民间地权秩序的构造——基于鄂南农村调研的分析》，《社会学研究》2020年第1期，第194~195页。

来看这个过程会更加形象,即动员型村庄中翻新旧房的农户越来越少,人们离开农村进入城市实现城镇化,村庄空心化现象越来越严重。无法带走的"祖业"被人们忽视和放弃,因为其本身价值并不高,家庭成员之间也无力耗费人力与财力进行争夺。分配型村庄却大不相同,村庄发展速度越来越快,土地价值不断被抬高,那些不好估量价值的老房子或者承包地可以量化出客观实在的价值,尤其是面临征地拆迁、合村并居、搬迁上楼的农民,在实实在在的利益驱使下开始了激烈的家庭争斗。父母与子女之间、兄弟之间都可能因为承包地或者祖屋的继承问题,尤其是面临征收赔偿而互相抢夺利益甚至大打出手、对簿公堂。

(三) 成员争斗:公共品供给不均消解了村庄治理秩序

分配型村庄发展过程中,人们的生活水平不断提高,对公共供给品的需求也不断加强。"后税费时期,国家向农村输入大量财政资源,通过项目制度向农村供给公共品。"① 然而,不论是科层制还是项目制,都难以避免国家资源下发过程中出现的分配不均现象。分配型村庄要么位于财政富足地区,要么是区域内的典型案例,自上而下的项目和公共品供给相较于动员型村庄要多得多。然而,在项目实施过程中,村民因为各种各样的利益争夺和成本分担问题产生细小繁杂的矛盾纠纷,在一定程度上消解了村庄治理秩序。

项目供给的公共品有普惠型和特惠型之分。普惠型的项目是人人享有的,特惠型项目则具有竞争性。像农业保险补贴、村庄通信设备建设、水电气等设施配备对村民而言都是普惠型项目,人们对其享有和利用是平等的,不存在成员间冲突和争夺。但特惠型项目就不是如此了,因为项目和政策并不能惠及村庄所有人,所以项目受众是谁、如何选择才能保障项目运作的公平性,都是村民们极为关注的,也体现了村庄中的正义观念。例如,村庄中体育设施的供给就被学界广泛讨论,但学者们大多对不同类型

---

① 王海娟:《项目制与农村公共品供给"最后一公里"难题》,《华中农业大学学报》(社会科学版) 2015年第4期,第62页。

村庄体育公共服务的供给资源分配不均提出问题并展开讨论，鲜少有人就该问题在村庄内部产生的矛盾纠纷作进一步探究。本文分析的就是村庄内部资源配置不均问题，如广场舞场地修建在哪个村民小组或者哪个农户的房前屋后，都会有村民攀比甚至去找村干部要说法。就分配型村庄比较典型的惠农项目——农业合作社项目补贴来看，村民也对其运行和操作中的诸多环节颇有成见。

（四）干群矛盾：村民群体分化干预了村庄民主建设

分配型村庄中普遍存在"能人治村"和"富人治村"现象。因为传统的治理秩序被外来发展因素所打破，人与人相互评判的标准也发生变化。从前人们将村庄权威架设在长者、宗族户头身上，如今更为村民信服和尊崇的是在村庄经济发展中有一定成就或者影响的人。前些年有不少乡村教师担任村干部，体现了人们对知识分子的尊崇，近年来随着人们对经济价值的日益认同，带头发展经济的富人在村干部竞选中占据了绝对优势。

经济发展导致分配型村庄中村民之间出现贫富分化，"普通村民疲于维持生计，对村庄政治缺乏兴趣，也很难进入村庄的政治场域"[①]。村庄内部开始出现阶层分化情况，村民之间的对话机制囿于信息获取差异而出现不平等。以村干部为首的村庄富人和能人在村庄治理中更有参与感，为获取更多的权益、利益和便利，他们将普通村民排斥在村级治理场域外，主导了村庄公共利益的分配。

然而，普通村民缺乏村庄政治的兴趣并不意味着他们不关心自身的权益。在公共利益及其分配方式被少数人垄断时，他们也会提出更加公平的利益分配诉求。但有一点值得强调的是，村民怠于参加村庄治理的同时，也会忽视涉及其自身权益的有用信息。往往在利益分配结果呈现在当事人面前时才会发现，此时，伸张分配结果的不公正，提出其知情权和参与权没有得到保障等，都会成为普通村民与村干部产生矛盾冲突的原因，且两个群体往往容易形成对立关系。

---

① 陈柏峰：《富人治村的类型与机制研究》，《北京社会科学》2016年第9期，第5页。

三 分配型村庄矛盾纠纷的问题机制分析

分配型村庄的矛盾纠纷有该类型村庄的明显特征和表现,这与村庄运行和治理的语境密切相关。结合分配型村庄的发展、运行以及利益分配过程,不难总结其矛盾纠纷的问题机制。现主要归结如下。

(一)以村民要求公平的利益分配为矛盾根源

分配型村庄发展过程中不断创造和积累集体利益,随着利益增多,村民对利益分配的需求也就增强,村集体内部面临如何进行利益分配的问题。在利益分配过程中,难免会出现东家多西家少的情况,矛盾纠纷也就在该过程中不断滋生。从村民视角来看,提出异议和引发矛盾的本质与重点是利益分配的公平性。村民存在利益分配不公感的主要原因可归结如下。

一方面,村庄正义观念在发展过程中被不断异化。分配型村庄的内生秩序在发展过程中不断遭受外部秩序的冲击,村民的正义观念不再是传统村治中的继承传统和遵循纲常,也并非恪守家族伦理和保障"面子工程"。村民在村庄发展过程中不断增加了对发展利益的关注和投入,外来力量将现代社会的经济理性与法治思维输入村庄,挑战并改变了传统乡土中的正义价值观念。"传统农村社会中矛盾纠纷的解决更多的是利用差序格局实现道德教化进而维持礼治秩序"[①],但分配型村庄已然从熟人社会到半熟人社会甚至向陌生人社会转变,村庄权威与人情面子圈所发挥的矛盾化解功能颇显疲软。

另一方面,村级正义与村民个体正义难以避免冲突。不难发现,在村庄公共利益分配过程中,"作为公平的正义"主导着人们对村庄治理的态度、看法及行为。从罗尔斯的正义论来看,"一个社会是一种对于相互利

---

① 印子:《乡土纠纷的解决与正义供给——来自赣南宋村的田野经验》,《环球法律评论》2014年第2期,第91页。

益的合作冒险形式,它却不仅具有一种利益一致的典型特征,而且也具有一种利益冲突的典型特征"①。罗尔斯看到了社会契约中利益分配的两面性,人们可以从契约中获得一种比他们仅靠自己独立生存更好的生活,但人们对他们协力产生的利益分配并不是无动于衷的——为了追求个体利益,每个人都更喜欢较大份额而非较小份额。村域自治也算是一种契约,村民在村级利益分配过程中也不得不面对共同体利益的一致性与个人利益最大化的矛盾冲突。

(二) 村庄发展理念是矛盾纠纷的关联性要素

尽管矛盾纠纷的本质在于利益的分配与争夺,但不同类型村庄利益争夺的关系和紧张程度不同,决定了其矛盾纠纷的状况也存在差异。村庄发展理念在一定程度上决定了其矛盾类型、重点和冲突的程度。村庄发展理念指引着村级组织建设村庄和发展村庄的活动,村庄中可能出现的大小事务在某一时间段都与该发展理念密切相关。可以说,在建设村庄的目标预设下,整村的行为都或多或少受村庄发展理念的支配。

分配型村庄与动员型村庄的发展理念不同,其矛盾纠纷有明显差异。分配型村庄内部也会依其发展状况、区位条件和资源禀赋不同,选择不同的发展路径和发展理念,产生的矛盾和问题也是不一样的。有的村庄依赖项目运转,有的则可以靠村集体经济盈利支撑,但既运转项目又发展集体经济的分配型村庄仍然占据多数,其矛盾的生发机制和状态就会存在出入与差别。

"从项目制基层实践的运作逻辑看,地方政治精英与经济精英联盟,共同主导项目制基层实践过程。"② 可见,依赖项目运转推动发展的村庄不一定有核心资源,但村干部一般比较有能力,且愿意接受领导意志的支配。然而村庄发展一旦围绕上级意志运行,村民的权利诉求就容易被忽视。基层领导的职权范围决定了他们需要重视统筹思考问题,使他们很难

---

① 〔美〕约翰·罗尔斯:《正义论》,何怀宏等译,中国社会科学出版社,1988,第4页。
② 李祖佩、钟涨宝:《分级处理与资源依赖——项目制基层实践中矛盾调处与秩序维持》,《中国农村观察》2015年第2期,第81页。

切实了解具体村庄的村民诉求。在该背景下,项目资金在村庄中的分配不能充分考虑民意,导致村民缺乏自治中的决策权,村民意识与上级意志就容易产生矛盾冲突。因为上级意志并不能一一涉及村庄的细碎小事,其决策的都是关乎各个家庭重大利益的大事,如征地拆迁、园区规划等,这些都容易因为分配不均或者村民诉求过多出现反复信访甚至闹访现象。

靠村集体经济盈利支撑发展的村庄,有的是具有区位优势,有的则是资源型村庄。村集体经济的发展增加了村庄的经济含量和利益剩余量,值得注意的是,一个有实力主导村庄发展并且能够在村集体经济建设上出谋划策的村级领导干部在此是不可或缺的。村干部主导村庄发展决定了事务解决的场域多局限于村庄内部,村民表达决策权的欲望就比前者强烈得多,诸如干群矛盾、村干部竞选过程中出现的矛盾等就表现更明显。

那些既运转项目又发展村庄集体经济的村庄往往财力可观,在发展过程中汇集了以上两种村庄可能出现的矛盾纠纷形式。但从更深入的进路讲,如何按照创新、协调、绿色、开放、共享的理念实现乡村振兴是其现阶段的矛盾纠结点,也是现代化村庄建设过程中正在积极探索的内容。

(三)利益分配方式未制度化是矛盾冲突的直接原因

分配型村庄在发展过程中不断积累剩余利益,但目前鲜少有村庄制定了明确的利益分配制度。因为利益分配而产生的矛盾冲突在村庄没有明确、成文的解决方案,这在很大程度上是受历史因素的影响。

农村集体经济组织产生于 20 世纪 50 年代的农业合作化运动,人民公社作为基层政权"政社合一"的组织形式,下设生产大队与生产队,生产队是最基本的核算单位。"基本核算单位及集体产权主体从公社所有到生产大队所有再到生产队所有不断下沉。"[①] 十一届三中全会后,农村家庭联产承包责任制在全国范围内逐步确立,同时为加快国内经济发展,城市化进程加速推进,先富带后富的发展理念将经济发展重心放在了城市,农村

---

① 项继权:《我国农地产权的法律主体与实践载体的变迁》,《华中农业大学学报》(社会科学版)2014 年第 1 期,第 5 页。

社会在举国经济建设中的功能地位不断弱化。1982年《宪法》将人民公社"政经合一"体制分立，设立乡人民政府和乡农业合作经济联合组织；将生产大队改设为行政村，成立村民自治组织，即村民委员会。从村民规约中也不难发现，村民自治组织多强调治理功能，很少提及其发展经济功能。

在该理念的持续推进下，城乡发展差距不断扩大，实现城乡一体化发展又成为当今社会发展趋势和实现人民共同富裕的必要选择。然而，如何增加农村集体经济组织收益？如何保障农民的发展权益？这些问题需要逐步解决。《中共中央 国务院关于稳步推进农村集体产权制度改革的意见》在2016年12月26日正式印发，该意见指出，将开展集体资产清产核资作为产权制度改革的先行行为，决定强化农村集体经济组织三资管理工作，并明确了农村集体经营性资产以股份或者份额形式量化到本集体成员，作为其参与集体收益分配的基本依据。

改革以试点先行方式落实实施方案，力争五年内完成股份合作制改革。就目前具体实践而言，农村集体经济组织成员权的确定标准仍然没有定论，农业合作社多为新型经营主体垄断，集体收益何时分配、如何分配都没有较为统一的标准。这就使得村民在村级利益争夺中没有行为准则指引，其矛盾纠纷的产生和化解也相应出现阻隔。

（四）干群矛盾关系加大了纠纷风险

分配型村庄内部因经济价值的凸显而出现村民群体分化，干群关系的对立将制度化的村民自治形态异化，极易滋生村级权力腐败。"村委会着手分析、解决矛盾时却发现自身处于一个行政渗透村民自治的结构性困局之中"[①]，此时如果村干部通过运行村级权力实施谋私行为，易使干群矛盾成为村庄结构性困局的发泄口，加剧了村庄矛盾风险程度。

村庄矛盾纠纷有细碎化的特征，东家长西家短的纷扰在村民日常生活

---

① 参见杜何琪《从工具到机制：农村协商民主的生长过程与局限——来自苏南某村庄的案例》，《中国农业大学学报》（社会科学版）2017年第4期，第86页。

中较为常见，但在没有集中利益冲突的情况下，大规模群体性纠纷产生的频率并不高。在村民群体出现干群对立的情况下，村干部的不当行为被共同生活空间中的村民观察者放大，在出现村委会成员私自占用村庄公共资源和村庄公共利益时，村级矛盾被最大限度地集中，将村庄内部矛盾纠纷彻底激化。

村干部的行为逻辑也不难理解，村级治理的一个重要特征就是具有极强的综合性，村干部作为村庄各类事务的负责人、操作者，有能力垄断其中的有用信息，这就为阶层分化、精英共谋的村集体提供了谋私空间。个体行为理论认为，人的行为是由动机决定的。与动员型村庄相比，分配型村庄剩余利益更多，其村干部谋私的动机也就越强烈。当村干部占用村庄公共资源和利益时，就容易引发群体性矛盾，即村民不但会在选举时提出抗议和弹劾，在平时更是反复举报。从村级矛盾风险防控角度来看，该种类型的干群矛盾关系无疑加大了矛盾纠纷风险程度。

四 分配型村庄矛盾纠纷的化解路径

分配型村庄的矛盾纠纷具有一定特殊性和复杂性，需要结合村庄的发展规律、矛盾纠纷的具体表现及其问题机制寻求应对性的纠纷化解路径。

（一）增加发展利益与重塑村庄正义并重

中国农民权益问题应该在发展中解决，从制度和市场等多角度为农民供给新的权益增量是解决农民权益问题的主要任务。村庄在发展中积累足量利益，才可以在利益公平分配过程中掌握更多的主动权，才可能有机会调整和应对分配过程中出现的各种矛盾和问题。改革开放四十余年的历史中，分配型村庄确实把工作重心放在发展经济上，忽视了社会转型过程中村庄正义观念的变迁和异化。

矛盾纠纷的本质是村民之间利益的冲突，增加利益总量尽管符合人们的趋利性诉求，也在相当长时间内麻痹了人们的价值观念。现阶段经济发展的势头日趋平稳，给人们留足了时间思考利益分配的公平机制，即分配型村庄中的村民也开始有了"不患寡而患不均"的心态和意识。但因为村庄意识形态转变受制于经济发展基础,传统乡土社会的正义观念在解决村庄矛盾纠纷时显示出一定滞后性。要有效解决村庄的矛盾纠纷,就要重塑村庄的正义观念。

重塑村庄正义观念可以从两个维度进行。一是从村庄内生规则中寻求适应性。村庄正义观念变迁是循序渐进的,并非在某一刻突然发生质变。村庄内生性规则对村民的价值观干预有长亦有短,在不可能将一套完美的正义观模板套用于所有村庄时,就需要从村庄传承的正义观中把适应今后发展的部分剥离出来,把跟不上时代潮流、相对陈腐的部分舍弃掉。具有适应性的那部分,正是这个村庄正义观的基础和主体。二是在村庄外来秩序中化解差异性。外来秩序夹杂着各种各样的价值观念冲击着村庄传统正义观,成为村庄正义观变化甚至变异的直接原因。内源性正义观与外来价值观在该过程中不断冲突而产生博弈、发生矛盾,这也是产生二者的社会结构不同导致的。为避免矛盾的持续,需要将外来秩序中的正义观念"本土化",结合本村实际情况化解其差异,以其更理性、更适应发展的取向解决村庄发展的问题与矛盾。

(二)贯彻共享可持续的村庄发展理念

分配正义的价值观可以化解村庄不同主体的矛盾冲突,对于整个村庄而言,其发展理念也与矛盾纠纷的产生密切相关。习近平总书记在十八届五中全会上提出了"创新、协调、绿色、开放、共享"五大新发展理念,在国务院深入推进新型城镇化建设电视电话会议作出的重要指示中,也强调"坚持以创新、协调、绿色、开放、共享的新发展理念为引领,促进中国特色新型城镇化持续健康发展"[①]。分配型村庄的发展不可能有悖顶层设计的制度理念,五大新发展理念在乡村振兴战略相关实施意见和文件中皆有所体现。

---

① 《习近平:坚持以创新、协调、绿色、开放、共享的发展理念为引领促进中国特色新型城镇化持续健康发展》,2016年2月24日,中国共产党新闻网,http://cpc.people.com.cn/n1/2016/0224/c64094-28144604.html。

就分配型村庄的发展历程和目前面临的问题而言,其状况并不容乐观,仍然需要进一步的探索和努力。受历史因素和发展环境影响,分配型村庄早期以消耗或置换村庄资源谋出路,利用区位优势,通过出租或者出卖村集体土地引进工厂实现"发家致富",也有一些村庄靠出售不可再生的自然资源增加村集体收益。一味依赖消耗自然资源不具有可持续性,不仅造成了村庄土地资源紧张、自然资源耗尽、生态环境恶化等问题,更面临村庄未来发展走向难题。基于此,分配型村庄要主动避免因耗尽资源逆向发展为动员型村庄,以此预防村庄矛盾纠纷的激化。

那么,共享可持续的发展理念如何在分配型村庄中贯彻呢?换言之,具体如何实施共享可持续的村庄发展理念呢?这里的可持续并不仅仅指经济可持续,也当然包含资源可持续、生态环境可持续、文化可持续和良性治理可持续等。首先,通过城乡一体化融合发展克服村庄内卷化。目前城乡资源流动呈现单向性,村庄资源外溢向城市,而城市资源下乡却不如理想中畅通。缩小城乡差距,保障资源双向流动,才能实现村庄可持续发展。其次,充分发挥市场在村庄发展中的作用。市场为村庄置换资源提供了平台,增加了村庄发展的能动性。村庄要重视国内国外两个市场,拓展村庄发展出路。再次,以多主体共建共享预防村庄内部资源耗尽。分配型村庄发展所依赖的内部资源一旦耗尽,就有可能逆向发展为动员型村庄,所以构建政府、新型经营主体、乡贤群体等主体与村民的共建共享共同体,有利于保障资源供给。最后,村集体要升级产业结构。逐步向绿色产能转化,发展智能化、信息化产业,同时因地制宜实现第一、二、三产业融合发展。

(三)落实农村集体产权股份分配制度

村庄经济发展能够增加集体利益总量,分配观念的重塑有利于减少价值冲突,但利益分配行为仍然需要成文的制度来保障。"我国以往的农村集体经济模式,其产权是不明晰的,所有权被虚置等问题突出。"[1] 为激发

---

[1] 许经勇:《论农村集体产权的股份制改革》,《学习论坛》2017年第3期,第35页。

农村经济发展的活力和农民生产的积极性，《中共中央　国务院关于稳步推进农村集体产权制度改革的意见》提出，要有序推进经营性资产股份合作制改革。政策层面的要求不论在实践中还是理论探讨中均与受众达成共识，明确了股份合作制作为村集体收益分配的基本依据，但股份制分配方式如何下沉到基层指导村集体具体实践仍要作进一步探究，而该任务在分配型村庄中的落实尤为迫切。股份制在村庄落实的几个重要环节需要注意。

第一，农村集体经济组织成员权问题。"'成员资格'是个体获得成员权利、分配集体利益的基础。"[1] 但就目前来看，农村集体经济组织法尚处于起草阶段，没有明确的立法文件提供判定农村集体经济组织成员的资格标准。在实践操作中，户籍仍然是决定成员权的主要标准，而集体决议、定居时间、买房买地、结婚嫁娶等也都可能成为村集体成员资格的构成要件。在乡村振兴背景下，越来越多的人财物资源下乡，自然就有人愿意再来农村中分一份制度红利，甚至国家事业单位的工作人员都主张在农村中享有集体成员权。在笔者看来，集体经济组织成员权的确定要考虑以下两个方面。一方面，要考虑农村集体经济组织的稳定性。农村集体经济组织并不像其他社团组织一样，其成员的稳定与地权的稳定相关联，地权作为国家安邦之本，其稳定性具有极为重要的意义。另一方面，要考虑到成员不能重复享有集体制度分红。一个村民加入一个村集体，必须以退出原集体组织为前提，同样，公务员或者事业编已经享受单位的工资与福利，不应再到农村集体中多分一杯羹，这也有违乡村振兴的初衷。

第二，村集体经济收益分配的标准问题。村集体经济组织的利益分配是按人分配还是按照农龄分配，学者们持有的观点不一。有学者就认为，"以'农龄'为股份设置的主要依据，较好体现了人与户的结合"[2]。但是，按人分配与以户为单位并不相斥，相比按照农龄分配，前者更加节省分配工作的成本，且更具有可操作性。

---

[1] 戴威：《农村集体经济组织成员资格制度研究》，《法商研究》2016年第6期，第83页。
[2] 方志权：《农村集体经济组织产权制度改革若干问题》，《中国农村经济》2014年第7期，第10页。

第三，收益分配程序的监管问题。在农村社会中，村务管理的监督组织是村务监督委员会，村集体经济组织与村民委员会的关系尚未探究清楚，能否以村务监督委员会监督农村集体经济组织就更难说明白，尤其是实践中村务监督委员会与村干部关系紧密，往往形成村庄精英共谋的局面。如果将农村集体经济组织的利益分配也置于村庄精英共谋的旋涡，则公平分配就会受到一定程度威胁。所以，充分利用村民委员会建设村集体经济组织的领导作用，完善村务民主监督的程序和要求，才可能保障收益分配程序的公正性。

（四）强化"三治融合"化解矛盾纠纷的体制机制

村庄的矛盾纠纷具有多样性和复杂性，然而村域范围内解决矛盾纠纷的资源、手段和方法也是多元的。党的十九大报告强调，要"加强农村基层基础工作，健全自治、法治、德治相结合的乡村治理体系"。因此，"三治融合"可以作为整合村庄资源来化解矛盾纠纷的可行手段。浙江省桐乡市高桥街道越丰村是"三治融合"基层治理模式的发源地，村庄通过"一约两会三团"[①]将自治、法治与德治力量集聚在基层，解决了从前村庄中久拖不决的问题和矛盾；湖北省宜都市也是该省"双基强化、三治融合"基层社会治理的试点，村庄以诚信档案为载体，将自治、法治和德治力量加诸该信用体系建设，充分动员了村庄中各种力量推进矛盾纠纷化解。"三治融合"已然从理论建设层面过渡到基层治理实践，但也不难发现，"三治融合"如果不能制度化，则很难发挥其功用。笔者在基层调研中发现，强化"三治融合"化解矛盾纠纷的体制机制需要遵循以下几点。

第一，发挥基层党组织的领导带头作用。"三治融合"既然在矛盾纠纷化解过程中发挥资源整合作用，那么制度落实到村之初就会存在动员问

[①] "一约"即村规民约，让村民参与制定、参与监督，以"村言村语"规范行为、传播文明新风；"两会"即百姓议事会和乡贤参事会，发挥乡贤、能人的感召力，协助村两委解决和协调村里事务，实现村社事务民事民议、民事民办、民事民管；"三团"即建立法律服务团、道德评判团、百事服务团，实现村里事情"大事一起干"、邻里矛盾"好坏大家判"、村民困难"事事有人管"。

题。以"三治融合"化解矛盾纠纷并不能一蹴而就,而是需要该方案的受众中有榜样带头接受,在实践中起带头作用的往往是党员。

第二,创新"三治融合"方式方法。"三治融合"该如何"融合"是理论和实践都值得探索的问题,虽然在理论中可以证成其合理性,但在实践操作中并不容易。自治、法治与德治的运行逻辑其实是不同的,它们能够整合在一起共同发挥作用,目前来看仍然有赖于村委会本身的综合职能。仅凭此不足以保障"三治融合"在矛盾纠纷化解中持续发挥作用,仍然需要探究更加多元的方式方法。

第三,因地制宜细化"三治融合"化解矛盾纠纷的制度体系。不同村庄的治理资源不一,"三治融合"在矛盾纠纷化解中因资源差异才会出现不同的制度体系。这也解释了为什么桐乡越丰村以"一约两会三团"方式整合化解矛盾纠纷的资源,而湖北宜都则用诚信档案解决矛盾纠纷。铁路横跨越丰村为其提供了补偿款,并就此通过农民搬迁获得了大面积住宅,吸引了大量的外来务工人员租住,村庄与城镇一体化程度较高。加之桐乡传统文化底蕴丰厚、村庄乡贤有能力者众,才会有如此多元的共治主体。就此而言,越丰村倾向于将周遭可用的治理资源吸收进一个可操作的制度中,帮助其化解村庄各种矛盾纠纷和问题,统筹"一约两会三团"的"三治融合"手段就巧妙发挥了作用。湖北宜都相比前者资源要单薄一些,且村民参与治理的主动性不高,所以用信用平台和诚信档案制度倒逼的办法才能保障"三治融合"在村庄实施。简言之,根据不同村庄的资源因地制宜建设"三治融合"化解矛盾纠纷体系是非常必要的。

五 结语

分配型村庄的矛盾纠纷与动员型村庄并不相同,在讨论该类型村庄纠纷化解时应当立足其本身的运行和治理逻辑,明确该类型村庄的发展方向。以利益分配为主要治理内容的村庄,其矛盾产生的根源就在于利益是否被公平分配,而矛盾类型也由于村庄发展理念差异而不同。但因分配型村庄的内生资源充足而具有足够的发展动力,使得可持续发展理念作为一种村庄共识成为解决矛盾纠纷的主要面向。相信在分配型村庄不断增加发展利益、制定好明确合理的利益分配制度并充分发挥"三治融合"在矛盾纠纷化解中的作用后,可以有效化解村庄发展中的矛盾冲突,推动乡村振兴,实现城乡协同发展。

·治理体系与治理能力·

基于"切实解决执行难"构建中国自主民事执行法学知识体系

唐国峰[*]

内容提要：党的十八届四中全会提出，要"切实解决执行难"，依法保障胜诉当事人及时实现权益。当前，人民法院执行工作已由"基本解决执行难"转入"切实解决执行难"的决战期。要如期完成这一艰巨任务，需要法律制度的不断完善和法治人才的源源输送。构建科学、自主的民事执行法学知识体系，有助于繁荣理论研究、完善执行立法、强化人才培养，能够促进执行工作高质量发展，是实现"切实解决执行难"的必然要求。然而，目前民事执行法学知识体系存在系统性研究阙如且理论与实践尚存偏差、强制执行法草案体例和内容尚有不足、执行实施和执行救济体系难以满足实践需求等问题。为此，应以习近平法治思想为指导、坚持与时俱进、遵循"切实解决执行难"的价值指引，厘清民事执行法学知识体系涵括，构建民事执行法学学科体系、学术体系和话语体系，并聚焦改进执行实施制度和执行救济制度。

关键词：解决执行难　民事执行法学　自主知识体系　民事强制执行法

目　次

一　引言
二　构建中国自主民事执行法学知识体系的现实呼唤
三　中国民事执行法学知识体系的现实图景
四　构建中国自主民事执行法学知识体系的原则遵循
五　构建中国自主民事执行法学知识体系的具体进路
六　结语

---

[*] 唐国峰，四川省成都市中级人民法院一级主任科员。

一　引言

最高人民法院在 2023 年 1 月 6 日举行的第二十二次全国法院工作会议上提出，努力实现到 2035 年"切实解决执行难"的目标。实际上，在法治中国建设背景下，"切实解决执行难"需要以完备的法律制度和充足的法治人才为保障，进而实现执行工作现代化。2023 年 2 月，中共中央办公厅、国务院办公厅印发的《关于加强新时代法学教育和法学理论研究的意见》（以下简称《法学教育和研究意见》）指出：法学理论研究承担着为法治中国建设提供科学理论支撑的光荣使命，应当加强立足中国国情、解决中国问题的法学理论研究，总结提炼中国特色社会主义法治具有标识性、原创性、主体性的概念、观点、理论，构建中国自主的法学知识体系。据此，要实现"切实解决执行难"目标，就需要构建具有自主性、原创性、科学性的民事执行法学知识体系，为民事执行工作高质量发展提供理论指引、制度支撑及人才保障。构建中国自主民事执行法学知识体系，有助于形成民事执行法学学科体系、学术体系和话语体系，助力繁荣民事执行法学理论和实务研究，促进民事执行立法完善，强化民事执行法治人才培养，从理论、立法和司法层面为民事执行工作提供强大支撑。因而，尽快构建中国自主民事执行法学知识体系是实现"切实解决执行难"的必然要求，该体系存在的价值落脚于"切实解决执行难"。学界目前对中国自主民事执行法学知识体系的研究寥寥无几，笔者立足系统思维，尝试以"原则遵循、整体设想、基本架构、核心打造"这一渐进式方法构建中国自主民事执行法学知识体系，以期为"切实解决执行难"提供学术智慧。

二　构建中国自主民事执行法学知识体系的现实呼唤

（一）推进中国式法治现代化的必然要求

1. 丰富中国式法治现代化的理论涵括

我国法治建设已经走出了自己的路径，但相关法学理论总结却迟迟没有跟上①。《法学教育和研究意见》的出台正当其时，为新时代法学理论研究指明了方向。观察现有民事执行法学体系，有很多理论研究和法律制度由西方引入，并不完全符合中国国情和实际。法学研究要想取得长足进步，必须根植本国法治实践。在长期的司法实践中，我国已形成了独具特色的民事执行法治路径，涌现了大量具有中国特色的民事执行法学理论、立法和实践经验。通过分析研判并剔除现行民事执行法学体系中一些"水土不服"的因素，找补现有体系中存在的不足，转而构建符合中国特色和执行实际的自主民事执行法学知识体系，有助于丰富中国式法治现代化的理论涵括。

2. 夯实中国式法治现代化的制度载体

伴随新时代新征程中国特色社会主义事业的不断发展，拓展和推进中国式法治现代化，必须坚持和不断完善中国特色社会主义国家制度与法律制度②。传承当前民事执行法学体系中适应我国国情的"精华"，抛弃不符合本土化要求的"糟粕"，构建并发展我国自主的民事执行法学知识体系，体现我国民事执行领域实际需求，确保民事执行法律制度体系构建与实际需求相契合，必将进一步夯实中国式法治现代化的制度载体建设。

3. 契合中国式法治现代化的根本立场

新时代新征程的中国式法治现代化的时代使命，就是坚持人民至上，把实现人民对美好生活的向往作为法治发展的基本立足点，切实维护和促进社会公平正义③。中国自主法学知识体系的构建需要人民群众的参与④，本质上就是人民群众的自主法学知识体系。构建中国自主的民事执行法学知识体系，确保相关理论研究能够立足我国法治实践，法律制度构建和实施能够更加贴合人民群众的利益，有利于更好满足人民群众的司法需求。

---

① 李帅：《法学研究与学科构建的中国路径——以我国经济法独立生成路径为切入点》，《毛泽东邓小平理论研究》2017年第12期。
② 公丕祥：《论中国式法治现代化的本质要求》，《法律科学》（西北政法大学学报）2023年第3期。
③ 公丕祥：《中国式法治现代化的鲜明特征》，《中国高校社会科学》2023年第2期。
④ 林华、夏江皓：《建构中国法学自主知识体系的原则与方法》，《社会科学》2023年第4期。

（二）推动人民法院执行工作高质量发展的迫切需要

1. 规范执行行为的需要

从各地法院公开的执行异议裁定书来看，执行行为违反法定程序、查冻措施缺乏精度准度、违规终结本次执行程序、惩戒措施力度超出应受罚行为等失范现象屡禁不止，损害了相关主体的合法权益，损害了执行领域公信力。构建中国自主民事执行法学知识体系，有利于完善法律制度和强化人才培养，既能从客观上使得规范执行有法可依，又能从主观上提高规范执行的能动性。

2. 加大执行力度的需要

执行到位率不高问题在各地法院较为普遍，如何加大执行力度，切实兑现胜诉当事人的权益，成为各地法院亟须解决的问题。构建中国自主民事执行法学知识体系，有利于丰富执行行为、方法研究，从国内及域外实践中发现和论证一些可复制、可推广的强制执行手段、措施，并通过补充立法确认其合法性、合理性，从而丰富多元化强制执行体系，切实加大执行力度，为提升执行实际到位率提供制度支持。

3. 保护各方权益的需要

执行程序中，既要保护申请执行人的合法权益，又不能忽视对被执行人和相关主体的保护，避免对其法益造成不当损害。执行救济制度近年来逐步受到业界重视并在立法上有所体现，如确立了执行异议及涉案外人执行异议之诉、追加执行主体异议之诉、分配方案异议之诉等制度，并出台了《最高人民法院关于在执行工作中进一步强化善意文明执行理念的意见》（以下简称《善意文明执行意见》）。然而，目前执行救济体系尚不完善、被执行人滥用异议权对抗执行盛行而应对乏力、善意文明执行理念的具体贯彻落实不理想，导致在平衡债权人与债务人的权利保障、兼顾公正与效率上出现了张力激增问题。构建中国自主民事执行法学知识体系，有助于完善执行救济理论和制度体系，从而更好地保障各方当事人的合法权益。

（三）培养高素质民事执行法治人才的关键手段

1. 民事执行领域急需高素质法治人才

实践中，我国民事执行法治领域面临人才短缺的困境。立法层面，目前我国民事执行法律法规非常零散，既有《民事诉讼法》中对执行程序的规定，又有数十个司法解释对执行程序各类问题的规定。繁杂的法律规定不仅没有全面回应执行活动的需求，反而出现了法律适用冲突、程序运行者制定程序规则等问题，这与立法技术不够先进相关，其根源之一便是立法人才缺失。司法层面，执行队伍整体素质不高在各地法院比较普遍[①]，而精通民事执行的律师亦显不足，直接影响了执行程序的有序推进。守法层面，由于民事执行领域法律顾问及合规管理人才缺失，广大企业的民事执行合规风险较大。

2. 构建民事执行法学知识体系能够促成学科体系建立

法律是一座大厦，法学学科应通过严谨分类的众多学科，用理性之光照亮法律大厦的每个房间、凹角、拐角[②]。然而，我国民事执行法学学科体系尚处于碎片化状态，并未确立民事执行法治人才的培养方案和目标，民事执行法学特色教材匮乏，仅有极个别法学院校开设了专门的民事执行法学课程，绝大多数法学院校将民事执行法学知识传授纳入民事诉讼法学课程项下，人才培养力度难以满足民事执行实践需求。知识体系是学科体系构建的基础，构建中国自主的民事执行法学知识体系，其内在意涵囊括了建立适应中国特色的民事执行法学学科体系。建立一套完整的民事执行法学学科体系，可以为民事执行法学提供一个系统性的研究框架，并为人才培养提供系统性的培养规划和知识框架。

3. 民事执行法学学科体系可以擎架民事执行法治人才培养

习近平总书记在视察中国政法大学时明确指出，法学学科体系建设对法治人才培养至关重要。建立民事执行法学学科体系，明确民事执行法治

---

① 参见最高人民法院执行局 2023 年 8 月 24 日发布的《关于新时代人民法院"执源治理"问题的调研报告》。
② 王利明、黄文艺：《论法学学科的发展规律和发展前景》，《大学与学科》2020 年第 1 期。

人才培养方案和目标，丰富民事执行法学特色教材和课程设置，并注重师资力量配备，有助于培养量多质优的具备民事执行专业知识和实践能力的法治人才。通过高质量民事执行法治人才参与立法起草、论证、修改和审议等活动，促进民事执行法律法规体系适应"切实解决执行难"的需要；通过培养更多精通民事执行法律知识的法官、律师等法律工作者，推动民事执行活动规范开展，及时化解执行程序中的疑难复杂问题，更好地保护各方合法权益；通过民事执行法治人才在企业中发挥合规管理作用，确保企业在民事执行活动中符合法律规定，防范潜在风险。

三 中国民事执行法学知识体系的现实图景

从已较为成熟的部门法学知识体系来看，通常由法学理论体系、法律制度体系、法治实践体系等方面组成。为系统构建我国自主民事执行法学知识体系，笔者从理论研究、立法和司法三个方面对当前民事执行法学知识体系进行梳理、观察，描绘现状并查找问题。

（一）法理型知识体系：体系化研究阙如且理论与实践尚存偏差

1. 分支领域研究较多而系统研究亟须加强

对于民事执行法学理论体系本身，早期有学者有所关注，史光灿等1993年在《执行法学初探》一文中指出，执行法学应该成为一个独立的部门法学，它是对执行立法与执行实践进行理论概括的科学。但整体上业界对民事执行法学的系统性研究极少，能够检索到的相关文献屈指可数。所幸，谭秋桂教授出版了专著《民事执行法学》，认为民事执行法学主要包括民事执行理论和民事执行程序制度两方面，并对民事执行的基本概念、基本原则、基本制度、执行程序、执行措施和执行救济等进行了详细阐述。董少谋教授所著《民事强制执行法学》对民事强制执行法原理与制度进行了系统阐述。党的二十大明确指出，要坚持系统观念，不断提高系统思维、创新思维和法治思维能力。鉴于该领域体系化研究极度缺乏的现状，为传承和发展民事执行法学的体系化研究，基于系统观念对构建中国自主民事执行法学知识体系展开研究确有现实意义。

虽对民事执行法学体系本身的研究极少，但业界对于该部门法学研究范畴项下涉及的一些基础概念、性质特征、基本原则以及对民事执行立法、实务、改革等下位范畴则有较多的理论研究。童兆洪先生认为，民事执行权是执行机关应权利人申请，根据执行依据强制义务人履行义务以实现权利人的民事权利，以及就有关事项作出裁决的司法强制权[①]。常怡等认为，民事强制执行是一种司法行政行为[②]。邱星美教授认为，我国民事强制执行法的基本原则包括人民法院依法独立执行原则、执行标的有限原则、执行效率原则、执行公正公开原则、协助执行原则[③]。肖建国教授认为，强制执行立法既要突出执行程序法的特殊性，又要观照其与民事审判同属于民事权利的司法救济，是司法权作用于民事诉讼领域所呈现的两种不同程序类型之本质[④]。江必新教授认为，解决执行难是一项系统性工程，需要整合各种社会资源，形成依法治理、源头治理、综合治理、系统治理、协同治理、专项治理等多元治理格局[⑤]。季卫东教授认为，决策者们应根据强制执行法的内容，结合"超当事人主义"与"超职权主义"纠结状态来重新思考"审执分离"改革的方式[⑥]。此外，针对民事执行基础理论、立法、实务、改革等问题，亦有不少专著问世。可见，业界对于民事执行领域不乏关注和探讨，但多是局部观察，体系性研究阙如。

从研究机构层面观察，中国法学会下设了中国行为法学会执行行为专业委员会、中国审判理论研究会执行专业委员会，就执行工作专门展开研究。例如，由中国行为法学会执行行为专业委员会主办的"中国执行论坛"已召开十一届，专门以执行工作的理论和实践问题为主题进行研讨。另外，民事执行程序作为民事诉讼程序的组成部分，中国民事诉讼法学研究会亦高度关注民事执行问题，如在2016年组织召开了针对民事执行理论

---

① 童兆洪：《民事执行权研究》，法律出版社，2004，第26页。
② 常怡、崔婕：《完善民事强制执行立法若干问题研究》，《中国法学》2000年第1期。
③ 邱星美：《我国强制执行立法基本原则之选择》，《宁夏社会科学》2013年第1期。
④ 肖建国：《强制执行法的两个基本问题》，《民事程序法研究》2016年第2期。
⑤ 江必新：《论国家治理现代化背景下执行难之破解》，《中国应用法学》2017年第2期。
⑥ 季卫东：《重新定位执行权》，《中国法律评论》2017年第3期。

与立法的专题研讨会。从地方来看,江苏致力于整合丰富的执行理论研究成果和司法实践经验,以江苏省高级人民法院和南京师范大学为依托单位,于 2022 年 11 月成立了全国首家省级执行法学研究会,在全国率先搭建起地方执行法学研究平台。但相较其他部门法学研究,各地民事执行法学研究明显滞后,缺乏研究民事执行工作的理论阵地,造成民事执行法学研究相对薄弱。总体而言,无论是中国法学会层面还是地方法学会层面,组织的专题研讨会尚未涉及民事执行法学知识体系构建的问题,实际上,尽快就该问题组织专题研讨已时不我待。

2. 理论研究对执行实务的支撑作用犹有不足

虽对民事执行法学具体内容有大量的学术研究和实务探讨,但结合我国"执行难"现状进行对比观察,理论研究对执行实务支撑和回应不足的问题长期存在,阻碍了民事执行工作发展。

首先,对于民事执行中部分实务问题,理论研究存在空白、盲区。比如,全国法院自上而下、由外至内都在呼吁善意文明执行,尤其是对企业采取执行措施时,应避免"死封""死扣",既要力争实现申请人的权益,又要兼顾企业的经营和发展,通过"柔性"司法让企业有出路。然而,如何把握"活封活扣"的尺度,如何掌握善意文明执行的标准,缺乏相应的具体操作指引。对此问题,业界的相关研究和关注明显不足,理论研究对立法、实践的良性指引作用尚未发挥。

其次,理论研究中存在的部分重大争议并未有效解决。理论研究中存在一些争议较大的问题,会直接影响执行立法、实务的走向,若得不到妥善化解,最终可能传导至"执行难"问题的有效解决。比如,自从立法嬗变后,关于执行员的法律规定所剩无几,引发了业界对执行员制度存废、执行员行权范围的巨大争议,导致执行员能否任免、如何行权在实务中做法不一。《民事强制执行法(草案)》①(以下简称《草案》)对此争议有所回应,立法者考虑到执行员作为一股重要的执行力量,在我国强制执行

---

① 《草案》虽于 2024 年 6 月终止审议,但鉴于"审执分离"模式尚未最终敲定,《草案》仍有重新启动审议的可能,即使"执行外分",《草案》内容仍对后续民事强制执行立法具有重要参考价值,故对《草案》体例和内容继续研讨仍有必要。

工作中发挥了重要作用，在《草案》第 10 条对执行员的法律主体地位给予了肯定。然而，该条款规定十分简陋，并未解决业界长期存在的执行员行权边界之争，如何行权若不明确，将大大减损执行员制度功效的发挥。目前，理论界虽对行权范围有所探讨，但现有研究并未给出执行员与执行法官各自具体如何行权的合理权力清单。对于执行员行权清单问题，亟待理论界作出答卷，为立法完善奠定基础。

最后，个别理论研究脱离了本土实际，纯属"空中楼阁"。继续以执行员制度为例，在比较法上看，执行员的身份主要是公务人员和市场化的职业人员两种，如法国以市场化的职业人员为主，瑞典则全是公务员[①]。近年来，学术界对市场化的执行员制度讨论较为热烈，有学者主张我国可引入市场化执行员制度。笔者对市场化的执行员制度持谨慎态度，目前该制度并不符合我国国情，贸然引入容易引发新的"执行乱"问题。强制执行权是私力救济向公力救济转化的产物，将公力救济事项过渡至市场化，在市场化薪酬的激励和竞争下存在较强的道德风险和廉政风险，现有监管手段也难以介入市场化后的部分"灰色地带"，不利于保障相关当事人的合法权益。因而，目前执行员的身份应定位为公务员编制或事业编制。

（二）立法型知识体系：单独立法已成共识但具体构建仍需探讨

党的十八届四中全会顺应时代发展需要，提出"切实解决执行难，制定强制执行法"。中央层面将出台强制执行法提上日程。关于立法方向问题，学界业已形成共识，呼吁尽快出台强制执行法[②]。但对于如何完善立法，业界研究焦点有所差异，有的是从具体措施、具体程序等微观角度展开修补式立法研究，而有的则是从立法体例、立法结构等宏观层面开展体系化立法研究。但无论是宏观构建还是微观观察，《草案》仍有诸多问题尚待破解。

---

① 参见陈杭平《比较法视野下的执行权配置模式研究——以解决"执行难"问题为中心》，《法学家》2018 年第 2 期。
② 2016 年 11 月 12 日，中国民事诉讼法学研究会 2016 年年会在西安举行，会议就民事执行制度进行了专题研讨，民事强制执行法需早日出台成为与会者的共识。

1. 结构性立法思维导向与《草案》问题评析

强制执行立法，首先要解决基本构造问题，对此学界出现了较大争议。江伟等认为，我国强制执行立法至少有三种模式可供选择，即"德日式构造"、以意大利为代表的"执行程序与执行措施并列式构造"、以瑞士为代表的"执行兼破产式构造"，"德日式构造"很好地处理了强制执行法与民法的外部关系，回应了民法上的请求权体系，厘清了执行程序与执行措施的内部位置，使二者均同时服务于执行请求权，这种构造天然地具有立法技术上的优势，因而我国强制执行法应当建立以执行请求权为经、以执行程序或执行措施为纬的体系①。王娣教授认为，结合本土情况，以意大利"总分结合式"的立法技术为基础，将执行程序的一般规定与执行措施分开安排，同时吸收秘鲁"并列式"及德日"混合式"立法技术的合理成分，显然是一种较为理想的方案②。

学者们更多是结合域外立法经验就我国强制执行法结构和体例提出建议，这些建议有可取之处，但并不一定完全符合我国实际需求。立足我国执行实践，笔者认为，目前《草案》采用"编章节"的体例和总分结构整体上合理，但部分内容存在体例不协调的问题。一是执行救济制度作为与执行实施制度并存的民事执行制度体系项下的两大支撑，在《草案》中作为总则编项下一个章节，仅有区区11条规定，其应有地位在立法中未能完全体现。二是执行和解制度是实质解纷的一种重要手段，在顶层设计和执行实务中长期居于重要地位，而在《草案》中仅有1个条款予以规定，不能起到足够的导向作用。三是执行担保制度是确保申请人权利兑现和让被执行人"得以喘息"的一种重要方式，广泛运用于执行活动中，在《草案》中仅有3个条款予以规定，且分散在执行程序一般规定、执行措施、保全执行三个部分，基础性规定仍不够完备，且缺乏统筹性。

2. 修补性立法思维导向与《草案》问题评析

相较立法体系研究而言，业界对于强制执行法具体内容的完善则有大

---

① 江伟、肖建国：《论我国强制执行法的基本构造》，《法学家》2001年第4期。
② 王娣：《我国强制执行立法体例与结构研究》，《法学评论》2014年第6期。

量的理论和实务研究，笔者仅就一些代表性观点、热议性讨论进行简要介绍。江必新教授认为，应当强化对消极执行的救济力度、细化执行异议事由、规定债务人异议之诉制度、对执行终结后相应的救济程序作出明确规定，并对涉执异议相关诉讼的当事人、管辖法院、审理范围、审理程序、判决效力等问题作出规定，以形成完善的执行救济制度；关于某些特殊财产转让的限制性或禁止性规定能否约束执行的问题，对其立法目的进行细化研究，明确这些规定能否约束执行①。史明洲教授认为，面对现代社会财富存在形式的隐私化、分散化、流动性特征，应对执行实施权进行重构，并投入增量的司法资源②。刘君博教授认为，对一般无形财产与"动产化"无形财产的执行立法应采取二元化的分编体例结构，同时对豁免财产和执行第三人协助执行制度进行重构③。孙超法官认为，对于财产变价程序的立法，应坚持网络拍卖优先以提高变价效率、规范变价程序以促使债权人利益及时实现、保障买受人地位的安定性以维护司法拍卖公定力、践行善意执行以兼顾债务人和利害关系人利益等基本理念④。王琦教授认为，可考虑赋予智能机器强制执行的主体地位，完善智能机器强制执行的程序规则，使强制执行立法适应智能化时代的司法需求⑤。

结合上述意见和笔者在执行工作中的感悟和反思，就《草案》具体规定而言，以下突出问题亟待加以重视。第一，立法前瞻性不足。随着数字时代到来，执行智能化进一步发展，现行立法已显得捉襟见肘，尤其对于智能机器强制执行的法律地位、程序规范等问题，《草案》并未给予回应。第二，部分改进措施过于保守。由于大量执行案件涌现⑥，目前责任财产

---

① 江必新：《论强制执行单行立法的若干问题——以〈民事诉讼法〉修订为背景》，《法律适用》2011年第9期。
② 史明洲：《执行财产调查程序的模式选择：为职权主义辩护》，《华东政法大学学报》2021年第2期。
③ 刘君博：《从"查封"到"诉讼"：无形财产执行的制度逻辑与立法选择》，《华东政法大学学报》2021年第2期。
④ 孙超：《民事执行中财产变价程序的立法理念与规则设计》，《山东法官培训学院学报》2021年第2期。
⑤ 王琦：《强制执行智能化对立法的挑战与回应》，《甘肃政法学院学报》2020年第1期。
⑥ 最高人民法院官网公布的数据显示，2018年全国法院首次执行案件收案5164651件，而2022年这一数据已增长至8511188件。

处置程序耗时普遍较长，严重影响了群众的司法公正感和获得感。为缓解人案矛盾、提高执行效率，可有条件赋予当事人自行处置财产的权利，提升财产处置效率和变现率。《草案》第118条赋予了被执行人一定的变现权利，但适用范围狭窄，仍过于保守，难以真正为法院减负、为兑现债权赋能。第三，个别条款与法治基本精神不符。《草案》第179条第2款规定："前款第三项规定的民事债权，按照查封财产的先后顺序受偿。"该款规定突破了实体法中债权平等性原则，与破产法规定的"普通债权按照比例分配"原则相悖。第四，存在程序环节条款缺漏。在强制管理章节中，无终结管理的相关规定，存在程序缺漏，需要增加终结强制管理的条款。

（三）司法型知识体系：执行实施体系和执行救济体系均需完善

执行权是人民法院依法享有的权力，包括执行实施权和执行审查权[①]。司法实践中，以执行实施权为核心的执行实施体系和以执行审查权为主导的执行救济体系构成了执行实践的两大体系。观察民事执行实践需求，这两大体系均有完善的空间和必要。

1. 执行实施体系实践问题检视

从执行权能来看，执行实施权主要包括对责任财产进行查控、处置、移交、分配以及对被执行人采取罚款、拘留措施等内容。审视执行实践，人民法院在行使执行实施权过程中，尚存诸多影响执行公正和效率的"堵点"。第一，执行队伍整体素质堪忧，行权不规范现象频发。各地法院执行队伍素质不高问题长期存在，造成执行乱现象"久治不愈"，加之现行法律对执行员法律定位不明朗，导致法官与执行员权责不清，加剧了执行乱象。第二，执行手段有限，执行威慑力不足。受人民法院权能不足影响，执行措施和手段有限，尤其是查物找人困难重重、惩治拒执办法不多，难以在诚信体系并不完善的背景下对被执行人造成足够威慑，导致"老赖泛滥"。第三，执行变现环节常遇阻力，应对措施乏力。在司法拍卖领域，伴随近年来房价总体上涨以及流量经济野蛮生长，出现了大量恶意

---

① 参见最高人民法院《关于执行权合理配置和科学运行的若干意见》第1条。

悔拍的情形，如被执行人为拖延执行与买受人恶意串通竞买财产后悔拍、竞买人为网络炒作博人眼球高价竞买后悔拍等，阻碍了执行程序正常推进，但对此类行为惩戒措施有限，司法公信力面临诘难。

2. 执行救济体系实践问题检视

执行救济体系以执行审查权和执行裁判权两项权能为支撑[①]。执行审查权的内容主要是处理执行异议、复议、申诉等审查事项，涵盖了程序性救济事项和部分实体性救济事项，是执行救济程序的主要构成部分。而以处理执行异议相关诉讼为核心的执行裁判权则构成了执行救济程序的另一重要部分。此外，执行救济体系还包括执行回转，因其适用较少，本文不作探讨。从实践需求来看，执行救济体系尚存以下问题亟须回应。一是实践需求暴露出现有制度设计存在盲区。对于生效裁判文书是否具有执行力以及是否发生执行力扩张的争议、对于债权人执行申请被驳回但涉及实体问题的争议，均属于应当通过诉讼程序来评判的实体性争议，但现行制度下救济渠道缺失，需尽快构建相应的诉讼途径。二是执行异议之诉标的种类繁杂，裁判制度供给不足。对于执行异议之诉的审理，更多的是程序性指引，伴随诉争标的种类、权利类型日益新颖、复杂，现有立法往往让裁判者感到无所适从。实体性立法明显无法满足该类案件审理的特殊需求，实践中时常出现同案不同判现象，有损司法公信力。三是现行执行异议、复议程序设计对执行程序产生了较多负面影响。在现有救济程序设置下，执行异议、复议几乎是"零门槛"，出现了大量当事人滥用异议权、复议权对抗执行或拖延执行而制裁措施缺乏的情况，并且对部分简易案件同样设置了冗长的救济程序，严重影响了执行进程，有损债权人的合法权益。

四 构建中国自主民事执行法学知识体系的原则遵循

（一）坚持以习近平法治思想为指导

习近平法治思想是中国特色社会主义法治实践和成就的科学总结，是

[①] 参见高明《错位与归位：审执分离改革中执行审查权的重构初探》，《法律适用》2017年第21期。

全面依法治国的根本遵循和行动指南,是引领法治中国建设在新时代实现更大发展的思想旗帜[①]。因而,在构建中国自主民事执行法学知识体系进路中,必须坚持习近平法治思想的根本立场和根本方法。习近平总书记深刻指出,要加强对我国法治原创性概念、判断、范畴、理论的研究,加强中国特色法学学科体系、学术体系、话语体系建设[②]。这一重要论述,为构建我国自主民事执行法学知识体系指明了原则和方向。

(二)面向现代化、世界和未来

构建中国自主民事执行法学知识体系,并非在自己的"一亩三分地"中自娱自乐,而是要怀揣包容和开放的心态与时俱进,去面向中国式现代化、去关注世界民事执行法学的发展趋势、去适应数字化社会的转型发展。中国式法治现代化是中国式现代化在法治领域的生动体现,对其历史进程、复杂现实及未来走向进行深入分析、作出科学总结,必将推动中国自主法学知识体系的形成和发展[③]。因而,中国自主民事执行法学知识体系应当建立在提炼民事执行法治进程规律性认识的基础上,融古通今,走向未来。习近平总书记指出,坚持从我国实际出发,不等于关起门来搞法治[④]。我们虽不能照搬西方理论,但也不能闭门造车,而是要取其精华、去其糟粕,借鉴引用适合我国国情的域外民事执行理论和制度。如前所述,民事执行法学发展必须要积极回应科技革命、信息革命带来的机遇和挑战,伴随智慧法院建设的深入推进,执行智能化的全方位构建也需乘势而上,科技赋能将成为"切实解决执行难"的重要突破口。

(三)遵循"切实解决执行难"的价值指引

首先,司法公正是"切实解决执行难"的基础。从民事执行权性质来

---

① 张文显:《习近平法治思想的基本精神和核心要义》,《东方法学》2021年第1期。
② 习近平:《坚持走中国特色社会主义法治道路 更好推进中国特色社会主义法治体系建设》,《求是》2022年第4期。
③ 张文显:《论建构中国自主法学知识体系》,《法学家》2023年第2期。
④ 习近平:《加快建设社会主义法治国家》,《求是》2015年第1期。

看，通说认为兼具司法权特征和行政权特征①。民事执行作为人民法院的一项强制性活动，具有浓厚的司法色彩。一切司法活动的进行必须秉持公平正义这项基本原则，民事执行工作亦然。由于"案多人少"矛盾突出，各地法院积压了大量执行案件需要推进，加之执行队伍素质问题堪忧，随即产生了选择性执行、为加快进程而忽视法定程序等问题，损害了当事人的合法权益。公正是法治的生命线，司法公正对社会公正具有重要引领作用②。执行程序是公平正义最后一道防线的最后环节，唯有坚持司法公正，方能在法治轨道上有序推进民事执行工作。其次，权利保障是"切实解决执行难"的方向。对公民权利的保障构成社会主义法治的基本原则，法律和司法机构的运行要切实保障人民的权利③。因而，在民事执行活动中，权利保障原则应当贯穿整个执行环节。在全力推动执行、尽快兑现申请人权益的同时，不可忽略对被执行人和相关案外人权利的保障。正如《善意文明执行意见》所言，执行工作会对各方当事人造成重大影响，人民法院要强化善意文明执行理念，保障各方当事人的合法权益。平等保障各方当事人权利，有利于实现法律效果和社会效果的有机统一，是实现公平正义的必然要求。再次，规范高效是"切实解决执行难"的手段。目前，在一些地区，执行难和执行乱问题仍然比较严峻，成为"切实解决执行难"的"重峦叠嶂"。针对执行难问题，追求高效自然是首要目标，而兼顾规范性，杜绝执行乱问题，亦是"切实解决执行难"的题中应有之义。为切实保障各方当事人的合法权益，实现公正与效率的有机融合，既要规范执行行为，又要提升执行效率，以兼顾执行质量与效率为进阶理念，推动民事执行工作高水平运行。最后，社会和谐是"切实解决执行难"的目标。执行不及时、不规范、不到位等问题在多数地区都是"顽瘴痼疾"。单就某件执行案件来看，可能只是对个别人产生不利影响，社会负面效应较小。

---

① 参见谭秋桂《民事执行权的配置方式与民事执行体制的构建》，《法律适用》2006年第Z1期。
② 参见《中共中央关于全面推进依法治国若干重大问题的决定》。
③ 杨春福：《保障公民权利——中国法治化进程的价值取向》，《中国法学》2002年第6期。

但从全国所有民事执行案件来看①，相关主体是一个极其庞大的社会群体，执行是否及时、规范、到位，直接影响到社会的和谐、稳定。因而，必须切实解决好执行难问题，理顺群众情绪，化解社会矛盾，推进和谐社会建设②。

综上，对于我国自主民事执行法学知识体系的构建，应当遵循"切实解决执行难"的价值指引，以坚持司法公正、权利保障、规范高效和社会和谐为基本理念和制度遵循。具体到制度构建上，对于执行实施程序而言，通常以效率作为其追求的首要价值，但鉴于目前执行乱现象在很多地区依然存在，制度构建方面亦应充分考虑规范性和公正性。为平等保护债权人、债务人和利害关系人，在执行立法中，要贯彻权利保障理念，赋予当事人应有的救济权利，更好地平衡不同价值追求的冲突。通过构建公正、维权、规范、高效的执行环境，切实保障社会和谐稳定。

五　构建中国自主民事执行法学知识体系的具体进路

（一）整体设想：为民事执行法学知识体系"画像"

鉴于我国民事执行法治发展由来已久，积累了大量的理论研究、立法和司法成果，业界理应将民事执行法学作为单独的部门法学来看待。参考其他部门法学的概念界定，民事执行法学可大致表述为以民事执行立法、民事执行实践等为研究对象的部门法学。民事执行法作为其中最重要的下位概念，可定义为围绕执行程序、执行实施及执行救济等制定的一系列法律法规。作为一个单独的部门法学，构建自主的法学知识体系毋庸赘言。

民事执行法学知识体系囊括了对民事执行立法和实务的理论研究、相关法律法规以及民事执行司法实践等内容。理论研究来自并服务于立法和司法，立法受理论研究指引并聚焦司法需求，司法实践是对理论研究和立

---

① 最高人民法院官网公布的数据显示，仅在 2022 年，全国法院以民事案件裁判文书作为执行依据的首次执行案件新收量便高达 7008703 件。
② 张云玲：《构建和谐社会必须解决民事执行难问题》，《湖南工程学院学报》2010 年第 1 期。

法的具体验证，三者相辅相成、相互融合，统一于民事执行法学知识体系。

中国特色法学学科体系、学术体系和话语体系作为中国特色法学体系的三个子体系，与构建中国自主法学知识体系相辅相成、相互作用，是提升理论研究、完善立法和优化司法的主要支撑。在民事执行领域，对这三大核心体系的构建和完善，当然是构建并充实中国自主民事执行法学知识体系的根本路径和主要内容。

(二) 基本框架：打造民事执行法学学科、学术及话语体系

1. 构筑民事执行法学学科体系

学科体系以知识体系存在为基础，其发展又将反哺知识体系的壮大。结合我国民事执行领域法治建设中的先进经验，建设中国特色的民事执行法学学科体系，推动民事执行法学知识体系创新发展。具体而言：立足实践需求，制定民事执行法治人才培养方案和目标；以具有中国特色的民事执行理论和法律制度为主导，适当借鉴国外执行理论和立法，编制具有自主性和科学性的民事执行法学特色教材；选择一些具有较强师资配置的法学院校率先开设民事执行法学课程，并伺机开展教学成果评估，根据评估结果再进一步完善课程设计和教材内容，待试点法学院校就民事执行法治人才培养机制逐步成型后，再行在全国法学院校铺开；注重培养高素质学科带头人、骨干教师和兼职教师，让实务部门的专家参与培养方案的制定和教学，打造一支理论功底深厚、熟悉执行工作的教师队伍。以科学的学科设计和充足的师资力量为保障，建立具有自主性和科学性的民事执行法学学科体系。

2. 活跃民事执行法学学术体系

伴随民事执行法学学科体系的不断完善，民事执行法学理论研究框架和制度框架将逐步成型，这为民事执行法学研究提供了更为宽广、更为系统的研究范畴，必然激发广大学者的研究热情。如前所述，学科体系的完善将促进民事执行法治人才的培养，一大批高质量法治人才的涌现，必将促进民事执行法学学术研究再上台阶。为提供更多研究平台，各省级法学

会以及有较丰富执行实践经验的一些副省级城市的法学会应当尽快组建执行法学研究会,带动各地积极开展民事执行法学研究。伴随学术研究的逐渐活跃,体系化理论研究不足、理论与实践存在偏差等问题都将迎刃而解,将进一步推动民事执行法学知识体系发展和创新。

3. 强化民事执行法学话语体系

在法学研究国际交流日益深入的背景下,由于法学院校、研究机构和专家学者大多忽视了自主民事执行法学知识体系的重要性,过多强调与国际接轨,导致中国特色的民事执行法学研究话语权不彰。然而,中国自主民事执行法学知识体系亟须构建,这对民事执行法学研究话语权的树立提出了更高要求。实际上,我国民事执行实践积累了大量法治经验,完全可以和西方法治平等对话。应立足我国执行实践展开理论研究,以理论研究支撑立法完善,尽快出台具有中国特色的民事强制执行法,形成体系化的执行实施制度和执行救济制度。具有中国元素的民事执行法律体系的完善过程,其实就是民事执行法学话语体系的构建过程,也是中国自主民事执行法学知识体系的构建过程。

(三)秉要执本:完善执行实施和执行救济法律制度

"法律是治国之重器,良法是善治之前提。"[①] 要想构筑学科体系、丰富学术体系、加强话语体系,其核心均落脚于法律制度体系的不断创新和趋于完备。立法的完善,既能解决实务需求,也能回应理论争议,是民事执行法学知识体系构建的"主心骨"。检视当下民事执行法律制度,无论是立法技术角度还是实践需求角度,均亟待对执行实施程序和执行救济程序进行立法完善,即在《草案》基础上进一步加以改进。从体例结构而言,如前文所述,应当对执行救济制度进行系统设计并独立成编,使救济制度与实施制度在体例上更为协调。对于执行和解、执行担保制度,需结合现行司法解释的规定,就基础性、导向性事项进行完善,作为单独一节予以规定,体现立法的引导作用。关于执行中具体的一些程序事项和措施

---

① 参见《中共中央关于全面推进依法治国若干重大问题的决定》。

方法，笔者有如下建议。

1. 完善执行实施法律制度

针对立法和实践检视中发现的执行实施问题及理论上亟须厘清的一些热点问题，《草案》还需积极回应。《草案》需对智能机器在执行程序中的主体地位予以明确，赋予其法律效力，并通过出台配套司法解释健全智能机器强制执行的程序规范，就其实施的财产查控、信用惩戒、事项委托等行为完善规则；对权力进行限制本身就可能出现新的权力滥用，因而对善意文明执行需进行制度性平衡，在倡导善意文明的同时，亦应明确适用它的一般标准，并建立相应的监督机制，避免执行人员以善意文明执行为幌子滥用裁量权，对此也可采取《草案》作基础性规定并辅以配套司法解释的方法；关于《草案》第10条第2款规定"拘留决定、罚款决定等依法应当由法官办理的重大事项不能由执行员办理"，对于"重大事项"的范围建议予以明确，为执行员和执行法官划清权力边界；因拘留、扣押的强制力度强于其他执行措施，相关组织和个人协助对该两项措施执行的力度也应强于其他协助内容，可将《草案》第72条第2项修改为"（二）查找被执行人、被拘传人，查找、控制被拘留人，但不得对被拘留人造成人身损害"，在《草案》第72条增加一项"查找、控制人民法院决定扣押的财产"；在《草案》第118条基础上，进一步扩大当事人自行处置财产的适用范围，在双方一致同意并经执行法院许可的情况下，可共同委托辅拍机构进行网络拍卖；建议在《草案》第124条增加一款，"有证据证明悔拍买受人可能存在恶意竞拍行为的，人民法院可以对买受人的身份、资金、通信等相关信息开展调查。经调查，买受人确有恶意竞拍妨碍执行的行为，可以参照本法第六十二条规定予以处罚"；在强制管理一节新增一条，"在债务已清偿、管理收益并无剩余等情形下，人民法院应将强制管理的财产返还被执行人，并终结强制管理"；建议将《草案》第179条第2款修改为"普通债权，原则上按照其占全部参与分配的债权数额的比例受偿"。

为使执行实施制度得以更好实施，配套工作不可或缺。各地法院应根据执行案件数量以及事务性工作集约外包情况，为执行局配备充足的法官、执行员和辅助人员，加强思想政治教育和业务培训，并设置科学有效的考评体系。考虑到《草案》明确赋予了执行员相应的法律地位，在进一步厘清执行员权责基础上，建议实行执行员单独职务序列管理，辅之以科学的考评机制和履职保障机制，真正打造一支权责清晰、履职有力的专业化执行员队伍。迎合数字社会发展，向科技借力，将区块链等技术深度融入执行工作，拓宽查物找人途径，提升财产处置效益，助力打击拒执有迹可循。提高辅助事务社会参与程度，在查找财产、处置财产、化解纠纷和综合事务等方面，积极引入社会力量参与，但在集约、分权的同时，亦需加强监督管理，注重统一调度。

2. 完善执行审查法律制度

完善执行审查制度的核心在于完善执行异议、复议制度。首先，针对目前"零门槛"导致滥提异议阻却执行泛滥的现象，建议增设收费制度，对执行行为异议案件和案外人异议案件分别设置收费标准，但为避免收费过高阻碍申请人正常行权，异议案件的收费标准应适当低于普通民事诉讼案件。同时，可参照虚假诉讼的惩治方法和标准，明确滥用异议权的认定标准及法律后果，构建针对当事人滥用异议权的惩治制度。

其次，执行异议、复议的程序设置虽能较好保障当事人救济权利，但亦出现了程序冗长影响执行效率的问题，因而需要深化"繁简分流"，将部分案件的审查周期缩短，减少执行异议程序对执行程序的负面效应。参考小额诉讼制度和四级法院审级职能定位改革的相关内容，可建立"三道并行"的异议审查程序，列举式规定一些简单案件或征得当事人同意的案件由执行法院一审终审，复杂、新型案件可由上级法院提级审查，普通案件则继续按照异议、复议程序处理。

此外，同样基于提高执行效率考虑，可赋予当事人对案外人异议前置程序的选择权，对于实体性争议较大的当事人，可以经双方一致同意后，共同向法院申请直接进入诉讼程序，因为此时无论案外人异议程序如何处理，总有一方会提起诉讼，案外人异议程序的过滤、分流功能已无用武之地。

3. 完善执行异议相关诉讼法律制度

从比较法视野来看，执行异议相关诉讼主要包括涉案外人执行异议之诉、债务人异议之诉、许可执行之诉、分配方案异议之诉四类诉讼。实践中，案外人异议审查标准与涉案外人异议之诉审理标准趋同，诉讼案件对案外人异议裁定维持率较高，为减少异议程序对执行程序的不利影响，建议以案外人异议审查结果为停止处分或者继续处分的判断标准，即对已在异议审查阶段得到支持的案外人，诉讼阶段以停止处分为原则，未得到支持的，诉讼阶段以继续处分为原则。我国债务人异议之诉制度目前处于残缺状态，但债务人异议之诉的设置和运作有相当数量和规模的实际需求，其立法构建不会加重"执行难""执行乱"，不会对"债权人中心主义"的落实造成妨碍，是处理执行程序中实体争议的更优途径[①]。《草案》第88条对此作出了回应，但是未和现行执行异议制度进行衔接，建议仍然实行"前置异议+诉讼"模式，通过前置程序过滤一些非必要的诉讼案件[②]。考虑到实体性争议宜交由诉讼程序处理，在驳回执行申请且涉及实体理由时，债权人应当有权将债务人作为被告向法院提起许可执行之诉[③]。此外，须完善实体性制度供给，尤其是明确实体权利排除执行的具体情形、认定标准，解决实务中法律适用分歧较大、同案不同判屡禁不止等问题。

六 结语

"凿井者，起于三寸之坎，以就万仞之深。"构建中国自主民事执行法学知识体系只是笔者研究民事执行法学的一个视角，通过系统思维关注民事执行法学知识体系的宏观框架以及内部的具体要素整合和完善。实际上，如何构建我国自主的民事执行法学知识体系，对于基础理论、框架设定、制度完善及要素关系等问题，都还有很多细节需要研究和改进。基于此，笔者尝试在此问题上有一定学术贡献，但更期望起到抛砖引玉之效，促使业界能够在这方面投入更多的研究和关注，提升研究水平和层次，为建立健全中国自主的民事执行法学知识体系提供法治智慧，为早日"切实解决执行难"构建学术支撑。

[①] 参见杜闻《构建我国债务人异议之诉的实证及学理分析》，《北外法学》2021年第1期。
[②] 参见王静《民事执行异议之诉问题研究》，《河南财经政法大学学报》2021年第4期。
[③] 参见张卫平《执行救济制度的体系化》，《中外法学》2019年第4期。

省级政府以行政规范性文件下放行政处罚权的合法性探析[*]

李柯青[**]

内容提要：《行政处罚法》第24条第1款的规定，是推进行政执法重心下移的重要举措，但由于各地差异而采取了较为灵活开放的授权方式，对行政处罚权下放的主体、形式、具体处罚权限都未作出明确规定，给予地方充分的实践空间。目前我国各省的实践样态大都是省级政府发布行政规范性文件下放行政处罚权，却引起了众多学者的批评，认为其存在合法性危机或缺陷。本文首先对行政处罚权下放的性质进行分析，驳斥了认为存在合法性危机的观点；其次，从法律解释的角度，论证省级政府作为下放行政处罚权主体的合法性与高效性；最后，从审查监督角度论述现阶段省级政府以行政规范性文件下放行政处罚权是最优解。

关键词：行政处罚法　行政处罚权下放　省级政府　行政规范性文件　合法性

目　次

一　问题的提出
二　行政处罚权下放的性质对下放主体与形式的影响
三　从法律解释角度看省级政府下放行政处罚权的合法性
四　从监督角度看省级政府行政规范性文件下放行政处罚权的合法性
五　结语

---

[*] 本文系重庆人文科技学院校级课题"重庆市优化营商环境的执法路径"（CRKRWSK2021023）以及政治与法律学院课题"乡镇层面获取行政处罚权方式研究"（2021-ZF-17）的阶段性成果。

[**] 李柯青，重庆人文科技学院讲师。

一 问题的提出

《行政处罚法》第 24 条第 1 款规定:"省、自治区、直辖市根据当地实际情况,可以决定将基层管理迫切需要的县级人民政府部门的行政处罚权交由能够有效承接的乡镇人民政府、街道办事处行使……"法律仅规定了行政处罚权的下放层级为省级即省、自治区、直辖市,并未对具体的下放的国家机关进行规定,因此,学界通说认为省级人大及其常委会或者省级政府均可成为行政处罚权的下放主体,省级人大及其常委会更优。与此同时,自 2020 年以来,北京、河南、浙江等地都以行政规范性文件形式,配合职权指导目录对乡镇政府、街道办事处下放行政处罚权,取得了较为良好的效果。这却遭到一些学者的批评,认为现阶段下放行政处罚权以省级人大及其常委会制定的省级地方性法规为最优解[①],省级政府制定地方政府规章为最优解[②]或次优项[③],认为省级政府的规范性文件下放存在一定合法性风险[④]。但本文认为,以省级政府行政规范性文件[⑤]下放行政处罚权是现阶段下放行政处罚权的最佳主体与形式,兼具合法性与高效性。我国行政处罚权下放情况见表 1。

---

① 张晓莹:《行政处罚的理论发展与实践进步——〈行政处罚法〉修改要点评析》,《经贸法律评论》2021 年第 3 期,第 27~36 页。
② 李洪雷:《论我国行政处罚制度的完善——兼评〈中华人民共和国行政处罚法(修订草案)〉》,《法商研究》2020 年第 6 期,第 31~37 页;江国华、卢宇博:《中国乡镇政府治理体系转型的立法回应》,《中南民族大学学报》(人文社会科学版)2021 年第 6 期,第 23~30 页。
③ 黄海华:《新行政处罚法的若干制度发展》,《中国法律评论》2021 年第 3 期,第 43~50 页。
④ 杨丹:《赋予乡镇政府行政处罚权的价值分析与法治路径》,《四川师范大学学报》(社会科学版)2021 年第 6 期,第 45~53 页。
⑤ 本文所指的行政规范性文件,是指除行政法规与规章外,行政机关制定与发布的具有普遍约束力的规范性文件。

表 1　我国行政处罚权下放一览

单位：项

省份	下放数量	承接主体	下放方式	下放形式	下放文件名称
浙江	684	乡镇和街道	授权	规范性文件	《浙江省人民政府办公厅关于推进乡镇（街道）综合行政执法工作的通知》
上海	423	乡镇和街道	授权	规范性文件	《上海市街道办事处乡镇人民政府首批行政执法事项目录清单》
江苏	369	乡镇和街道	授权	规范性文件	《江苏省乡镇（街道）法定权力事项清单通用目录》
吉林	225	经济发达镇	授权	规范性文件	《吉林省人民政府关于赋予乡镇人民政府、街道办事处部分行政处罚权的决定》
甘肃	215	乡镇和街道	授权	规范性文件	《甘肃省赋予乡镇和街道部分县级经济社会管理权限指导目录》
河南	185	经济发达镇	授权	规范性文件	《河南省人民政府关于向镇（街道）放权赋能改革方案》
内蒙古	99	乡镇和街道	授权	地方性法规	《内蒙古自治区基层综合行政执法条例》
福建	77	经济发达镇	授权	规范性文件	《福建省人民政府关于赋予乡镇人民政府、街道办事处部分行政处罚权的决定》
四川	55	乡镇或街道	授权	规范性文件	《四川省赋予乡镇（街道）县级行政权力事项指导目录》
黑龙江	39	乡镇和街道	授权	规范性文件	《黑龙江省人民政府关于在基层开展相对集中行政处罚权和行政许可权工作的决定》
北京	431	乡镇和街道	授权	规范性文件	《北京市人民政府关于向街道办事处和乡镇人民政府下放部分行政执法职权并实行综合执法的决定》
广东	325	经济发达镇	授权	规范性文件	《广东省人民政府关于乡镇街道综合行政执法的公告》
陕西	161	经济发达镇	委托	规范性文件	《关于市县两级综合执法机构整合和人员划转以及乡镇（街道）执法机构设置有关事项通知》
山西	55	乡镇和街道	授权	规范性文件	《山西省人民政府关于向乡镇人民政府和街道办事处下放部分行政执法职权的决定》

二 行政处罚权下放的性质对下放主体与形式的影响

以省级政府行政规范性文件的形式下放行政处罚权,所遭受的最大合法性危机在于,有众多学者认为行政处罚权下放的法律依据不足。陈明辉教授认为,《行政处罚法》第 24 条规定行政处罚权可以下放,但由此带来两大问题:第一,第 24 条不足以成为政府全面下放行政执法权的依据;第二,不能成为其他种类行政执法权下放的依据①。卢护锋教授指出,行政处罚权的下移已经超越执法权内部优化的范畴,它使不具有主管职能的组织获得了主管特定行政事务的权力,是行政执法制度体系的一般性规则,修改地方组织法关于乡镇政府和街道办事处的规定并确认其行政执法主体资格,是解决下放执法权合法性问题的最佳途径②。叶必丰教授也认为,仅凭第 24 条的规定就下放行政处罚权在法律依据上有所欠缺,但需要修改的并非行政组织法,而是应当修改行为法上的"县级以上"的级别规定,为行政处罚权下放提供全面的法律支撑③。

本文认为,下放行政处罚权并不存在合法性危机。哪怕存在合法性危机,不论是修改行政行为法还是行政组织法都不是解决问题的最佳途径。这是因为,在各地的基层执法改革过程中,如北京、江苏、浙江等地,为响应国家基层执法体制改革的要求,自 2017 年起,已陆续通过地方性法规或政府规章授权乡镇政府或街道办事处行使某些必要的行政执法权,并在此次行政执法权下放的权责清单中再次予以明确,因此纠缠于乡镇政府、街道办事处是否具有行政执法资格意义不大。再者,基本涉及全部行政行为法的"县级以上""XX 主管部门"及其类似表述,就是行政行为法对县级以上行政执法机关赋予行政执法权的方式,逐一识别并修改这些表述,

---

① 陈明辉:《行政执法权下放的地方实践及其法治优化》,《行政法学研究》2023 年第 3 期,第 119~129 页。
② 卢护锋:《行政执法权重心下移的制度逻辑及其理论展开》,《行政法学研究》2020 年第 5 期,第 13~21 页。
③ 叶必丰:《执法权下沉到底的法律回应》,《法学评论》2021 年第 3 期,第 18~27 页。

由于工作量太大而不具现实可操作性。

因此，要想解决乡镇政府街道办事处行使行政执法权的合法性危机，最佳途径是按照2021年《行政处罚法》第24条的立法思路，在《行政许可法》和《行政强制法》中增加下放权力的原则性条款，但该思路仍然存在涉及行政权较少而不能囊括全部执法权权限的问题，因此解决该问题的根本途径就是在未来编撰的行政法法典总则部分规定下放行政执法权原则性条款，即由省、自治区、直辖市决定行政执法权下放与否，标准依旧是当地实际情况、基层管理迫切需要、能够有效承接，以彻底解决行政执法权下放的合法性危机。

（一）行政处罚权下放的性质对下放主体的影响

行政处罚权下放的性质将对行政处罚权下放的主体与形式产生决定性影响。笔者认为，行政处罚权的下放属于在国家法制统一框架下对纵向行政权的优化重组，即省级政府在其行政区划范围内对行政处罚权的纵向再配置。

根据凯尔森的理论，良好的社会秩序取决于法律系统本身的有机统一，以及依法建立的国家机关相互之间关系的和谐秩序[①]。乡镇政府、街道办事处的行政执法权在行政组织法与行政行为法上的割裂与矛盾，不仅是我国"法制统一的一个痛点"[②]，也是众多学者认为需要修改行政组织法或行政行为法以补足行政处罚权下放合法性的根本原因。从宪法与行政组织法的相关规定来看，乡镇政府的行政权力与上级政府相差不大，是一级拥有完整行政权的政府[③]。但从行政行为法来看，乡镇政府缺少行政执法资格，这主要源自行政行为法对其的控制，如依据《行政处罚法》第23条的规定，乡镇人民政府因为不满足级别要件（县级以上）而无法成为独

---

① 〔奥〕凯尔森：《法与国家的一般理论》，沈宗灵译，中国大百科全书出版社，1996，第22页。
② 叶必丰：《执法权下沉到底的法律回应》，《法学评论》2021年第3期，第18~27页。
③ 吕健俊、陈柏峰：《基层权责失衡的制度成因与组织调适》，《求实》2021年第4期，第21~40页。

立的行政处罚领域的执法主体。此外，其具体的行政职权基本已依据分工管理的基本原则被行政单行法律法规架空，如《食品安全法》第7条的规定。

为解决国家法制之间的冲突，《行政处罚法》在相关的行政法律体系中作出了前瞻性探索，如《行政处罚法》第18条用以解决同级行政机关横向行政权限分配交叉或空白所导致的多头执法或选择性执法难题，对《行政处罚法》第24条的规定具有双重法律意涵。第一，该条款是对第23条级别管辖的例外规定。因为这两个条款均规定在第四章"行政处罚的管辖与适用"中，第23条前半句规定县级以上人民政府具有行政处罚权的行政机关原则上有行政处罚的管辖权，但后半句也规定了"法律、行政法规另有规定的从其规定"的例外。第24条即第23条后半句规定的例外情况的细化，并由此确立了省级人大及其常委会或政府对行政处罚权级别管辖的例外设定权。第二，第24条关于级别管辖例外设定权的规定，是用以解决乡镇政府、街道办事处"看得见的管不着""执法即违法"的困境，即行政机关纵向之间行政职权分配不均问题，性质（本质）是对区县行政机关与乡镇政府、街道办事处行政处罚权的纵向重新配置。

我国宪法将行政权从整体上定位为执行国家权力机关意志的执行性权力，且对其依据不同的行政层级作出了层次不同但权限大致相同的规定。《宪法》第85条、第105条规定国务院及地方政府是国家权力机关的执行机关，是国家行政机关。第89条规定，国务院统一领导全国地方各级国家行政机关的工作。第107条规定，县级以上人民政府有权管理本行政区域内的各项行政工作，发布决定和命令及其他必要权力，乡镇政府管理本行政区域内的行政工作并执行本级人民代表大会的决议和上级国家行政机关的决定和命令。

由此可见，我国宪法和组织法将行政权赋予了各级政府[①]，并没有赋予作为政府组成部门的行政机关，行政机关的权限来自行政行为法的授

---

① 李小萍：《街道办事处实施行政处罚的司法审查：逻辑与路径》，《江西社会科学》2021年第12期，第169~178页。

权,但"宪法与组织法是决定行政权归属的基本法律依据"①,所以,行政组织法与行政行为法关于乡镇政府、街道办事处对于行政执法权的矛盾,应以宪法与行政组织法的规定标准,承认乡镇政府、街道办事处的行政主体资格,对其下放行政处罚权,是对其原本就应享有的行政执法权的回归而非重新授予。张晓莹也认为《行政处罚法》第 24 条实质是明确乡镇政府以及街道办事处的行政处罚主体地位②。

依据宪法的基本原理,上级的权限一般包容下级的权限③,上级行政机关一般对下级行政机关的行政处罚案件具有管辖权④,依据宪法与行政组织法的相关规定,在省级范围内,所有的行政权原则上都属于省级人民政府,政府是具体执法部门行政权力的源头⑤,各级政府的职能部门是政府的执行机构。因此,依据《行政处罚法》第 24 条第 1 款的规定,省级政府下放区县行政机关行政处罚权给乡镇政府、街道办事处的行为本身就是对其所享有的行政权的处分,兼顾合法性与合宪性。

此外,根据《宪法》第 89 条规定,国务院统一领导全国地方各级国家行政机关的工作,具体规定中央和省级国家行政机关行政职权的划分,这表明我国行政权的纵向分配是一种不同于"立法分权模式"的"行政分权模式"⑥,即由国务院决定中央与省级政府间行政权的分配。同理,应由省级政府决定本行政区划内区县行政机关与乡镇政府、街道办事处的行政职权划分,合法且高效。

(二)行政处罚权下放的性质对下放形式的影响

《行政处罚法》第 24 条未明确行政处罚权下放主体与形式,上文已论

---

① 王敬波:《面向整体政府的改革与行政主体理论的重塑》,《中国社会科学》2020 年第 7 期,第 107~122 页。
② 张晓莹:《守正与创新:行政处罚制度的三点扩容》,《民主与法制》2021 年第 28 期,第 23~31 页。
③ 胡建淼:《行政法学》,法律出版社,1998,第 229 页。
④ 姜明安:《行政法》,北京大学出版社,2017,第 350~351 页。
⑤ 〔德〕马克斯·韦伯:《经济与社会》(第二卷),阎克文译,世纪出版集团、上海人民出版社,2010,第 1095 页。
⑥ 〔日〕盐野宏:《行政组织法》,杨建顺译,北京大学出版社,2008,第 29 页。

述省级政府成为行政处罚权下放主体的合法性与高效性。目前行政处罚权下放的形式均为省级政府公布行政规范性文件（除内蒙古外），具体而言，是通过权责清单①的形式打包下放含行政处罚权在内的行政执法权，这种形式有地方性法规或地方政府规章不可比拟的优势。

第一，省级地方性法规或地方政府规章作为效力层级较高的法律文件，不宜频繁修改调整，会破坏安定的法秩序与法律的权威。根据《立法法》第82条，省级、设区的市政府有权制定地方政府规章，属于立法活动，因其制定程序较为复杂导致其制定、修改、废止的周期都较长，内容强调普遍适用性与高度稳定性，但现今正处于行政处罚权下放的探索阶段。应松年等也认为，从全国的情况来看，由街乡执法的情况只占一小部分，大部分乡镇、街道由于条件限制不宜赋予其执法权②。因此，现阶段执法实践尚不足以成熟到制定地方性法规或规章。此外，若以该形式对行政处罚权进行下放也不足以满足《行政处罚法》第24条中"根据当地实际情况""基层管理迫切需要的""有效承接的"这些需要特别判断、裁量的有强烈价值属性的行政处罚事项范围，也无法满足其中蕴含的行政高效性要求。

第二，"现代官僚社会的基本特征之一就是规则的制定。"③ 根据《国务院办公厅关于加强行政规范性文件制定和监督管理工作的通知》与各省份对（行政）规范性文件管理规定（办法）的规定，行政规范性文件相较于地方性法规或地方政府规章的制定程序较为简单，一般经过"评估、征求意见、审核合法性、决定、公布"即可，并特别强调公开征求意见与及时公布。通过这两个基本程序，可以增强公共参与，以行政过程的民主性补强行政合法性。依据现代宪法的基本原理，政府的权力源自人民的授予，行政权的行使只有回应人民的意愿，其合法性才能获得认可④。下放

---

① 直接发布成为下放依据或以附件形式存在。
② 应松年、张晓莹：《〈行政处罚法〉二十四年：回望与前瞻》，《国家检察官学院学报》2020年第5期，第3~18页。
③ 〔英〕卡罗尔·哈洛、〔英〕理查德·罗林斯：《法律与行政》，杨伟东等译，商务印书馆，2004，第300页。
④ 章剑生：《现代行政法总论》（第2版），法律出版社，2019，第18页。

行政处罚权，正是回应群众高效解决基层执法事务的意愿，推进基层行政机关权责一致的表现①，其合法性因其民众意愿回应性与行政过程民主性而得以获取。因此，"无需刻意追求规范性文件的高效力位阶，而应以适度开放的心态处理'处罚权交由事务'"②。考虑到各省份对（行政）规范性文件管理规定（办法）的规定，行政规范性文件一般存续期为3~5年，最长不能超过10年，加之我国现在正处于行政处罚权下放的探索阶段，行政处罚权下放至乡镇政府或街道办事处并非终局性规定，若在行政处罚权下放过程中发现下放后具体执法效果无法达到预期或下放决定（权限指导目录）规定存在不合理之处，省级政府可以依据相关规定，对行政规范性文件的内容合法性、合理性、操作性与具体实施效果综合进行分析并形成报告③，依据报告及时修改或废止相关规定；省级政府可以据此积极履行修改与调整义务，承认行政处罚权下放的具体内容存在可选择性与可改善性的空间④（见表2）。

表2 各省份（行政）规范性文件管理规定（办法）一览

省份	文件名称
浙江	《浙江省行政规范性文件管理办法》
上海	《上海市行政规范性文件管理规定》
江苏	《江苏省行政规范性文件管理规定》
湖北	《湖北省行政规范性文件管理规定》
甘肃	《甘肃省行政规范性文件管理办法》
贵州	《贵州省行政规范性文件制定和监督管理规定》
安徽	《安徽省行政机关规范性文件制定程序规定》
四川	《四川省行政规范性文件管理办法》

---

① 王春业：《论权力清单制度对行政权的控制与规范》，《福建行政学院学报》2014年第6期，第36~42页。
② 秦前红、陈芳瑾：《"行政处罚权交由"的规范阐释——基于〈行政处罚法〉第24条第1款之展开》，《法治研究》2022年第3期，第55~65页。
③ 参见《广东省行政规范性文件管理规定》第33、35条的规定。
④ 胡弘弘、靳海婷：《我国暂行法的立法学考察：主体、程序、时效》，《法学论坛》2019年第3期，第45~52页。

续表

省份	文件名称
湖南	《湖南省行政规范性文件管理规定》
山西	《山西省行政规范性文件制定与监督管理办法》
广东	《广东省行政规范性文件管理规定》
江西	《江西省行政规范性文件管理办法》
重庆	《重庆市行政规范性文件管理办法》
天津	《天津市行政规范性文件管理规定》
陕西	《陕西省行政规范性文件制定和监督管理办法》
河北	《河北省规范性文件管理办法》
河南	《河南省行政规范性文件管理办法》

在日益复杂的现代社会，政府通过制定行政规范性文件进行管理已经成为现代政府的一项最重要职能，相较于地方政府规章或地方性法规，以行政规范性文件方式下放行政处罚权，程序更为简洁高效，及时调整修改行政处罚权下放的具体职权内容也更为简便，可以更好地适应正处于行政处罚权下放探索阶段的基本现状。

三 从法律解释角度看省级政府下放行政处罚权的合法性

借助作为媒介的解释，解释者可以使有疑问的文本具有可理解性[1]。实践是法律的生命，立法者采取开放包容的立法方式对行政处罚权下放进行规定，按后现代法学和现实主义法学的观点，伴随着社会经济生活的高速发展，人类对于未来生活的不确定性因素不断增长，法律文本为适应这一趋势，将更多使用不确定的法律概念或有意识地模糊法律的具体含义，以不确定性适应、对抗不确定性[2]。因此，对法律文本的解释是适用法律

---

[1] 〔德〕卡尔·拉伦茨：《法学方法论》（全本·第六版），黄家镇译，商务印书馆，2020，第359页。

[2] 米婷：《法律不确定性及其补偿机制》，《西部法学评论》2020年第5期，第24~36页。

的前提和保障。

(一) 目的解释：推动"下放+集中"式执法重心下移

尽管自法律文本诞生之日起立法者就不能垄断对文本的解释，但立法者本身作为一种话语实践的符号，成为理解文本理论和观念的一个权威来源[①]。张桂龙[②]在接受集体采访时介绍，第24条的设立目的有三个：第一，贯彻党中央推进行政执法权限向基层延伸的改革要求；第二，推动街乡相对集中行使行政处罚权；第三，明确街乡行政处罚的主体地位，以推动执法重心下移[③]。当出现法律空白时，正义的目的本身就是法源[④]。

2017年《行政处罚法》第16条明确规定，国务院或经国务院授权的省级人民政府可以决定相对集中行使行政处罚权。本次修法删除了"经国务院授权"，省级政府可自行决定。结合第24条的规定可以发现，由省级人民政府决定下放行政处罚权更适宜，因为两者大致是同步进行的。2020年《北京市人民政府关于向街乡下放部分行政执法职权并实行综合执法的决定》有两大重点内容：第一，依据《行政处罚法》第24条的规定，将如市容环境卫生管理等方面行政处罚权下放；第二，强调在街道办事处和乡镇人民政府"实行综合执法""相对集中行使行政执法权"，依据《行政强制法》第17条的规定[⑤]，同步下放相关的行政强制权，以及必需的行政检查权等权力，提供行政职权性保障。同样采取"下放+集中"模式的还有天津等地[⑥]。

[①] 苏力：《解释的难题：对几种法律文本解释方法的追问》，《中国社会科学》1997年第4期，第18~30页。

[②] 全国人大常委会法工委行政法室一级巡视员。

[③] 《行政处罚法主要修改内容》，中国人大网，http://www.npc.gov.cn/npc/c30834/202102/e4dca001adea4d27afb27d0d9637382a.shtml。

[④] 陈金钊：《目的解释方法及其意义》，《法律科学》（西北政法学院学报）2004年第5期，第36~44页。

[⑤] 《行政强制法》第17条规定："依据《行政处罚法》的规定行使相对集中行政处罚权的行政机关，可以实施法律、法规规定的与行政处罚权有关的行政强制措施。"

[⑥] 《天津市街道综合执法暂行办法》第7条规定，"街道办事处可以集中行使下列行政处罚权，并可以实施与之有关的行政强制措施"。

"法律适用的困难主要在解释上，重点在探求规范意旨。"① 除京津外，现阶段有多地（如浙江、广东等地方）为努力响应国家深化行政执法体制改革号召，提高行政效能，对街乡下放行政处罚权并实施综合执法是同步进行的，多出现在同一文件中（见表1），既然相对集中行使行政处罚权的决定权被赋予省级人民政府，那么省级政府就是现阶段最为合适的下放行政处罚权的主体。

（二）体系解释：省级政府作为下放主体有利于提高行政效率

体系解释立足于整个法律框架，强调法律条文或法律规范相互联系而非孤立存在，并且其外部法律条文的表现形式与其内在的核心价值内核呈现高度一致性②。"对单个规则的解释应当产生这样的效果，即单个规则借此可以与立法的整体两相契合，从而得到更好的理解。整体的构建不是此处的任务，而是'体系'部分的任务。然而，假如没有整体，势必难以理解各个具体部分，因此必须将其与整体联系起来进行考察。"③《行政处罚法》第24条明确规定，行政处罚权下放后要"定期组织评估"，并且评估主体实践均为各地政府，如南京市政府设立了一套以精密数学模型论证街乡承接行政处罚权的运行情况，北京市建立了一套完整的公众意见反馈流程，以大数据综合分析评价街乡承接行政处罚权的具体情况。因此，同属于行政系统的省级政府作为行政处罚权的下放主体符合基本的行政效能原则④。

法律解释应当考虑如语境、上下文、意义脉络和法律内在价值秩序等体系性因素，并在存在多种解释可能时选择能够与其语境、意义脉络和内

---

① 陈金钊：《体系思维及体系解释的四重境界》，《国家检察官学院学报》2020年第4期，第66~82页。
② 陈金钊：《法律解释规则及其运用研究（下）——法律解释规则运用所遇到的难题》，《政法论丛》2013年第5期，第78~85页。
③〔德〕萨维尼、〔德〕格林：《萨维尼法学方法论讲义与格林笔记》，杨代雄译，法律出版社，2008，第88页。
④ 沈岿：《论行政法上的效能原则》，《清华法学》2019年第4期，第11~20页。

在价值秩序相符的解释,以维护(创造)整体法律作为体系的统一性①。结合《行政处罚法》第24条第3款的规定②,因下放后的评估、业务指导以及监督等事项的实施主体是政府及其相关部门,法律解释应该尊重内在体系融贯③,应由省级政府决定下放行政处罚权,形成"(省级)政府下放—(市、县级)政府评估—(县级)政府指导监督—发现问题随时调整"有层次且融贯的行政处罚权下放基本模式与流程,不仅可以保证法律条文之间的契合度,而且还可提高行政效率。

(三)历史解释:历次基层行政执法改革成果的规范化

"历史的过程是行动的过程,具有由思想过程构成的内在方面。"④ "恰当理解文本第一步是理解文本的产生。"⑤ 2016年,《关于深入推进经济发达镇行政管理体制改革的指导意见》提出,省(自治区、直辖市)政府可以将某些县级管理权限含行政处罚等赋予经济发达镇。2018年《中共中央关于深化党和国家机构改革的决定》明确提出,推动治理重心下移,保证基层事情基层办、基层权力给基层。2019年《中共中央关于坚持和完善中国特色社会主义制度 推进国家治理体系和治理能力现代化若干重大问题的决定》指出,要推动综合执法与执法重心下移。为落实"重大改革于法有据",新修订的《行政处罚法》将近年来行政执法体制改革的经验上升为法律制度⑥,特别是行政处罚权下放乡镇街道的改革经验。本次修法并未严格限定行政处罚权的下放主体、形式、具体处罚权限等诸多内容,采

---

① 〔德〕哈特穆特·毛雷尔:《行政法学总论》,高家伟译,法律出版社,2000,第516页。
② 《行政处罚法》第24条第3款规定:"有关地方人民政府及其部门应当加强组织协调、业务指导、执法监督,建立健全行政处罚协调配合机制,完善评议、考核制度。"
③ 唐忠民、温泽彬:《关于"公共利益"的界定模式》,《现代法学》2006年第5期,第95~103页。
④ 〔英〕R.G.柯林武德:《历史的观念》,何兆武、张文杰译,中国社会科学出版社,1986,第22页。
⑤ 王云清:《立法背景资料在法律解释中的功能与地位——英美的司法实践及其对中国的镜鉴》,《法学家》2019年第1期,第73~75页。
⑥ 马怀德:《〈行政处罚法〉修改中的几个争议问题》,《华东政法大学学报》2020年第4期,第8~17页。

取较为灵活开放的授权模式，充分尊重各地差异。理解理论与实践发展的脉络，可以从历史维度为法律解释提供依据①。自2016年开始探索行政执法权下移的行政执法体制改革开始，行政执法体制改革的主要实施者就是县级以上地方政府，特别是省级人民政府。"理解现在的最本质的途径就是理解过去。"②因此，作为行政执法体制历次改革主要实施者的省级政府，必然是最为合适的下放行政处罚权的主体。综上所述，从法律解释的角度，省级政府作为行政处罚权的下方主体兼具合法性与高效性。

四 从监督角度看省级政府行政规范性文件下放行政处罚权的合法性

以省级政府行政规范性文件的形式下放行政处罚权，制定程序更为简洁，而且便于内容的及时修改调整。不仅如此，以该形式下放行政处罚权，可以加强与行政复议、行政诉讼与备案审查制度的衔接，形成严密的"事前备案审查—事后行政复议或行政诉讼审查监督"审查结构，既符合国家治理体系与治理能力现代化的发展目标，又与新兴的"规制治理"中规制新动向③相向而行，是现阶段的最佳选择。

（一）从行政审查角度看省级政府行政规范性文件下放行政处罚权的合法性

新修订的《行政复议法（修订草案）》第4条规定，将行政复议权力收归县级以上人民政府统一行使。县级以上政府作为复议机关，便于掌握本行政区划内街乡行使下放的行政处罚权相关行政复议案件数据，并可以此作为行政处罚权下放情况评估的参考因素。同时在行政系统内部层报到

---

① 钱坤、张翔：《从议行合一到合理分工：我国国家权力配置原则的历史解释》，《国家检察官学院学报》2018年第1期，第25~50页。
② 〔英〕埃利希：《法律社会学之基本原理》，中国社会科学出版社，1999，第504页。
③ 〔英〕科林·斯科特：《规制、治理与法律：前沿问题研究》，安永康译，清华大学出版社，2018，第67页。

省级政府，成为省级政府对街乡评估的依据或指标，压缩跨系统的烦琐程序与低效的反应时间。

此外，根据新修订的《行政复议法（修订草案）》第 12 条的规定①，在行政复议中，作为街乡取得行政处罚权依据的规范性文件可以成为行政复议的审查对象，对其进行合法性审查，该合法性是实质合法性。依据街乡在取得下放的行政处罚权后所实施的行政行为与其他相关条件，判断其是否属于第 24 条"能够有效承接"，若不能，应在行政系统内部层报到省级政府，成为省级政府对街乡评估的依据或指标，减少跨系统低效问题。

与之相比，若以地方性法规或地方政府规章或省级人大制定的规范性文件下放行政处罚权，依据《行政复议法（修订草案）》第 12 条的规定，这些法律文件均不是行政复议的审查对象，哪怕其是街乡取得行政处罚权的依据，但因行政复议本质是行政救济行为，行政复议机关作为行政机关，依据依法行政与权力分立的基本原理，只是法律的执行机关，无法干预审查立法机关的立法行为或准立法行为，也无法对其进行审查，将严重影响对行政相对人合法权益的保护。

（二）从司法审查角度看省级政府行政规范性文件下放行政处罚权的合法性

2004 年《最高人民法院关于印发〈关于审理行政案件适用法律规范问题的座谈会纪要〉的通知》规定，人民法院可以依职权对规范性文件进行审查，标准是"合法、有效并合理、适当"。2018 年《最高人民法院关于加强和规范裁判文书释法说理的指导意见》第 8 条详细列举表明，"行政诉讼中对被诉行政行为所依据的规范性文件一并进行审查的案件"，其裁判文书应当强化释法说理。2020 年北京某餐饮管理公司诉昌平区城市管理

---

① 《行政复议法（修订草案）》第 12 条规定："公民、法人或者其他组织认为行政机关的行政行为所依据的下列规范性文件不合法，在对行政行为申请行政复议时，可以一并向行政复议机关提出对该规范性文件的合法性审查申请：（一）国务院部门的规范性文件；（二）县级以上地方各级人民政府及其工作部门的规范性文件……"

综合行政执法局案"中,法院依据《北京市人民政府关于向街道办事处和乡镇人民政府下放部分行政执法职权并实行综合执法的决定》规定,原由城管行使的职权下放至街道办事处和乡镇人民政府并以其名义相对集中行使,法院据此依职权对此案被告变更为某街道办事处。根据2009年《最高人民法院关于裁判文书引用法律、法规等规范性法律文件的规定》第6条的规定,对于规范性文件,"经审查认定为合法有效的,可以作为裁判说理的依据"。该案件说明,北京市昌平区人民法院对这份下放行政处罚权并实施综合执法的行政规范性文件进行了相应审查,并根据相关审查标准,认为该行政规范性文件"合法、有效并合理、适当",并以此作为变更行政诉讼被告的理由。

(三)从备案审查角度看省级政府行政规范性文件下放行政处罚权的合法性

《中共中央关于全面推进依法治国若干重大问题的决定》提出,"把所有规范性文件纳入备案审查范围",加强对规范性文件的规制。全国各省、自治区、直辖市都制定了地方政府规章对行政规范性文件备案审查制度作出具体规定[①](见表2)。

根据梳理可以发现,各省份虽在表述上有所差异,但都规定了省级政府制定的行政规范性文件需要到同级人大常委会进行备案,如《江苏省行政规范性文件管理规定》规定,省级人民政府制定的行政规范性文件需要报同级人大常委会进行备案审查;类似的规定还有《重庆市行政规范性文件管理办法》。这表明,省级人大常委会对该行政规范性文件具有审查权,同时因较了解本行政区划内行政执法的相关情况,在进行合法性形式审查的同时也能进行实质性审查。要求省级政府对不适宜的情况作出说明并责令其进行修改。在这种情况下,省级人大常委会等同于隐性但实质性参与下放。

与之相比较,若以省级人大制定的规范性文件下放行政处罚权,对其

---

① 除6个省份没有地方性法规外,其他省份都是既有地方政府规章又有地方性法规。

进行实质性的监督与审查较为困难。《法规、司法解释备案审查工作办法》第 54 条规定①，省级人大制定的规范性文件要适用该办法，结合第 9 条的规定②，省级人大制定的规范性文件，要到全国人大常委会进行备案，由于层级过高，不宜进行实质性审查。因此，将其当作下放的监督者更合适，也符合宪法与地方人大组织法对人大及其常委会的定义，将其当作监督者，监督行政区域内法律的执行情况。

五　结语

在探索行政处罚权下放的现阶段，以省级政府行政规范性文件形式下放行政处罚权，相较于以地方性法规或地方政府规章的形式下放，不仅合法，而且还有制定程序简单、调整修改便捷，行政审查、司法审查与备案审查三重审查更为严密，更易保护行政相对人合法权益的突出优势。但在经过探索阶段后，乡镇政府、街道办事处可以有序、有效地承接、行使行政处罚权时，省级人大及其常委会或省级政府应当依据当地乡镇政府与街道办事处行使下放行政处罚权的具体运行情况，并结合当地实际立法条件成熟度，制定省级地方性法规或地方政府规章，将权限目录清单中下放处罚权的具体事项予以立法确认，以补强其合法性。

以省级规范性文件的形式，配合权限目录列明具体可以下放的行政处罚权，只是行政处罚权下放的第一步，但这并不意味着所有乡镇或街道办事处均可取得下放的行政处罚权，具体的承接内容取决于行政处罚权下放的具体程序，不同的下放程序将会导致行政处罚权下放具体内容的巨大差异。例如，河南和江苏要求设区的市可以在权责清单或权限目录范围内，依据当地的实际情况，具体决定下放行政处罚权的各乡镇政府或街道办事

---

① 《法规、司法解释备案审查工作办法》第 54 条规定："对国务院的决定、命令和省、自治区、直辖市人大及其常委会的决议、决定以及最高人民法院、最高人民检察院的司法解释以外的其他规范性文件进行的审查，参照适用本办法有关规定。"
② 《法规、司法解释备案审查工作办法》第 9 条规定："法规、司法解释应当自公布之日起三十日内报送全国人大常委会备案。"

处名单及其具体可下放内容,并集中报至省政府由其批准;四川则要求各县(市、区)将乡镇权责清单报市级权责清单管理机构备案,重大问题报省级相关部门研究。因此,行政处罚权具体下放程序仍有很多问题值得研究。

·治理规范与治理实践·

包容性法教义学解释与多元现代性
——以收买被拐卖的妇女罪为例

卢 毅[*]

内容提要：法教义学的基础是法学的体系性和解释性。然而，基于同一罪名的法教义学解释仍然具有多元的解释可能。在社会转型背景下，由于极端影响力个案的发生，严惩收买被拐卖的妇女罪的民意诉求具有正当性。在立法论和解释论的争议中，实则都蕴含着法教义学解释。尽管均采用法教义学解释方法，但在解释路径上呈现截然不同的多元图景。规范解释路径背后有以抽象权利为核心的西方法学话语范式，经验解释路径背后有以具体后果为考量的中国司法实践模式。在规范解释占据主流的情况下，经验解释仍然力求谋得一席之地，反映了多元现代性的法律理念在中国的生长。正是包容性法教义学解释框架的形成，法律的前提性"文化图景"与"日常生活"理念在中国语境下得以进行本土化反思。

关键词：法教义学 解释方法 多元现代性 文化图景 本土化

目　次

一　导语：法教义学不同解释的背后
二　规范解释与经验解释：西方话语与中国话语
三　经验解释的中国面向：多元现代性的解释路径
四　包容性法解释的框架：法教义学之正当性反思
五　结语

---

[*] 卢毅，吉林大学法学院博士研究生。

一 导语：法教义学不同解释的背后

2023年4月6日，江苏省徐州市中级人民法院一审公开开庭审理被告人董某民虐待、非法拘禁案。4月7日，该案件在徐州市中级人民法院一审宣判，董某民因虐待罪和非法拘禁罪，数罪并罚被判处9年有期徒刑；拐卖小花梅的时某忠、桑某妞、谭某庆、霍某渠、霍某得等人，因拐卖妇女罪分别获刑8年到11年有期徒刑[①]。从2022年2月23日江苏省委省政府调查组发布关于"丰县生育八孩女子"事件调查处理情况的通报，到一审判决，有关收买被拐卖的妇女罪引起了激烈的社会舆论[②]。随着这一典型案件细节的披露，收买妇女犯罪引起法学界尤其是刑法学界的探讨，学者们开始审视相关犯罪的立法与司法状况，也引发了对相关议题的争议。

拐卖和收买妇女的行为是对女性的物化，不仅侵犯了妇女的人身自由权、人身安全权、性自由等人身权利和民主权利，还侵犯了作为整体的人的主体性或人的尊严。正因如此，在这一典型性个案的加持下，迅速引发法学界尤其是刑法学界的激烈论战。基于《刑法》第241条与第240条基准刑的差异，理论界和实务界围绕"买卖妇女是否应该同刑"的核心议题，形成了立法论和解释论的争议。立法论认为，我国关于拐卖妇女犯罪的立法存在"重卖轻买"现象，导致当前司法实务对收买被拐卖妇女罪与拐卖妇女罪区别对待，对收买妇女犯罪作出较为轻缓的处理。解释论认为，当法律适用结果存疑时，应当先行更新解释论，以从法律体系出发对

[①] 参见《董志民虐待、非法拘禁案和时立忠、谭爱庆等人拐卖妇女案一审宣判》，徐州市中级人民法院网，http://xzzy.xzfy.gov.cn/article/detail/2023/04/id/7234644.shtml，2023年6月15日访问。通过判决中"虐待罪"可以看出，与被收买妇女结婚可有条件定性为买卖婚姻，但这并不导致有关婚姻当然无效，参见张力《与被收买妇女结婚在民法上的定性与处置》，《浙江工商大学学报》2022年第4期，第37页。

[②] 官方发布的通报得到了新闻界、学者和民众等各界人士的激烈讨论。参见《江苏省委省政府调查组关于"丰县生育八孩女子"事件调查处理情况的通报》，央广网，http://news.cnr.cn/native/gd/20220223/t20220223_525748454.shtml，2023年6月15日访问；参见《"丰县生育八孩女子"事件十三问——新华社记者访江苏省委省政府调查组负责人》，新华网，http://www.news.cn/2022-02/23/c_1128408710.htm，2023年6月15日访问。

法律进行深度解释和理论教义构建，从而在达到报应刑的正义基础上消解修法的理由，以捍卫法律的稳定性和预期性。

在刑法理论上，基于对收买被拐卖的妇女罪的法定刑讨论，基本形成了刑罚维持论、买卖同罚论以及有限提高论三种观点。维持论的观点聚焦司法取证实践和妇女权益的保护实效①；买卖同罚论的观点强调妇女不受买卖的权利②；有限提高论则是综合考量司法实践和权利保护的刑罚量比较③。但是，收买被拐卖的妇女罪的刑罚本身并不是问题讨论的本质，因为维持论完全可以通过体系解释增加其他罪名来实现刑罚量的增加，以达到甚至超过有限提高论和买卖同罚论所能确定的刑期，以满足打击犯罪的实质需要④。也就是说，如果从收买被拐卖的妇女行为整体层面上可能判处的刑罚量上进行审视，上述三种观点在结果上都持提升刑罚量的态度。关于收买被拐卖的妇女罪法定刑的讨论，表面上是法定刑在量上的差异，实则是围绕法律保护内容的争论。也就是说，不能简单地通过法定刑轻重来作为收买被拐卖妇女罪与拐卖妇女罪的法益侵害判准，而是需要通过回顾立法史来审视上述两个罪名的构成要件和加重事由，继而通过刑法教义学对两个罪名的刑罚量差异作出合理的解释⑤。法学学者利用法教义学方法对实在法进行解释和研究，可以规范司法者的思考和推理，推动司法审判更加稳定和可预期⑥。根据对收买被拐卖的妇女罪的法教义学解释，虽然在提高刑罚量上基本达成一致，但在具体的解释进路上却存在实质差异。在这种不同解释的背后，其实是价值层面的衡量与博弈，本文关注的就是如何理解不同解释背后的价值衡量问题。因此，笔者的核心关切在

---

① 车浩：《立法论与解释论的顺位之争——以收买被拐卖的妇女罪为例》，《现代法学》2023年第2期，第196页。
② 罗翔：《论买卖人口犯罪的立法修正》，《政法论坛》2022年第3期，第132页。
③ 贾健：《收买被拐卖的妇女、儿童罪之法定刑反思》，《西南政法大学学报》2022年第2期，第125页。
④ 姜涛：《收买被拐卖妇女罪的刑法教义学拓展》，《苏州大学学报》（法学版）2022年第4期，第115页。
⑤ 陈兴良：《关涉他罪之对合犯的刑罚比较：以买卖妇女、儿童犯罪为例》，《国家检察官学院学报》2022年第4期，第3页。
⑥ 孙海波：《法教义学与社科法学之争的方法论反省——以法学与司法的互动关系为重点》，《东方法学》2015年第4期，第73页。

于，对于同一罪名所进行的不同法教义学解释具体是如何展开的，根据相同的法律规范进行教义学解释为何会呈现不同的路径和取向，这种差异解释背后的理由是什么。

法教义学有助于立法完善和司法裁判。阿列克西认为，"提出解决疑难的法律案件的建议"是法教义学的重要任务①，然而这种建议有时又显得模糊。对于收买被拐卖妇女罪的法教义学解释，尤其是对于该罪所保护的法益即权利的理解，存在明显的差异。现有的观点都试图对妇女的权利进行保护，但在解释上却出现了明显的分歧，主要呈现为两种鲜明的观点对比：抽象权利保护说与实质权利保护说。抽象权利保护说一直以来是刑法的主流范式，核心内容是保护"人的主体性（人身不可交易性）或人格尊严"等抽象价值，其支持者有梁根林、劳东燕、罗翔等。劳东燕认为买卖人口犯罪侵犯的法益，应当指向个人不被当作商品对待的权利，收买和拐卖行为属于共同正犯，故而不应以期待可能性等理由降低该罪的刑法打击力度②。罗翔借助法益衡量理论与权利侵犯说，认为应将买卖人口犯罪所侵犯的客体确定为人身不受买卖的权利，无论是拐卖行为还是收买行为，侵害的法益是相同的，故而主张"买卖同刑"的立法修正③。实质权利保护说的基本立场是重视行动中的法律，注重妇女权益的保护实效，其支持者有王作富、车浩等。车浩认为，在保护"人身不可交易性或者人格尊严"权利和人的意志自由权利之外，不仅要评价单纯的交易行为，还应当从保护女性的效果出发，考虑到交易行为的目的和后果④。实质权利保护说的提出，可以说走出了一条解释收买被拐卖的妇女罪的新道路，在学术界引发了很强的观念冲击。对于法教义学而言，不完全秉持规范性权利保护的经验性解释路径发人深省，也反映了一种基于

---

① 〔德〕罗伯特·阿列克西：《法律论证理论》，舒国滢译，中国法制出版社，2002，第311页。
② 劳东燕：《买卖人口犯罪的保护法益与不法本质——基于对收买被拐卖妇女罪的立法论审视》，《国家检察官学院学报》2022年第4期，第54页。
③ 罗翔：《论买卖人口犯罪的立法修正》，《政法论坛》2022年第3期，第138页。
④ 车浩：《立法论与解释论的顺位之争——以收买被拐卖的妇女罪为例》，《现代法学》2023年第2期，第195页。

法条的多元主义解释路径。

二 规范解释与经验解释：西方话语与中国话语

国内知名刑法学者基于相互对立的见解，分别从解释论和立法论的维度深度探讨收买被拐卖的妇女罪的规范内涵与法定刑调整方案。这个过程实际上是通过不同法教义学解释路径，形成了较为全面和系统的学术争鸣，既避免浅层次和碎片化论战，又在理论维度推动了刑法教义学的发展。法教义学的独特性在于对实定法秩序体系化解释的司法中心主义，这就要求法教义学在保持法律体系封闭性的基础上给价值判断留出弹性空间[①]。从法教义学的视角出发，针对该罪形成了两种较为明晰的解释路径，一种是纯粹的规范解释路径，另外一种是兼具经验解释的路径。

（一）规范解释：基于权利的西方话语

抽象权利保护说倾向于规范解释。从规范解释来看，抽象层面的"共同体价值"落地于基本权利。规范解释的核心理念是作为人类的成员，任何个人都是个性与共性的统一。买卖妇女犯罪侵犯的法益实际上是个人不被当作商品对待的权利，这种权利既具有普遍性，又具有特殊性，个人不能承诺放弃。换句话说，通过宪法保护的这项权利有两层意涵，一是买卖妇女犯罪侵犯当事人的人身和民主权利，二是侵犯人类尊严和人的主体性。由此可见，个人不被当作商品对待的权利并非简单意义上的个人法益，还超越了个人法益的范围，具有超个人法益的内涵和价值。所以说，收买被拐卖的妇女行为和拐卖妇女行为侵犯的法益一致，而且此种法益当事人并没有放弃的自由[②]。虽然社会生活中客观存在此种违法的社会现象，但是这类行为是被法规范禁止的，不具有合法性。

从规范性角度出发考察，发现收买被拐卖的妇女罪侵犯的法益具有三

---

① 凌斌：《什么是法教义学：一个法哲学追问》，《中外法学》2015年第1期，第224页。
② 〔美〕乔尔·范伯格：《刑法的道德界限：对自己的损害》（第3卷），方泉译，商务印书馆，2015，第13~14页。

个鲜明的特征：第一，该罪侵犯的法益实际上是当事人的一种权利，这种个人权利属性支撑了买卖行为应当同罚的论断；第二，该罪侵犯的法益实际上是宪法赋予的人的尊严，这使得该罪的成立不以当事人承诺放弃个人权利作为构成要件；第三，该罪侵犯的法益与其他相关犯罪所侵犯的法益是不同的，其作为独立的法益类型与其他人身权利和民主权利并列。基于上述三个特征，被拐卖的妇女不被当作商品对待的权利应当作整体性和复杂性理解。从整体性来看，该罪侵犯的法益作为独立类型，不以其他法益类型变化为转移。从复杂性来看，需要区分权利和利益的内涵究竟有何差异。权利与利益的功能存在差别，其背后是意志论和利益论的根基[1]。意志论主张一项权利的功能在于给予权利拥有者对他人义务的支配力[2]，强调生命、身体、自由、财产等对象与权利主体的规范性归属关系。利益论主张权利的功能在于促进权利拥有者的利益[3]，主张综合衡量并优化个人实际利益。权利的规范观点存在于一个与他人共存的世界里，因为这种规范性归属关系的形成来自对他人行动的应然要求。当一个人享有权利的时候，意指本人对归属对象具有决定性请求权，故一个人的权利必定对应他人的义务[4]。

其实，在收买被拐卖的妇女罪的规范解释背后，蕴含着一套更深层次的权利话语。这种规范解释采用权利分析的方法，旨在通过捍卫抽象权利来实现两个目的。在西方刑法哲学的视野中，以权利为中心的法益保护说是其根基，而这种权利是基于存在本身生成的权利。在人身不受买卖的权利理念下，需要区别不同权利的关系，分门别类捋清楚各自差异。从经验层面来看，现实生活中买卖妇女犯罪发生时，似乎必然存在对妇女人身自由的剥夺，故而可以理解为侵犯了多种法益。从规范层面来看，买卖妇女

---

[1] 刘小平：《为何选择利益论？——反思"宜兴冷冻胚胎案"一、二审判决之权利论证路径》，《法学家》2019年第2期，第157页。
[2] See H. L. A. Hart, Essays on Bentham: Studies in Jurisprudence and Political Philosophy, Clarendon Press, 1982, p. 183.
[3] 朱振、刘小平、瞿郑龙等编译《权利理论》，上海三联书店，2020，第33页。
[4] 〔美〕霍菲尔德：《司法推理中应用的基本法律概念》（修订译本），张书友译，商务印书馆，2022，第16页。

犯罪侵犯的法益需要作准确的界定，从而基于既有的法益侵害行为而作出判断。所以从规范性角度来解释，买卖妇女犯罪并不以人身自由法益为必要条件，而是要确立该罪的独立法益类型。因此，回归这一抽象权利讨论，实际上是对权利概念进行西方理性主义的重述，即权利是道德的基础，是整个法律体系的基础。

自然权利理论是讨论权利理论的脉络之一①，自然权利被人们称为"天赋权利""天赋人权"。按照自然权利理论的观点，自然权利源于人的本性，是本性的权利。自然权利因其本原性的特质，超越了实定法的限制而存在。正是由于自然权利理论家的上述主张，近代欧美政治革命才能被人们广泛接受，法治变革才能够得到人们支持。边沁对自然权利理论的辩驳中，将法律作为谈论权利的前提，主张实证性权利，认为法律是权利的"权利"。边沁不同意人的自然存在与法律权利不同的权利这种主张，而是认为权利有且仅是法律的产物，没有逾越法律的权利，没有先于法律而存在的权利②。但是，在第二次世界大战期间，以形式法治为核心的法治国德国却出现了对人权的践踏。故而，仅仅强调实证法显然可能会给人们造成灾难，人们经过战争重新意识到，人类享有与生俱来且不容国家法律剥夺的某些权利，使得人性和人的尊严得以重新获得正视。

抽象权利保护说倾向于规范解释，更多来自德国刑法理论。抽象权利保护说主张人的主体性或人格尊严与生俱来、不容侵犯，买卖人口犯罪侵犯的法益应当界定为人身不被买卖的权利。在上述理念下，拐卖行为与收买行为所侵犯的法益是相同的，在不法构造上属于共同正犯，应当在法律中体现为相同的刑罚。当把握住权利这个规范性概念时，有学者便从教义学进路进行体系解释和目的解释，从而推动法律的更新与改造。可以看到的是，在现代法律制度中，自然权利的取向部分已经实证化，同时另外一部分通过自身的批判取向促进法律的完善与进步。

---

① 夏勇：《权利哲学的基本问题》，《法学研究》2004年第3期，第9页。
② 余涌：《道德权利研究》，中央编译出版社，2001，第148页。

（二）经验解释：兼具实效的中国话语

实质权利保护说倾向于兼顾经验解释。从经验解释来看，具体层面的解释方法需要关涉现实司法。经验解释的核心思想是作为司法依据的法条，需要结合事理层面的经验现象以合理推断违法行为的目的和可能后果，并基于法律体系和整体秩序，对于既有规范体系进行解释[1]。在经验解释的路径下，收买被拐卖的妇女罪的收买行为必然包含实施后续行为的意图，"买媳妇"的行为与强奸和非法拘禁行为紧密相连。在上述事理的经验观察基础上，通过法教义学展开逻辑解释，就能够理解收买被拐卖的妇女罪与强奸罪、非法拘禁罪等后续犯罪之间的内在关联。司法者应当明白，在司法过程中，收买被拐卖的妇女不仅是将女性视为商品的行为，而且是对女性及人的主体性和人格尊严的蔑视。此外，这种行为还可能成为后续犯罪如强奸罪和非法拘禁罪的预备犯。因此，从体系解释的角度看，需要将收买被拐卖的妇女罪与相关犯罪联系起来考察，而不应当割裂该罪与后续犯罪的客观关系。

从经验解释的路径中可以透视其运作的思维根基，在保护被拐卖的妇女的实际效果上，经验解释具有以下特征：第一，常识性，司法者要基于人们生活经验的基本朴素常识，判断某一行为的意义与性质，这有助于树立社会一般人的思维；第二，目的性，司法者要时刻关注某一行为的目的和后果，从而在目的和后果上对行为本身开展有实际意义的解释，从而在证据证明立场上发生对调；第三，关联性，司法者要具有体系性和关联性思维，要看到某一犯罪行为所具有的构成要件与其他相关行为构成要件的同一性，厘定相应的关系。将上述三个特性结合起来，在理解收买被拐卖的妇女罪中的收买行为时，需要关注后续的犯罪内容，不能忽略在收买之后对于妇女身心的伤害实效，而仅仅去评价买受行为对人格尊严的侵害[2]。也就是说，在经验性事实的基础上，经验解释对收买被拐卖的妇女罪的犯

---

[1] 侯猛：《社科法学的传统与挑战》，《法商研究》2014年第5期，第76页。
[2] 姜涛：《收买被拐卖妇女罪的刑法教义学拓展》，《苏州大学学报》（法学版）2022年第4期，第115页。

罪客体有两方面的考虑：一是侵犯人的主体性价值或人格尊严，二是对被收买的妇女进行后续身心伤害的预备行为。因此，通过常识性、目的性和关联性考量，收买被拐卖的妇女罪的法益包含以上两方面内容，这两方面内容之间并不是相互排斥的关系，而是相互联系的。

其实，通过对收买被拐卖的妇女罪的经验解释，可以发现这个犯罪具有特殊性。据劳东燕反对的观点，正是立法上对于收买被拐卖的妇女罪的法外因素的考量，立法与司法上也会基于收买方期待可能性和事实上较为稳定的"婚姻家庭"关系两个要素进行通盘考虑，在进行利益衡量后对收买人作减轻处理①。基于对向犯的刑法规定，双方侵犯的法益是相同的，所以同时处罚时要秉持相同力度。由此，买卖人口犯罪保护的法益是人的主体性，立足此种法益的拐卖行为与收买行为构成共同正犯。这种基于规范视角的考虑路径，与基于经验的解释路径存在实质性差异。我国刑法有必要在借鉴域外立法经验的基础上，结合本土实际情况，对买卖人口犯罪相关罪名进行体系性整合，审慎提高买卖人口犯罪中买方的法定刑，加大对公民人身权利及其实际权益的保护力度。可见，经验解释重视的内容是在不改变法律的法教义学路径下，司法者应当如何对现行法进行解释和适用，从而在实际效果上推动对于妇女权益的真正保护。

从权利理论的规范解释，到伦理怀疑主义和道德相对主义的经验解释，推动了法教义学解释多维路径的建构。对上述权利理论而言，权利根基为何具有实质性意义，即回答权利是什么、权利从何而来、如何实现权利这些基本问题。随着理论的进一步发展，人们更加注重基础概念的对应关系，探讨权利与义务、规则与原则的关系问题。在中国重视实效的话语之下，人们普遍关注行动中法律所具有的现实意义，并以此作为信任法律的依据。在中国传统中，人们并不是基于对自然权利的理性认识来认识法律，而是基于自己在现实世界中通过法律获得实效来认识法律。因此，一种片面强调抽象权利保护的观点很难得到人们的认同，而如果再加上对具

---

① 劳东燕：《买卖人口犯罪的保护法益与不法本质——基于对收买被拐卖妇女罪的立法论审视》，《国家检察官学院学报》2022年第4期，第60页。

体现实实效的强调,这样的观点就很容易被人们采纳和理解。也就是说,从经验解释的角度来看,把权利作为王牌的西方话语①,在中国刑法现代化发展过程中吸收了社会保护实效的实用主义话语,使得经验解释呈现兼具实效的中国话语。

经验解释是在法律规范的基础上兼具实效解释路径。法条主义的审判采取一种先解释后演绎的"顺推"模式,而后果主义的审判则采取先对后果进行预测再评价的"逆推"模式②。经验解释将"顺推"模式和"逆推"模式结合起来,正视法律解释对司法实践结果和实效的切实作用,然后再从法条开始选择相应的法教义学解释方法进行解释,从而使得演绎的"顺推"符合"逆推"的结果。经验解释关注后果考量和利益实效,主张从人们的客观需要出发,对法律所保护的利益进行素描,从而更好地回应中国文化图景和权益保护需要。

三 经验解释的中国面向:多元现代性的解释路径

在对抽象权利进行规范解释的基础上,发展兼具实效性的经验解释,呈现刑法教义学解释的中国面向。这种法教义学经验解释的中国面向,是在制定法解释和适用过程中对现实生活意义展开深度思考,是对中国文化进行的多元和多维阐释。

(一)多元现代性法律理念的核心要义

多元现代性的理念假定,现代性是文化方案多样性的建构与重构③。多元现代性的法律理念则将法律定义为在秉持法治一般要素的基础上,将不同国家的法律视为从不同文化方案建构的制度成果。法律制度的背后是

---

① See Ronald Dworkin, Rights as Trumps, in J. Waldron eds., *Theories of Rights*, Oxford University Press, 1984, p.153.
② 王彬:《司法裁决中的"顺推法"与"逆推法"》,《法制与社会发展》2014年第1期,第73页。
③ 〔以色列〕S.N. 艾森斯塔特:《反思现代性》,旷新年、王爱松译,生活·读书·新知三联书店,2006,第36页。

文化方案。多元现代性的核心，是假定存在不同文化形式的现代性，它是由不同的文化传统和社会政治状况塑造而成。这些不同形式的现代性在价值体系、制度及其他诸多方面也存在差异。可以说，多元现代性就是多元文明、多元文化所演化而成的不同的现代性方案。多元现代性法律理念就是植根于多元文明、多元文化的不同的现代法体系。法教义学所持有的不同阐释立场，立基于不同的逻辑进路和思维方式，其基底是不同文化和文明所决定的价值立场。

现代性缘起西方，立基于西方社会的意识形态和制度前提。作为文化方案的一种，在西方具有基本雏形后便向整个世界扩散，经历了一个扩张的过程。在扩散的过程中，原有西方文化方案在适应当地过程中被逐步建构和重构，形成了多元的文化图景。在不同国家和地区形成的不同文化方案，既有西方现代性的基本架构，同时增加了部分本土文化内容，也修改了部分西方现代性的内涵。这种不同现代性方案的存在，其实是对西方现代性前提的反思，既挑战了西方社会的意识形态和制度前提，又回应了本土文化图景的实质精神[1]。现代性的核心在于人的理念变化，现代社会释放了人的自主精神，激发了人的能动性，改善了人在整体社会中的位置。人的力量被释放出来，原有的秩序观念得到了批判与反思。人们开始对既有秩序进行提问，认为既有社会秩序的前提并非当然正确，基本反思得以展开。对西方现代性的反思，既要说明西方现代性方案存在几种不同的解读，更要说明西方现代性方案自身前提的正当性值得追问[2]。这种蕴含于现代性中的反思行动，使人们意识到现代社会存在诸多不同类型的文化模式，而且这些社会类型存在讨论和选择的空间。不同国家的法律制度背后有不同的文化方案，反思西方法律制度对中国的影响，就需要反思西方法律制度背后的文化方案与中国文化方案的差异。

多元意味着"他者的存在"，不是将自身作为世界的标准，而是将自

---

[1] 〔以色列〕S.N. 艾森斯塔特：《反思现代性》，旷新年、王爱松译，生活·读书·新知三联书店，2006，第8页。

[2] 〔以色列〕S.N. 艾森斯塔特：《反思现代性》，旷新年、王爱松译，生活·读书·新知三联书店，2006，第9页。

已纳入世界身份中进行反思和观察。在社会演进中，如果缺乏"他者的存在"，中国可能会由于缺乏反思力量而无法挣脱传统的文明演进轨道。在多元现代性的发展中，作为事实存在的"多元"产生后，正如罗尔斯所描述，人们开始反思生活于其中的社会究竟呈现何种模样，我们所看到的别人置身其中的社会如何呈现那般模样，故而人们能够在整个生命过程中自由选择和接受不同的理想、原则和文化内容①。在这种反思过程中，以权利为本位的人们开始推广和实践权利，而经过反思后依然热爱儒家德性的人们也继续展开文化与社会行为，这二者在遵循现代化共识性的原则基础上，彼此之间并不必然产生冲突。在广泛的实践中，持不同观点的主体之间彼此互证，互相影响甚至互相吸纳，最后就各种具体的文化问题产生社会上的公共意志选择，这就是文化民主②。故而，现代文化民主制度所带来的结果就是法律本土化能力的提升，从而需要提出自身关于法律制度的构想与设计。

（二）多元现代性法律理念的诠释路径

在诠释多元现代性理念之前，需要先区分多元现代性与法律多元。法律多元是指正式法律和非正式法律的二分，强调法治的本土资源，也就是民间社会规范对国家制定法的补充作用；多元现代性的法律是在国家现代化过程中关注自身的文化基础和民众的社会心理传统，将这种社会心理传统纳入立法和法律解释，将其作为不同于西方移植过来的具有中国气质的制定法和实证法。因此，多元现代性法律理论是一种前提下的辩析，在"原生的"现代化的基础上主要聚焦一国的社会结构与组织、政治经济制度、文化方案及其社会生活，试图回答的是一国法律制度的本体论问题及其正当性问题。

多元现代性的核心就是提供用于反思的多元资源，推动多元性实践在

---

① 〔加〕威尔·金里卡：《当代政治哲学》，刘莘译，上海译文出版社有限公司，2015，第69页。
② 吴冠军：《多元的现代性——从"9·11"灾难到汪晖"中国的现代性"论说》，上海三联书店，2002，第142页。

现代社会成为可能。无论是基于权利的西方话语,还是兼具实效的中国话语,都会在现代社会中相互冲突和争论,与具体社会的文化基础和客观需要进行商谈和博弈。最后,具体社会会选择某种文化模式或形成新的现代性方式,从而确保整个社会的文化民主。福柯曾对"传统"这种"连续性主题"展开有效的反思,福柯对凭借"教条"来确保共同体"相互之间的忠诚"持批判性态度①。基于福柯的逻辑脉络,未经反思的传统演进秩序本身难以演化出新型的文明形态,因为既有文化形态上的"教条"限制了这种外生性发展。上述讨论的多元资源,其实回答了"传统为何难以在内部进行突破"的重要议题。外部多元文化的冲击,或者从内部滋生的自生自发秩序,共同构成了现代社会演进的两种基底。但对中国而言,却实践着前一种现代性模式。基于多元文化图景对传统进行反思,背后体现的是政治方案和法律制度的多元,是对以西方现代性为起点演化的多样性文化社会的观察,是对现代性不同维度的重新阐释。

教义学解释包括语义解释、体系解释、历史解释和目的解释,而语义、体系、历史和目的解释路径都不是抽象的,而是建立在中国的现实社会基础之上的。只有将维护法律规范的效力作为刑法教义学的基本立场,才能更合理地解释法律,才能使得教义学的解释结论更好地满足社会的需要。在对具体的语词进行定义之前、对具体的体系进行排序之前、对社会的历史进行延伸之前、对具体的目的进行确认之前,都包含了与文化相关的前理解。也就是说,教义学解释必然需要理解共同体的共识,而每个共同体的共识可能都有差异之处。中国社会所孕育的文化意识与德国等西方社会所孕育的文化意识存在差异,这就使得中国的教义学解释不能照搬德国等西方国家的教义学解释,否则就会出现规范解释的社会黏滞效应,导致这种解释在实践中被虚置。与此同时,多元现代性最担心的是一种封闭的自足秩序,仅仅在"自己的文化同一性"中找寻"动力",或者更具体

---

① 〔法〕米歇尔·福柯:《词与物——人文科学考古学》,莫伟民译,上海三联书店,2001,第444~447页。

的是在"理性化"之外寻找中国社会和文化的现代同一性①。这种拒绝"多元"的"中国现代性"建构是不可取的，这种断然拒斥多元的知识立场对于中国人当下的实践而言是不利的。故而，多元现代性最害怕与最反对的就是这种封闭性，就是这种在封闭观点之下对制度背后文化图景的解释。那么，这种对于解释资源的开放性又将如何理解呢？

这就引申出法教义学的一个核心理论问题，即如何适用解释方法的问题。不同解释方法的适用对于法律的理解也存在较为明显的差异②。对于收买被拐卖的妇女罪，在社会关注到买卖不同刑的问题之后，如何对刑法条文进行合理解释便显得至关重要。罗翔采用历史解释的路径，并辅以规范的体系解释路径，通过条文制定的历史背景以及其因袭与演变的情况阐明条文，反映了收买型犯罪的立法具有强烈的实用主义导向，但不符合规范主义的要求，因此需要进行立法修正。劳东燕采用的是规范的体系解释路径，分别立足于刑法体系的外部和内部，对可能影响对收买犯罪不法评价的法外因素加以考察，同时围绕买卖人口犯罪的保护法益与我国的刑法体系并不适应，且存在相应的认知偏差，因而主张以不得被当作商品对待的权利为基础构建"一体两面"的法益观，并在此基础上要求提高法定刑。车浩采用的是实用的体系解释路径，从法条之间的关系出发进行解释，提倡建构预备犯理念，将《刑法》第241条第1款与后续各款联系起来，通过数罪并罚实现对收买被拐卖的妇女犯罪的量刑需要。单在法教义学的解释选择上，上述各种路径都是自由开放的，可以称之为多元共存。那么，如何对上述教义学解释路径进行甄别，则具有了不同的取向。

这种甄别的方式有二：第一，在解释过程中是否渗入了功利主义倾向；第二，在目标达成上是否嵌入了司法实践视角。功利主义倾向是在法律规范的基础上达致规范性目标，其核心是人们的最大幸福与收益③；注

---

① 〔日〕酒井直树：《现代性与其批判：普遍主义和特殊主义的问题》，白培德译，载张京媛主编《后殖民理论与文化批评》，北京大学出版社，1999，第396页。
② 王莹：《中国刑法教义学：经验、反思与建构》，《法学家》2020年第3期，第31页。
③ 〔英〕边沁：《论道德与立法的原则》，程立显、宇文利译，陕西出版集团、陕西人民出版社，2009，第3页。

入司法视角并非绝对意义上的法外因素,而是对法律目的深入考察,其实也是目的解释路径的客观呈现。如果某一立法使得法律悬置,并加剧了法律想要规范的现实困境,那么这一立法可能并没有真正符合法律的目的。而恰恰这一目的解释,让这一问题变得更加清晰,即以什么作为法律的目的,如果以西方的权利主义文化图景作为法律的目的,那么以法益衡量为基础提高刑罚并无不当;如果以中国的实用主义文化图景作为法律的目的,那么以利益保护为基础数罪并罚,既满足规范的目的要求,又满足了实质利益保护的要求,会使得民众更容易接受的同时,便利了司法证明方式,增加了保护被拐卖女性的权益实效。因此,从绝对的规范主义视角出发,可能会与中国的社会文化相抵牾,并最终造成被害人利益的二次受损;从兼顾经验主义视角出发,能够在达到规范预期的基础上,顾及被害人的实际利益保护,还能使司法实践更加顺利高效地完成对收买被拐卖妇女罪的惩治与打击。

立基于中国式现代化这一多元现代性的视界,在尊重共同文化价值基础上,深入了解中国社会与中国文化,能够帮助我们更适切地对法律进行法教义学解释。在此基础上,能够更好地发挥法律的作用,树立法律权威,处理理论和现实问题。可以说,中国法教义学是在"治理"层面进行理解的,在司法上表现为"治理型司法"[1]。在"治理"层面,经验性解释占据了核心地位,法外因素和法内因素在目的解释上实现了有效的逻辑勾连。法外因素和法内因素的辨别是以具体的部门法为基础,外在的社会因素是法外因素,呈现为经验性的一面;内在的法体系因素是法内因素,呈现为规范性的一面。针对同一需要解释的条文,在法外因素的考察中,倾向于进行体系性思考,使得"刑罚从决定定罪演变为刑罚影响对犯罪构成要件的解释",即以刑制罪与以刑释罪[2]。同时应当看到的是,目前规范解释路径占据学术的主流,其观点是从某一法条所蕴含的绝对价值出发进行量上的比较,而非从整体的体系视野出发进行量上的比较。在规范解释

---

[1] 李红勃:《通过政策的司法治理》,《中国法学》2020年第3期,第129页。
[2] 陈兴良:《刑法教义学中的体系解释》,《法制与社会发展》2023年第3期,第56~57页。

路径中，法外因素在整个刑法体系内部的角色扮演，以及其应通过怎样的途径发挥合理的作用，二者有十分清晰的分野①。但在司法实践过程中，在遵循规范性的基础上进行经验性的考量可能更为切实和有效。

综上所述，在多元现代性法律理念下，规范理念与经验理念在目的的维度上达成了统一，更符合中国社会文化和中国文明传统的一般理解。形式逻辑分析方法与价值分析方法在法教义学中实现了统合，最终整合为一种价值主义和实用主义兼备的观点。追溯法律规范的意义脉络，这种观点既符合司法实践和利益保护要求，也符合中国民众对于刑法价值的朴素主义理解和共同的价值标准。

四 包容性法解释的框架：法教义学之正当性反思

法教义学在中国呈现多元的面貌。正是由于本土性和自主性理念的催动，中国法教义学在解释过程中逐渐形成了自己的"教义"解释路径。在对实定法进行教义学解释时，从德日引入的理论教义学不断进行本土化调适。法教义学与社科法学的争论就是明显的体现。法教义学借助社科法学进行调适，社会科学在特定时期通过独有的学科路径融入法教义学，从而可能构成法教义学的内在方面②。

（一）"教义"对"法"的理解

刑法教义学立基于现行刑法规范，通过对规范进行语言逻辑分析，从而形成具有现实拘束力的教义规则③。不仅限于刑法部门法，法教义学作为法学主流概念以及与社科法学相对应概念在学界进行了激烈的讨论。法教义学是一种以描述概念、填补原则和指明规范间关联为主要任务的活

---

① 劳东燕：《买卖人口犯罪的保护法益与不法本质——基于对收买被拐卖妇女罪的立法论审视》，《国家检察官学院学报》2022年第4期，第60页。
② 雷磊：《法教义学之内的社会科学：意义与限度》，《法律科学》（西北政法大学学报）2023年第4期，第16页。
③ 陈兴良：《刑法教义学中的体系解释》，《法制与社会发展》2023年第3期，第56~57页。

动①。对教义学而言，法律解释是沟通法律文本与具体案例的主要方法和途径。教义的基本含义并非理性呈现，而是对权威的基本确信和对信仰的接受②。法律解释是法教义学中最主要的研究方法，故而如何理解和解释法律规范构成了法教义学的核心命题。

第一，理解法律规范的前提是对"文化图景"进行厘定。这里的"文化图景"指的是法律规则的各种前提。一方面，法教义学是在承认法律规范的基础上运用解释方法进行司法裁判。法律规范的效力在于得到国家承认，但对法律规范的解读却并不一定来自国家实际，或者说，来自国家实际的法律规范解读常常遭遇某种规范性的质疑。在认识层面，法教义学的理解可以参照神学教义③。具体而言，法律规范可以获得基本确信，而这种基本确信却很少得到反思。实定法常常难以反映其所处的文化模式，甚至常常错位使用西方的文化模式来解读实定法。西方意义上对法律的理解主要指向的是基督教文化及启蒙主义思想，而中国对宗教的理解主要指向的是儒教文化和实用主义。由于宗教在人们生活中所起作用不同，源自权利让渡生成的法律信仰与源自利益调整形成的依法治国也存在较大差异。前者以超越性为基础，后者以世俗性为基础。另一方面，法律规范与社会现实有难以割裂的关系。德国法教义学通过一套以"否定禁令"为前提的推理体系，但这套推理体系的前提中其实预设了自身的理论主张④。中国法教义学对司法及案例的关注不尽如人意，这导致"中国化的法教义学"看不到"中国的司法实践"⑤。所以说，法律规范的道德性要素在实践中值得思考。如上所述，教义学就是确信和信仰，是对前提的无条件接受和信仰。故而，作为规则的法律并不能得到质疑。但是，法律规范符不符合形

---

① 〔德〕卡尔·拉伦茨：《法学方法论》，陈爱娥译，商务印书馆，2003，第107页。
② 〔德〕伯恩·魏德士：《法理学》，丁晓春、吴越译，法律出版社，2013，第136~137页。
③ 崔志伟：《存在真正的"教义"吗：法教义的辨识与功用》，《法治社会》2022年第2期，第112页。
④ 陈辉：《德国法教义学的结构与演变》，《环球法律评论》2017年第1期，第161~162页。
⑤ 孙海波：《法教义学与社科法学之争的方法论反省——以法学与司法的互动关系为重点》，《东方法学》2015年第4期，第79页。

式法治的一般性要素却值得审视，这种法治反思应当伴随法律始终①。在实践中理解和观察法律规范的适用及其后果，继而反思法律规范及其解释方法，依然是在规范性视野下观照司法经验。总之，通过法律移植而来的法律规范，在文化来源上遭遇来自中国文化的反思，继而面临解释前提的正当性困境。在多元现代性法律理念的理解中，从中国本身的文化意涵对法律进行理解，有助于整个法体系的反思与重构，有助于真正化解解释学上存在的难题与困境。

第二，分析法律规范需要聚焦中国人自己的"日常生活"。首先，法律文本就如同圣经文本，应当得到信仰和确信，但事实可能并非如此。基督教信徒将圣经奉为圭臬，是基于对上帝"善"的信服。但是，从现行法律体系的生成条件和社会维度来看，制定法可能存在反思的空间，这既是出于对转型背景下政治并不一定为"善"的警惕与反思，也是对日常生活中社会事实的总结②。需要承认，法教义学在制定法立场上有了实质性的推进，那就是承认利益衡量和后果主义要素，以及在某些个案中所允许的修正。在多元现代性视角下，中国人自己的"日常生活"指的是中国人的精神实践和生活意义。法教义学的法律教义和解释方法并没有实现自主化，可能会脱离中国人日常生活的意义对法条进行解释，从而忽视文化价值与世俗生活。因此，法律学者需要在文化多元的基础上看到"日常生活"的前提，即我们所要建构和发展的不是德国的法教义学，而是植根于中国司法实践和文化基础的中国法教义学。其次，在对法律规范的分析过程中，解释方法的选择也立基于对"日常生活"的深刻领悟与自觉。萨维尼曾指出的语法、逻辑、历史和体系四种要素，在德国发展出四种解释方法，即字面解释、体系解释、历史解释和目的解释③。基于不同的立场，在不同的解释方法运作下，会出现对人们生活意义的不同理解。而这种不

---

① 马荣春：《〈刑法〉第13条新解：范畴提炼及其内在关联》，《法治研究》2024年第1期，第132页。
② 周尚君：《法教义学的话语反思与批判》，《国家检察官学院学报》2015年第5期，第87页。
③ 郑永流：《出释入造——法律诠释学及其与法律解释学的关系》，《法学研究》2002年第3期，第24页。

同理解的路径中，与普通民众的心理接纳能力相适应的路径可能更反映人们对人生和世界的普遍理解，是规律在人一生中的真实实践与特定内涵。最后，法律需要在生活中运行，这种生活更多地体现为当下的社会经济基础。正是由于中国社会经济基础的差异性，苏力的本土资源论所传达的反思意识才能得到学者的普遍认同，从而形成了法律多元的研究范式。但是，民间法总是与制定法存在不同和差异的现实，是对法秩序的冲击，也引发了不断深入的反思。这种反思是对法教义学的更高要求，是对简单教义解释的反思与追问。这种追问的核心是社会经济基础上的法律规范、逻辑推理和责任承担的综合。换句话说，法教义学的整个话语体系不能完全脱离生活而运行。

（二）"情理"与"法"的关联

对"文化图景"和"日常生活"进行思考不难发现，法律规则本身具有多元解释的路径。"情、理、法"作为法源的概括性用法，是诉讼制度和司法实践中具有的核心关键命题[①]。情指的是朴素的人之感情，理指的是礼数、事物的道理与人情世故，法指的是经过法定程序由国家强制力保证实施的实定法。法教义学的"教义"在中国社会的理解具有自身的独特性，在法条解释的过程中，首先需要秉持特定的"情理"立场，并在特定的立场下进行解释方使得"文化图景"和"日常生活"的真谛得到包容性体现。为很好地理解二者的关系，有必要考虑法律所在国家文明的历史经验，并从历史经验中思考现代社会具有普遍性质的法律需要。

第一，"情理"与"法"的冲突本质。首先，"情理"与"法"在整个法体系内的冲突模式需要置于"社会基底"的视野中去理解。在独特的历史研究基础上，需要认识现代社会所隐含的"深层结构"，这些基本模式存在不断变化和冲突的可能性[②]。西方的法律较少遇到"情理"和

---

① 王亚新、梁治平、赵晶编《明清时期的民事审判与民间契约》，法律出版社，1998，第19页。
② 〔美〕昂格尔：《现代社会中的法律》，吴玉章、周汉华译，译林出版社，2001，第134页。

"法"的实质性冲突,原因是"法"较为客观地反映了人们的世界观和宇宙观。中国的法律较多遭遇"情理"与"法"的冲突,理由是国家"法"常常与中国的"情理"存在客观层面的冲突。之所以如此,是中国既有的法体系和法秩序较多从西方法律移植而来,其背后的文化基础与中国社会的文化基础存在较大背景差异。中国移植西方法律根源在于中国现代化过程中对规范市场秩序和社会秩序的客观需要,往往仅重视法律形式层面的移植,而缺乏对法律价值层面的充分讨论。其次,割裂"法"与"情理"关系的理念需要得以重构。从法律产生的路径看,不宜采取一种对立的立场看待"法"与"情理"的关系。在我国人民代表大会制度下,法律的产生有规范的制度基础、严谨的生产流程和多方的智慧融合,很难说法律与情理是不相融通的。相反,法律可能通过既有的规则和程序,体现为既有制度下较为规范的文字表达和较为理性的价值追求,整体符合社会的需要和人们的朴素情感①。因此,根据法定程序制定的法律,是人民意志的产物,具有权威性。任何以非实证的道德、正义等话语挑战法律的做法,在现代社会没有正当性。然而,多元现代性提醒我们要看到的是法律背后的社会文化和政治经济图景。以形式层面移植的承载政治自由主义的法律解释路径,去否认有家长主义政治文化传统的中国图景,显然存在较为明显的法律与社会文化错位。故而,重构"法"与"情理"的价值关联具有重要现实意义。

第二,"情理"与"法"的契合路径。"情理"与"法"在整个法体系内的融合需要置于"多元现代性"框架中解释。一方面,在"法"与"情理"之间建立通约的最小公因数。这个最小公因数,就是"法"与"情理"机理相通的部分,尤其是通过教义学解释可以达致的理想阈值。如果"法"代表的是国家层面的规范性立场,那么"情理"代表的就是社会层面的规范性立场,两者都对人们的行为具有相应的约束力,但从主流法理论的视角看,前者是决定性的,后者是辅助或影响性的。此时需要格外关注的,并不是国家法与民间法的区分,而是西方现代性影响下的法律

---

① 冯军:《刑法教义学的立场和方法》,《中外法学》2014年第1期,第196页。

移植和法律仿制，能否回应中国社会需要和中国法律发展的问题。对于法律规范的教义学解释，在一定程度上可以沟通并化解这个障碍。当法律的模糊性使得其内涵具有多元理解时，可以通过适当的解释方法使其符合中国的需要，而非仅仅机械利用西方传统路径进行解释。另一方面，基于人民的朴素"情理"立场对"法"进行解读。在中国式法治现代化发展过程中，坚持人民立场秉持一种"以人民为中心"的人民至上理念①。在这种重视人民的政治和司法理念下，要把人民利益、人民愿望、人民权益、人民福祉作为法律实践的重要考量要素。法律在其政治和社会文化背景前提下，就蕴含着利益取向的实用主义追求。因此，法律具有很强的社会修复性，当报应刑的正义性可以被解释论满足时，应当注重的就是当事人的利益保护。收买被拐卖的妇女犯罪面向的社会群体具有很强的特殊性，在追求女性权益保护实效中，需要重视行动中的法律，看到法律在社会生活中发挥的经验作用。从经验主义立场出发，基于法律认知、理性选择和盈亏权衡三个层面进行教义化思考，从而发挥法律作为社会治理重要一环的作用。从表象来看，治理型法律解释是一种工具主义法律观，但其蕴含着深刻的价值内涵与生活意义，与人民至上理念休戚相关。

五　结语

在法教义学的解释框架中，基于相同法条的解释出现不同的走向，呈现法教义学的多种解释路径。首先，需要承认的是，即使在法教义学内部，也会有经验观察的视野存在。规范主义视角以权利不可侵犯为基础，对收买被拐卖妇女罪中买卖不同刑问题进行深刻反思，从人身不被买卖的权利视角出发，对现行法律教义进行诠释，从而找到立法修正的进路。以打击犯罪和利益保护为基础的经验主义视角，从司法实践的证明方式、基层执法的实际运作和被害女性的权利保护为论辩理由，从目的和后果层面

---

① 李帅：《以人民为中心的法治：逻辑起点、价值定位与中国道路》，《湖湘论坛》2023年第4期，第116页。

对法律规范进行教义学解读。其次，不同解读的背后有深刻的文化差异，透过多元现代性视角对法律规范进行观察，就会发现规范主义视角背后有深刻的西方现代性立场，而经验主义视角背后有被日常忽视的中国现代性立场。这种现代性立场的差异，在抽象权利和具体利益的轴线上分处不同的位置。最后，在多元现代性的法律理念中，需要反思不同法律制度背后的"文化图景"和"日常生活"基础，通过对宗教信仰和日常生活意义进行区分和比较，看到教义学解释前置要件的差异，从而更加深刻地理解法教义学在中国的包容性面向。

·学术前沿述评·

中国古代社会治理法学前沿问题研究综述（2019~2024）*

巩 哲**

内容提要： 随着社会治理法学学科建设的推进，学术界对中国古代社会治理法学前沿问题的研究，也呈现热度不减的趋势。研究者围绕社会治理法传统中的思想、制度、模式，社会治理规范中的内容、运行、影响以及社会治理法治逻辑中的结构、体系、能力等方面进行了内容丰富、视角独特、方法新颖、观点创新的研究，取得了丰硕的成果。但宏观来看，当前相关研究仍存在有分析力度但缺少理论范式、有研究领域但缺少学科意识、有问题意识但缺少学术对话等不足，需要相关领域研究者共同凝聚学科共同体意识。

关键词： 社会治理法传统　社会治理规范　学科共同体

目　次

一　引言
二　社会治理法律传统研究：思想、制度、模式
三　社会治理规范研究：内容、运行、影响
四　社会治理法治逻辑研究：结构、体系、能力
五　结语

一　引言

党的十八大以来，随着党对社会治理规律性认识的不断加深，中国特

---

* 本文系天津社会科学院重点课题"宋元明清犯罪学史"（24YZD-09）的阶段性成果。
** 巩哲，法学博士，天津社会科学院法学研究所助理研究员。

色社会治理的"学术之问""学科之问""时代之问"得到学术界积极回应。2020年11月16日，在中央全面依法治国工作会议上，习近平总书记提出，要"坚定不移走中国特色社会主义法治道路，在法治轨道上推进国家治理体系和治理能力现代化"①，进一步阐明了中国的社会治理与社会主义法治的紧密联系，社会治理法学也成为近五年讨论热烈的学术论域。2023年2月，中共中央办公厅、国务院办公厅印发的《关于加强新时代法学教育和法学理论研究的意见》指出，要"加快发展社会治理法学"等新兴学科②。汲取中华优秀治理文化，让本土资源、东方智慧成为培育中国特色、中国风格、中国气派的社会治理法学学科的沃土，应为学术界重要的担当。

近五年来，法律史学、历史学、政治学等不同学科学者分别基于不同时代，对社会治理法学的社会治理法律传统、治理规范、治理法治逻辑进行了颇有建树的研究。本文将对近五年中国古代社会治理法学相关研究进行梳理并加以评析，以反映相关研究成果的最新进展，寻找未来相关研究可能的价值方向。

二 社会治理法律传统研究：思想、制度、模式

中国古代历来重视社会治理，正如在世界东方形成的中华法治文明，在社会治理领域同样形成了以治理思想、治理制度、治理模式等为内容的社会治理法律传统。有学者认为这种治理传统具有制度构造、价值观念、精神气质和整体模式的独特性，认为已经形成了一种治理文明形态③，成为世界文明史上的一个独特现象。近五年来，学者围绕治理传统进行了研究，从研究成果的时间段选择看，上启治道之典范的"三代"，下至中国

---

① 习近平：《坚定不移走中国特色社会主义法治道路　为全面建设社会主义现代化国家提供有力法治保障》，《求是》2021年第5期。
② 《中共中央办公厅　国务院办公厅印发〈关于加强新时代法学教育和法学理论研究的意见〉》。
③ 王若磊：《"轴心突破"与中国治理传统的初形——文明基始的视角》，《学术月刊》2023年第9期。

共产党领导革命形成的社会治理法律传统,也有就某一方面长时间段的变迁研究,形成了如中国式法治等宏大话题。

(一) 传统治理思想研究

学术界对于传统治理思想的研究,首先是对中国古代治理概念群的梳理。陈祥勤的《"执古始之道,以御今之有":中国古代治理传统中的治道和治术》一文,通过梳理"治"和"理"的原始含义,分析"治"与"理"合二为一的历史过程,认为"治理"不仅仅是对社会的管理,还表达了治理的理想目标,从"体""用"关系的角度,阐释中国古代衍生的"治道""治术",其中"治道"为体,是实现"治理"的根本道理,"治术"为用,是实现"治理"的方法手段,两者在中国传统政治文明中是本质重要的思维存在。在中国古代治理传统中,"治道"以"因循而治、杂采诸术、阳儒阴法、以道御之"为内容,即因时因势、循理循事而为治,采用诸子百家理论的长处,以其中重要的儒家为皮、法家为骨,作为中国传统治政的两端,统驭诸术的则是道。"治术"以礼乐、轻重、刑名最具代表性,三者分别对应"导民以德",以轻重之术平衡经济和以世轻世重、简约主义为原则的传统法治,"示民以利"[①]。该文全面展示了中国传统治理思想的概念族群,以及这些概念背后的中国传统治理原理。

对中国传统治理思想历史发展变与不变的研究,是发现治理思想精神内核、勾连古今之治、展现治理思想演变规律的重要研究方向。赵天宝的《论中国社会治理观的赓续与嬗变》一文,从"德主刑辅"这一传统治理观念入手,分析其产生、发展、演变的历史过程,认为这一思想萌芽于西周,至西汉由董仲舒正式提出,并最终由理论走向实践,此后历代均在这一思想基础上提出相应的治理策略,刑治功能特点愈发凸显。作者认为"德主刑辅"在实践中的样态,仅在个别时期如同理论那般以德治为主,实际上随着社会矛盾的加剧,德治的成分越来越少,逐渐形式化。文章提

---

① 陈祥勤:《"执古始之道,以御今之有"——中国古代治理传统中的治道和治术》,《社会科学》2022 年第 8 期。

出，要将"法主德辅"作为古代中国社会治理观念的赓续、当代中国社会治理应该秉持的观念，并通过法治教育路径逐渐转换观念①。与"法主德辅"社会治理观不同的是刘国民，他通过分析"德主刑辅"思想的社会政治背景、基本内容、建立根据，认为"德主刑辅"仍有"德治"与"法治"结合、"守法"与"养德"结合的现实意义②。

另外，一些学者从中国传统治理思想的独特精神特质角度进行分析，具体如对"礼法""无讼""礼与仁""信与法""群学群善"等精神特质的讨论。关于"礼法"思想，丁鼎以《周礼》中的社会治理思想为研究对象，认为我国传统治理体系中"礼""法"是基石，两者关系表现为"礼法相济""礼法合治"，《周礼》对"礼""法"有详尽的制度总结，同时也对未来制度模式提出了构想，表现为"礼法相济""礼主法辅"③。"无讼"是中国传统司法智慧的重要内容，对司法制度的设计与运行有重要影响，吉林大学法学院的吕丽、邱玉强探讨了以"无讼""听讼"司法实践为中心的中国传统司法智慧，认为中国古代司法治理的核心内容是"以民为本"，以"惠施于民""德教于民""刑威于小人，使之为民"为具体表现，以这些思想原则为出发点，探析了"无讼""听讼"的具体实践，"导民无讼"通过德教示谕、和处息争实现，"听讼"的发生是"无讼"防患于未然的适用范围有限导致的。既然"不能免也"，地方官采用了一些司法治理的技术与艺术：一是"情证折狱"，即"察情""据证"，以"罪因情科，案凭证定"实现"处断平允"；二是"用谲"以得实情，虽能快速见效，但并非正道，有负面作用，并总结了这些司法治理的当代经验启示④。何哲教授针对"礼与仁"这一古老话题，站在现代治理角度进行了重新剖析，从儒家思想与中华文明相伴而行的特点和历史地位，阐释了儒家思想的核心内容，并对儒家思想进行了评价，认为客观地评价儒

---

① 赵天宝：《论中国社会治理观的赓续与嬗变》，《江苏社会科学》2019年第6期。
② 刘国民：《董仲舒"德主刑辅"的治理路线及其当代价值》，《孔子研究》2022年第4期。
③ 丁鼎：《〈周礼〉的行政制度设计及其对后世政治的影响》，《山东省社会主义学院学报》2021年第3期。
④ 吕丽、邱玉强：《我国司法治理的传统智识——以古代地方官"无讼"与"听讼"实践为中心》，《上海对外经贸大学学报》2021年第3期。

学，需要认识到儒家思想是中华文化的主流，但非全部，最重要的历史价值在于确立了人类人本主义，但也存在政治理想与功利现实、法治与礼治、大同世界与家天下的矛盾妥协。文章最后得出结论：儒学要想在当代发挥启迪作用，需要摒弃压制人性的部分，吸收儒学对现代治理有意义的部分①。何哲还探析了"信与法"的法家治理思想，其文章回顾了法家思想的形成与流变，针对法家思想的核心要义阐释了自己的理解，认为法家思想对现代治理体系完善有几个方面的启发：以法治为根本准则，同时重视普法，及时完善法律制度，以及取信于民、整顿吏治②。社会学学者鞠春彦以中国传统"群学"中的"善群"思想为研究对象，善群治国以大一统的核心理念支撑的央地关系为基础，选贤任能是善群的人才保障，教化臣民、改变民俗是善群的理想，基层社会治理依赖内生秩序。鞠春彦认为安国富民是善群的旨趣③。不过，笔者认为国泰民安才是传统治国方略的最终追求。

古代中国以"有治人无治法"为社会治理传统观念，一些学者着重研究关键人物的社会治理思想。余治平以《酒诰》为研究文本，探索周公对殷遗的治理，周王朝建立之后发生了"三监之乱"，为进一步安定殷商遗民，周公制定《酒诰》，将禁酒法律化，与德教相结合，并以严刑威慑违背禁酒令者，通过教化劝导立德，通过严刑捍卫权威④。陈睿超以王阳明的《南赣乡约》为研究文本，考察"简约治理"，其文章分析了《南赣乡约》与理学的渊源，认为乡约源于宋代理学家对基层社会失序、制度与价值割裂现实困境的应对之法。《南赣乡约》的存在基于明代中叶的社会背景和心学走向实践的新发展，以及保甲制度的推行。《南赣乡约》对当代社会治理的启示是：一方面，要把制度、道德、政策、价值统合起来，通

---

① 何哲：《仁与礼：中华儒家思想及对完善人类现代治理的启示》，《学术界》2023年第12期。
② 何哲：《信与法：中华法家治理思想及对现代治理完善的启示》，《学术界》2022年第12期。
③ 鞠春彦：《论"群学善群"思想的当代治理意义——传统治国理政方略的流变》，《哈尔滨工业大学学报》（社会科学版）2023年第1期。
④ 余治平：《周公的殷遗治理及其儒家属性研究——以〈酒诰〉的文本叙事与经学诠释为中心》，《周易研究》2019年第4期。

盘考虑；另一方面，立足现实、简单易行也是重要经验①。刘涛研究了朱元璋的礼治、教化思想及其实践。朱元璋将礼治社会建立在礼文化的基础上，治国当以"德"为本，礼制以申明和教化为首要任务，以《大明律》《大诰》《教民榜文》行引礼入法之治，兴学校、礼乐以礼教民、化民，正祀典、禁淫祀以淳华风俗。朱元璋的一系列礼治教化思想在实践中起到了积极作用，但存在理想化、强制性等问题②。当前对中国传统社会治理思想中概念群、演变的研究，具有较强的创新价值，但对中国传统治理思想的独特精神特质研究，却出现了同质化现象，话题稍显陈旧，观点存在重复，老生常谈，新意不多，对关键人物社会治理思想的研究，重在史料解读，对实践中治理思想运行实效的研究不足。

（二）传统治理制度、模式研究

学术界围绕中国传统地方治理制度、监察制度、讼案治理制度等治理制度和官民共治、礼法合治、简约治理等治理模式展开了研究。地方治理是社会治理的重点和难点，关系到国家治理体系的根基稳固与否，是中国治理传统经验诞生和运用的关键节点。姜生、刘波两位学者将研究的目光聚焦汉代，探讨地方治理中的"三老"与儒家礼制体系中"三老"的关系。其文章从西汉"三老"在地方治理中的形象变迁入手，揭示了"三老"由"能率众"演变为"导善""师表"的形象，越来越贴近儒家理想中的"三老"形象；王莽新朝至东汉正式通过政治与文化秩序结合将"三老五更"礼制上升为国家制度，"养老礼"逐渐从中央推广到地方，这种礼制在东汉时期也开始向地方转移，"三老"开始"听讼理怨，教诲后生"，参与地方治理③。何亦凡认为，唐代的德政类碑刻是地方官进行治理的方式之一，这些碑刻传播官吏的"神异"能力，向民众宣示灾祸来临之

---

① 陈睿超：《王阳明〈南赣乡约〉的思想、现实基础及其当代启示——一个传统中国的"简约治理"个案》，《哈尔滨工业大学学报》（社会科学版）2020年第6期。
② 刘涛：《礼治与教化：朱元璋社会治理研究》，《江西社会科学》2019年第7期。
③ 姜生、刘波：《"三老民之师"：汉代地方治理与儒家礼制的结合》，《云南民族大学学报》（哲学社会科学版）2022年第5期。

际,立碑建祠可以庇佑众生,同时能够增强地方官治理的权威性,在这一塑造过程中碑刻也被赋予灵异故事,具有了"神力",起到了警示官员的作用①。同样以碑刻为研究材料的还有韩文甫、李霖,《清代河南乡规民约碑刻在乡村社会治理中的功能作用》一文指出,清代中后期,社会结构发生变化,推行乡规民约、加强基层治理成为重要举措,乡规民约制定出台以后经县批准立碑公布,使得乡规民约有了法律效力,乡规民约的类型可以划分为综合规约和专项规约两类,这类乡规民约具有广泛性、针对性、可操作性,起到教化、禁止、奖励与惩罚功能,对维护乡村基层秩序、剪除陋习、增强凝聚力有积极作用②。

何元博以甘青地区水利执照碑刻为研究的主要史料来源,分析了这一地区能够存在众多水利执照碑刻的地理条件、水利执照碑刻的结构特点,发现清代水案有反复性和决不待时两个特点,清代地方官员采用法律手段和行政手段对水案进行治理,真正被中央所认可的治理模式是行政方式治理冲突③。吴欢从制度发生学视角考察了民初监察制度的历史变迁,认为这种变化是一个主客体互动构造的过程。清末民初的政权更迭中,都察院也面临存废之争,民国建立之后袁世凯创立肃政厅,专任官吏监察纠劾,一系列大案要案的处理,巩固了肃政厅的地位和权威。虽然肃政厅后被裁撤,但作者认为肃政厅在治理吏治秩序中起到了重要作用,在近代史上独具一格。作者分析了独立监察模式的历史和民初的遭遇,在中西制度文化碰撞的历史背景下,肃政厅移植了西方权力监督制约的内容,整合了中西监察治理资源,监察制度的历史演变可以作为观察从帝制走向共和、地方割据和中央集权制度安排的独特视角。肃政厅虽然昙花一现,但背后的政治任务、治理意图并未变化,"蕴含着承前启后的制度发生学意义"④。

---

① 何亦凡:《德政类碑刻与唐代的地方治理》,《甘肃社会科学》2023年第2期。
② 韩文甫、李霖:《清代河南乡规民约碑刻在乡村社会治理中的功能作用》,《中州学刊》2020年第10期。
③ 何元博:《清代水案治理研究——以甘青水利执照碑为中心》,《农业考古》2022年第1期。
④ 吴欢:《监察制度改革与治理秩序转型 民初肃政厅的发生学考察》,《中外法学》2022年第4期。

中国古代、革命年代治理的历史经验，经过各地实践运用完善，逐渐构建起一套行之有效的治理模式。研究者对这些治理模式进行了梳理。邱玉强对中国传统司法文化中的"官无悔判"定论进行反思，认为中国古代司法官员纠正审断错误是客观存在的事实，背后的原因：一是儒家经典中"过而能改"的文化依据、福祸报应的鬼神敬畏思想等，这成为官员悔判的内在约束原因；二是外在规则体现为清代律例对出入人罪承审官连带责任的规定，故而上级官员需要监督约束下级，减少错案。"官无悔判"的缘由除了官员拒不认错、维护官威的需求之外，还应当注意古代审判官员对"信谳"理念的追求①。韩星、单长城的《礼法合治、德主刑辅、王霸结合——汉代国家治理模式的确立及其现实意义》一文以汉儒探索治国安邦的治理模式为研究对象，梳理了这些治理模式的构建过程：儒生陆贾主张文武并用，改变过往秦王朝"尚刑"短命的历史命运，提倡仁义教化的同时，重视刑罚严明，起到"民畏其威"的作用；贾谊、韩婴两人都吸收秦亡的教训，主张礼法结合，以礼为先；董仲舒是汉代大儒，构建了引礼入法、礼法结合、德刑兼用、德主刑辅、王霸结合、以王统霸的治国方案和模式。一系列论断经过历代王朝的修正、补充，延续到清末，汉初至今的儒者思想也为今天的国家治理体系和治理能力现代化提供了资源。作者特别强调要"复兴儒家礼治治理模式，并与德治、法治密切结合"②。

杨晔考察了我国"调解"这一历史悠久、应用广泛的纠纷解决手段。传统调解具有司法性和行政性，来自民间力量的调解不应被忽视，成为主要的类型之一，近代中国出现了专门规范调解的法律制度，"司法调解"也从宏观"调解"中分离出去，进一步专业化、制度化。民国时期"行政调解"以"调解委员会"形式，剥离了传统司法、行政混同的官方调解，现代中国构建了"人民调解"，更加彰显人民性。中国调解的历史变迁展

---

① 邱玉强：《中国传统司法"官无悔判"之辨证——兼论清代地方司法治理实践中的"信谳"追求》，《福建论坛》（人文社会科学版）2023 年第 6 期。
② 韩星、单长城：《礼法合治、德主刑辅、王霸结合——汉代国家治理模式的确立及其现实意义》，《孔子研究》2019 年第 6 期。

现了三类调解的各自特性,关系表现为混同联动、制度分离与创新分化①。胡永恒研究了陕甘宁边区婚姻司法,分析指出,边区在有意识地寻找符合中国国情的司法道路,婚姻案件以"情理断案",在一定程度上使司法成为能动、积极司法,表现了对个案公正的追求,婚姻案件的解决还提倡调解,这些司法活动都基于精兵简政背景,形成了"简约治理"模式,但这些模式、理念并非简单地复制古代传统,而是注入了新的元素、现实主义色彩,践行司法为民理念②。同样研究中国共产党治理社会模式的牛凤娟、任士英,探讨了抗战时期中国共产党在延安创建的治安治理模式,即以政府为主导、引领公民广泛参与的官民共治的治安模式,认为这种治安模式节约了社会治理成本,提升了治理能力,增进了官民互信③。刘巍大跨度、宏观的中国治理原型研究,展示了中国式法治的整体内涵和历史精神。其文章认为,中国式法治是以法天为治、天人合德的治理模式,以明德为则、以礼为法、以刑卫法和人治为要,其中最具涵盖性的是"礼治"④。研究者们对中国传统治理制度、模式的研究,反思了以往的成见旧识,得出了具有创新价值的观点,尤其是中国共产党在革命历程中创立的治理制度与模式,既具有传统因素,又结合实践推陈出新,构建了符合现代社会条件的制度与模式,为今天社会治理法治化制度化提供了经验。

三 社会治理规范研究:内容、运行、影响

中国是具有悠久成文法历史的国家,历来有制定典章制度、律例法律的传统,规范的制定内容及其运行,对中国社会治理产生举足轻重的影响,也是中华法系产生世界范围影响的一个标志性特点。学术界围绕社会治理规范的内容、运行、影响进行了研究。从研究的着力点来看,以规范

---

① 杨晔:《我国调解类型关系的历史变迁研究》,《河南财经政法大学学报》2024年第1期。
② 胡永恒:《情理断案、调解与简约治理——以陕甘宁边区的婚姻司法为中心》,《华中师范大学学报》(人文社会科学版) 2023年第3期。
③ 牛凤娟、任士英:《官民共治:抗战时期延安治安治理模式研究》,《领导科学》2019年第12期。
④ 刘巍:《中国式法治——中国治理原型试探》,《史学理论研究》2020年第5期。

的运行和影响研究为重,对规范内容的研究用力不多。一方面,规范内容的研究前人已有较多学术贡献,可供进一步发掘的规范内容已经不多,相关研究的重点在规范内容的变迁,但如果仅研究规范内容的变迁,则普遍性的学术价值不足;另一方面,规范内容的研究难以与其他治理问题研究形成有效对话。

(一)治理规范内容及其变迁的研究

学术界对治理规范内容及其变迁的研究,侧重边疆治理的法律制度、明清法律制度演变以及重点治理领域的规范制定。高君智、陈武强关注明代乌思藏的朝贡法律规制,即朝贡例的内容及其作用和特点,"贡使通关例"规定了贡使进京朝贡的具体程序,"贡道贡期例"规定了贡使进京的路线、期限和人数,"贡使朝觐和赏赐例"规定了朝贡礼仪和觐见流程以及中央赏赐的标准,乌思藏朝贡的法律规制在实践中存在缺陷,并未完全适用,但对稳固边疆秩序、阻止朝贡乱象发挥了重要作用[1]。祠祀乡贤是树立楷模、劝善乡人的中国文化传统,但明代这种传统却发生冒滥的弊端,赵克生认为乡贤冒滥是明清两代都存在的问题,但明朝与清朝的治理方式并不一致,明朝治理呈现"运动式",清代从沿袭明代旧制发展到"因案立制",并且这种制度化的治理与其他相关制度形成了体系,较好解决了这一问题,重建了乡贤的公信力和权威性[2]。张一弛以国家治理视角观察清初"逃人法"修订、实施中的问题,其文章回顾了"窝隐逃人罪"的立法渊源,认为这个罪名本就是根据《大明律》制定的临时性管制措施,呈现处置过重的特点,满汉相争的政治因素在修订过程中介入,也左右了"逃人法"的轻重权衡,"逃轻窝重"一直影响清代,对国家治理造成了刑罚过重等负面影响[3]。清代律例承袭明代律例之深,几乎人所共知,

---

[1] 高君智、陈武强:《朝贡例:明代乌思藏朝贡的法律规制》,《西藏研究》2023年第5期。
[2] 赵克生:《从"沿明旧制"到"渐立新规"——清朝对乡贤冒滥之弊的制度化治理》,《清史研究》2022年第4期。
[3] 张一弛:《国家治理视角下清初逃人法的政治困境——以顺治时期"窝隐逃人罪"的立法与司法实践为中心》,《中国人民大学学报》2024年第1期。

来鸣家的《清代"诈欺官私取财"律例中"金融犯罪"类规范的传承与创新》一文,以清代"诈欺官私取财"律例为分析对象,认为清律通过修例扩大了传统财产犯罪的调整范畴,形成了新的金融管理规范和犯罪刑罚制度,但这种变化在适用对象和地区上都存在限制,反映了清代有限的治理能力①。上述成果在对规范进行研究时,都注意到实践对规范内容变化的重要影响,以及规范内容变化对实践的回应,两者形成密切的互动联系。

(二) 治理规范运行的研究

近年来,不少研究者将包括法律规范、社会规范等多种规范的实践运行状态呈现给学界,让我们进一步了解到中国古代社会"活的规范"。李凯以早期文明社会治理视角,研究了《尚书·甘誓》的治理观念与治理运行,其中以行"天之罚"为名,是"失礼入刑"的依据,夏启以"德"与"礼"维系部落秩序的同时,运用神权等实现规范引导,对于违背"礼"的行为,则采用"兵""刑"的方式征讨、惩罚②。巨虹对敦煌文书中的"乡法"进行了分析,认为"乡法"体现在敦煌文书的契约中,是乡民们必须遵守的强制性规范,是社会纠纷治理的基本依据,这种"乡法"体现了如同"律令"的精神,"乡法"也普遍存在于日常生活中,在各类文书中均可高频看到,"乡法"的运作也离不开儒家思想和佛教思想的影响和约束③。彭凯翔、林展对清代修例进行了系统研究,他们与以往学界的看法不同的是,清代修例的增长并非持续不断,各类型例的增长情况也有不同,乾隆朝中期以后修例活动就呈现下降态势,但则例下降相对缓慢,部院则例的适用对象始终以"治吏"为主,但这一过程也实现了对官

---

① 来鸣家:《清代"诈欺官私取财"律例中"金融犯罪"类规范的传承与创新》,《河北法学》2024年第4期。
② 李凯:《〈尚书·甘誓〉与"失礼则入刑"——以早期文明中的社会治理为视角》,《史学月刊》2023年第3期。
③ 巨虹:《敦煌文书中"乡法"呈现的社会治理》,《兰州大学学报》(社会科学版)2021年第6期。

民关系的规范，社会治理呈现弹性，保留了一定空间①。同样对律例修改展开研究的是林乾，作者分析了乾隆五年《大清律例》颁行以后，虽然禁止擅自修改，但在实践中乾隆朝正是法律重构的高峰时段，之所以会出现这种矛盾，作者认为清朝采用增改律例的方式推动刑法重构，采用部院编纂则例的方式实现"部门法"的建构，对法律体系的重构助力提升了国家治理能力②。温春来以多年研究的清代矿业领域事例，阐释这种"事例原则"对国家治理地方的有效作用，指出清代矿业管理中，设立事例是普遍采用的管理手段，事例也存在诸多问题，如效率低下、与实情不符等，但在实践中又出现了变通，这种规范运作的出现，反映了清朝集权治理与地方实践之间的矛盾③。李文军对这一问题的关注，将研究推进到中国共产党创建的革命根据地，他研究发现，革命根据地司法机关会对风俗习惯进行甄别，并作为民事法源、司法纠纷解决资源予以运用，这种对风俗习惯的甄别运用的背后是新的司法方法论，提升了司法适应社会的水平，塑造了司法为民、人民司法的特质④。从上述研究可以看出，社会治理规范运行机制的抽象提取是研究的难点也是研究的重点，理解偏差容易导致学者总结的机制缺少对话的起点。

（三）治理规范影响的研究

治理规范内容经过实施，与实践环境发生碰撞，两者之间形成互动，并相互塑造，最终产生相对应的影响和效果。柳正权、肖普燃的《北宋瘟疫治理的法律制度探研——以开封为视域》一文，回顾了北宋开封城瘟疫频发面临的挑战，详细介绍了北宋政府为治理瘟疫所制定的组织制度、预防和预警制度、诊疗制度、稳定制度，这些制度对北宋强化治理瘟疫效

---

① 彭凯翔、林展：《从例的修订看清代治理模式：以〈大清律例〉〈会典事例〉为主的分析》，《清史研究》2020年第6期。
② 林乾：《清朝法律的重构与国家治理效能的强化》，《政法论坛》2022年第2期。
③ 温春来：《事例原则：清代国家治理的一种模式》，《中国经济史研究》2021年第2期。
④ 李文军：《根据地司法对风俗习惯的甄别、援用及其逻辑》，《思想战线》2024年第1期。

能、减轻疫情损害起到了积极作用①。公务行为终身负责制是我国法律条文中明确规定的内容，潘萍详细考察了"去官不免"制度这一中国传统治理资源的历史变迁，这种制度本质上是法家思想控制行政权的反映，将官吏视为中央政权严格治理的对象，在运行中未能如期实现治理效果，陷入了"形式主义法治"的困境②。朱腾伟、张洪林通过研究清朝广州十三行法制的历史经验承袭，以及为适应清朝开海贸易之后的形势和贸易关系变化，对海关管理、国内外商人管理进行的制度创新与调适，这种法律制度变革体现了清政府面对近代化冲击的集中回应，展现了清王朝对法制近代化的尝试③。建志栋以中国古代宗教治理的背景为切入点，认为通过法律对宗教的道德性引导和法律规制的共治，充分发扬宗教的道德性，是中国古代宗教的法律治理模式，这种模式的建立强化了宗教的道德教化功能，也稳定了社会秩序④。研究者对治理影响的探析，使我们重新认识了治理规范在社会治理中的价值与意义，但从前述研究成果来看，目前对治理规范影响的宏观观察不足，欠缺对这些成果的进一步凝练总结。

四 社会治理法治逻辑研究：结构、体系、能力

治理结构、治理体系与治理能力是关系到社会治理成效三位一体的治理逻辑，是具有根本性、全局性、前瞻性、长期性的关键问题⑤。中国古代社会治理能够以"法治"的逻辑运行有效，有赖于治理结构的稳定、治理体系的健全以及治理能力的提升。当代学者对这些领域的问题进行了研究、讨论。

---

① 柳正权、肖普焌：《北宋瘟疫治理的法律制度探研——以开封为视域》，《中国政法大学学报》2020年第6期。
② 潘萍：《公务行为终身负责制的传统治理资源与批判性借鉴——基于宋代"去官不免"制度的分析》，《学习与探索》2021年第12期。
③ 朱腾伟、张洪林：《近代化的法制趋势与回应——以清朝广州十三行法制为中心》，《江汉论坛》2023年第10期。
④ 建志栋：《中国古代宗教治理的法律解读》，《政法论坛》2019年第2期。
⑤ 姚德超、冯道军：《边疆治理现代转型的逻辑：结构、体系与能力》，《学术论坛》2016年第2期。

（一）治理结构的研究

社会治理结构组成对社会治理整体而言是否搭配合理、运行有效，是治理体系形成的核心，是社会治理效能释放的重要一环。徐畅对唐代的京畿县乡权力结构及其社会治理进行了探析，认为唐朝政府在区域内建立了府、县、乡、里的行政层级，通过分层分级把控基层社会，一些运转机制实现上传下达、下情上达和信息交流沟通。文章通过对本区域影响社会力量的类型学剖析，将其划分为乡里强干者和外来强干者，他们同样是权力结构的组成部分，乡里强干者在教化宣扬道德、参与地方活动中发挥了一定作用，外来强干者则争夺资源、干扰社会秩序，这些力量都构成社会治理的复杂权力结构，实现皇权与官僚系统的"制衡共生"，达成"善治之局"[①]。吉林大学法学院讲师姜翰在其论文中首先分析了慈善组织在社会治理中的角色，官办慈善组织参与地方法律治理，在安置收养人犯方面，以及民办慈善组织在治安维持、盗贼缉捕、司法审判、刑罚执行等方面起到关键作用。在这一治理过程中官民呈现互动与合作，而且呈现"官僚化"趋势、官方主导色彩。文章认为，慈善组织在地方法律治理中的角色和定位，正体现其在"第三领域"实现了国家与社会的互动、交接[②]。吴倩的《宋明基层乡约治理的特点与启示》一文对乡约这一治理模式进行了研究，认为乡约分为官办乡约和民办乡约两类，官办乡约具有强制性，民办乡约则具有一定程度的自治性、自主性，乡约在道德教化、基层事务处理中形成了综合治理模式[③]。

任锋、马猛猛认为，中心统合主义是传统中国维持"大一统"局面、解决治理困境、实现国家与社会联结的机制，讨论了一些政治学学者对于大一统的贬抑评价。但对于中国而言，"大一统"又是实实在在产生统合效果的，中心统合主义产生的历史渊源与周、秦两代的历史经验教训有

[①] 徐畅：《何以善治：唐代京畿县乡的权力结构与社会治理》，《文史哲》2021年第4期。
[②] 姜翰：《清代地方法律治理中的国家与社会：以慈善组织为中心的考察》，《西南大学学报》（社会科学版）2024年第2期。
[③] 吴倩：《宋明基层乡约治理的特点与启示》，《政治思想史》2019年第2期。

关，周代礼制在春秋战国时期崩溃，秦代法家治理模式有统无合，又导致地方治理失效。后世王朝吸取秦亡教训，重建礼治的中心统合主义，成功维系了"大一统"国家，礼治与法治的互融，实现了地方治理的有效性[1]。同样研究"大一统"国家结构与国家治理、思想观念的还有孙磊，他将研究的时段放在汉代，首先考察了春秋公羊学中的"大一统"思想，其规范意义是，建构国家合法性不仅仅是服务于中央集权，春秋公羊学以阴阳五行、"受命于天"、灾异学说，强化"贬天子"思想、"天道宪法"思想，以道统约束治统君权，构筑了国家秩序的精神根基。经学视域下的"大一统"思想其实蕴含着更多"贬天子"的思想内涵，与"尊王"的"大一统"学说有鲜明差异。故而汉代天子受到"天道"约束，良法善治得以形成，后世政治权力斗争使得这些思想僵化、妥协、单一，导致"大一统"趋于扭曲和专制[2]。

（二）治理体系的研究

社会治理体系就是：在体制上，治理主体、治理结构之间的相互关系；在机制上，各治理主体、治理结构处理社会问题，形成社会治理结果的动态运行过程；在制度上，社会治理过程中运用的规则及相互间的冲突、调适[3]。通过上文的文献回顾可以发现，古代中国在长期的社会治理实践中形成了这种体系，治理体系诸要素之间形成了合力，产生了显著的社会治理成效。李雪梅与郭成伟、朱勇三位教授从宏观上论述了中国古代社会治理体系。李雪梅从党的二十大报告中国家治理体系和治理能力现代化的目标要求出发展开论述，认为以往文件中"管理"到当前文件中"治理"的表述转换，更加强调治理要形成体系、形成共同体、形成更大效能，传统中国治理的方式多元，形成了"良法善治""官箴吏治"等体系

---

[1] 任锋、马猛猛：《一体联结与中心统合主义：礼治秩序重建的国家治理启示》，《江西社会科学》2023年第5期。

[2] 孙磊：《〈春秋〉"大一统"与国家秩序建构——以西汉国家治理为中心》，《东南学术》2022年第6期。

[3] 童星：《中国社会治理》，中国人民大学出版社，2018，第217页。

化的治理经验,可以为今天的社会治理体系建设提供参考①。

郭成伟通过对中国古代社会治理体系与治理能力的研究认为,中国古代的治理体制以君权为核心,形成综合为治的治理体系。文章以时间为序,梳理了这种体系的形成过程与变化,构建了一套明君贤相良吏、集权统一的社会治理体系②。朱勇认为,"官法同构"的制度体系建构,对国家治理和社会管理的秩序与效率产生重要影响,"官法同构"的体系建构与大国治理对象、法律调整的对象密切关联,即"君、官、民"三类,通过治官实现国家秩序的维护,由"官法同构"体系衍生规制官僚体系的法律体系,实现了大国的有效治理③。王帅一将田土细故问题置于中国国家治理的宏观体系中,认为学界以现代民法思维分析中国传统"民事法源",致使相关讨论出现困惑、分歧。作者认为细故不是国家法律所关注的"大事",传统中国并未将"细故"视作民法问题。这种观点讨论基于作者对传统中国"法"与"田土细故"的理解:传统"法"的观念与今天"法"的观念并不一致,细故纠纷在国家治理体系中通过教化来解决,这背后是统治者认识到法律在国家治理中的局限性④。前述成果对我们全面认识中国古代治理体系有重要引导价值,各位学者从不同切入点、不同角度提出了富有创新价值又勾连古今的观点。不过值得注意的是,学界对该领域的研究仍显单薄,急需更多学者在该领域提出更多有价值的观点,形成对话。

(三) 治理能力的研究

社会治理能力是社会治理结构与社会治理体系发挥理想效用的核心,治理能力孱弱,会造成社会治理体系分散化、社会治理结构碎片化,难以形成治理合力,并拖累社会秩序建设,最终酿成治理危机。中国古代政权

---

① 李雪梅:《中国古今"治理体系"析评》,《中国政法大学学报》2023年第3期。
② 郭成伟:《中国古代社会治理体系与治理能力研究》,《中国政法大学学报》2023年第2期。
③ 朱勇:《"官法同构":中国古代的大国治理之路》,《学术月刊》2019年第11期。
④ 王帅一:《"无法"之讼:传统中国国家治理体系中的田土细故》,《学术月刊》2019年第12期。

对社会治理能力的提升孜孜以求，如观察"县令""知县""郡守""布政使"等官职名称，可以看出王朝对管辖领域治理能力的期望与追求，不少学者对这一领域相关问题进行了研究。陈明光、毛蕾、靳小龙对唐宋时期国家对"盗耕种"行为的治理问题进行了研究，指出国家专门制定法律加以规制，并形成了"盗耕种"这种法律术语，除了运用法律手段加以禁止，还会基于财政问题，对这种行为施加不同的处置措施。作者认为，唐宋时期对"盗耕种"行为的法律保护虽然有了进展，但这种法律保护是以国家财政利益为前提的，因而治理效果有限①。柏桦、李静两位学者对明代出现的"幸乱之民"治理困境进行了研究，指出明王朝针对"幸乱之民"制定了一系列法律制度，试图进行规制，但遇到了难以禁制的困境。作者分析其中原因认为，这与朝廷和官府施政不力直接相关，专制政体有自身的矛盾和弊端，难以在制度框架内对这一问题实施治理，将治理的重心放在"驭民"上，导致官民对立，进而常常徘徊在控制与失控之间②。

王兆刚分析了清末民初警察制度登上历史舞台、进入基层社会后的实际形态，他的研究表明，虽然警察制度的引入目的是国家政权对基层社会和治理体系进行重新塑造，但从实际运行来看，警察无力取代旧的基层势力，反而陷入了同基层权势集团的争斗、博弈，在这一过程中基层治理呈现内卷化，新瓶装旧酒，保甲团练成为警察并再度崛起，逐渐"差役化"，体现了与"内生权威"治理能力的差距③。吕文利以广西钦廉地区为观察区域，从长时段、中时段、短时段对这一地区行政区划调整与边疆治理效能进行研究，发现宋代由于北方边防压力，与交趾成为宗藩关系，广西则成为"外边疆"，设立广南西路，作为边防前沿。明朝时，钦廉地区划归广东，基于与安南稳定的关系，"边防"改为"防边"战略，治理效能进一步释放，以小成本获得治理效能④。

---

① 陈明光、毛蕾、靳小龙：《论唐宋国家治理"盗耕种"与私有土地产权及财政考虑》，《中国史研究》2023年第3期。
② 柏桦、李静：《明代"幸乱之民"的治理困境》，《史学集刊》2023年第1期。
③ 王兆刚：《清末民初地方警察制度与基层治理的内卷化》，《安徽史学》2023年第2期。
④ 吕文利：《行政区划调整与边疆治理效能研究——以广西钦廉地区1000年、650年、50年的变迁为观察视角》，《云南社会科学》2022年第1期。

龚浩对清代财政痼疾——地方亏空进行了研究，认为造成亏空的主要原因包括官侵、吏蚀、民欠三类，雍正六年（1728）的清查表明吏蚀为最主要原因。为有效治理地方亏空问题，清朝制定了严苛的惩罚条例用以震慑胥吏，并制定合理的制度避免胥吏侵蚀，清王朝对这一弊端的治理行之有效。作者最后提示，如果亏空问题的治理具有普遍性，那么"清代亏空治理成效的分析和清代国家治理能力的认知就需要被重新审视"，这值得学界进一步思考①。王光的《中国古代官僚制度集权演进与社会治理能力的双重约束》一文探讨了中国古代官僚制度的集权演进以及对社会治理能力的双重约束。作者认为中国古代官僚制的集权演进过程是一个权力向职位和君主集中的过程，呈现双峰并立集权格局，治理能力的提升受到行政能力衍射边界的限制，权力过分集中于个别官员，但其本人无法承担繁重的治理责任。此外，官员的自主性受到帝王偏好的约束，限制了官员发挥治理能力，这提醒我们要注意治理规范应当保证基层治理的自主性，复杂、严密的指标和制度规则可能会对基层治理能力提升起到适得其反的作用②。学界对治理能力的相关研究，视角多元，案例丰富，结论具有可靠性，除了能够看到中国古代治理能力的变迁、提升能力的制度设计之外，较多学者也提及这种治理能力提升的困境与经验，对当下社会治理能力现代化的历史惯性与启示，值得研究者进一步深究。

五 结语

当前，中国社会治理法治化建设的历史进程不断向前推进，学术界研究探索中国传统社会治理经验恰逢其时。学者围绕社会治理法律传统、社会治理规范、社会治理法治逻辑进行了观点创新、视角独特、方法新颖的研究，从学术理论上推动了社会治理法学学科的进一步发展。

---

① 龚浩：《行之有效：清代江苏亏空治理成效的再分析》，《西南大学学报》（社会科学版）2022年第1期。
② 王光：《中国古代官僚制度集权演进与社会治理能力的双重约束》，《浙江学刊》2022年第5期。

但也应认识到当前对中国古代社会治理法学领域的研究仍然存在一些问题，仍有深入探讨的空间。首先，有分析力度，但缺少理论范式。当前学术界对中国古代社会治理法学的研究，没有形成研究范式，缺乏理论体系的支撑，致使成果多以描述性研究呈现，较为欠缺原创性理论贡献。其次，有研究领域，但缺少学科意识。这里的学科意识指的是社会治理法学学科意识。在该领域深耕的学者学术背景多样，有历史学者、法律史学者、经济史学者、思想史学者、政治学学者等。这些学者多从各自接受的学术训练出发，立足本领域发现和解决问题，导致研究对象分散，研究结论与自身学科属性关联度较高，不利于推进当前倡导的社会治理法学学科建设。最后，有问题意识，但缺少学术对话。正是基于上述两个方面的不足，加上研究者关注的问题相对微观，对宏观问题、现实重大问题的关怀不足，所研究的问题分布呈现不平衡特点，进而难以形成相关领域的学术对话氛围。上述不足之处，有待学者们共同凝聚学科共同体意识，主动运用学科话语，凝练理论范式，进一步推动形成学术对话，使中国古代社会治理法学相关研究更具有创新性和影响力。

中国当代社会治理法学前沿问题研究综述（2016~2024）[*]

程 程[**]

内容提要：我国社会治理理念和治理方式的更新转型，催生了作为独立法律部门的社会治理法的确立。作为调整各类社会关系的法律规范总和，社会治理法呈现主体广泛性、内容丰富性和规范形式多样性的特征，涵盖以人民为中心、系统治理、依法治理、综合治理和源头治理五项基本原则。全面推进社会治理法治化，既突出了法治在推进社会治理体系和治理能力现代化中的积极作用，又为建设平安中国、法治中国提供必要的制度依据。关于当代社会治理法发展与适用前沿问题的研究，主要涉及社会治理法基础理论、社会治理法律制度、基层治理、乡村治理、市域社会治理和网络社会治理等方面。在法治轨道上加强和创新社会治理，应持续深化社会治理法治基础理论，及时制定出台相关法律规范，并就实际治理过程中的重点难点问题作深入分析，以期提出可行的解决方案。

关键词：社会治理体系　社会治理法治化　平安中国　优化路径

目　次

一　社会治理法的内涵与基本原则
二　全面推进社会治理法治化的重要意义
三　我国当代社会治理法学前沿研究概况
四　结语

---

[*] 本文系天津市2023年度哲学社会科学规划青年课题"法治政府建设背景下行政规范性文件监督机制研究"（TJFXQN23-005）阶段性成果。
[**] 程程，法学博士，天津社会科学院法学研究所研究人员。

当前多元社会治理领域面临的问题日益复杂化，法治作为治国理政的基本方式，亟须加速推进社会治理体系和治理能力现代化。立足新起点，将法治思维、法治方式融入社会治理体系构建及其创新过程，深入推进多层次多领域依法治理，不断提升社会治理法治化水平。本文通过阐述作为独立法律部门的社会治理法的内涵与基本原则，明确全面推进社会治理法治化的重要意义，在此基础上，系统梳理学界有关领域社会治理法治建设情况的研究进展。同时，基于对现有治理经验与不足的总结分析，为更好地发挥法治在完善我国社会治理体系、提升社会治理效能中的重要功能提供有力指引。

一 社会治理法的内涵与基本原则

（一）社会治理法的含义和特征

学界的主流观点认为，社会治理法是调整执政党、国家机关、社会组织和公民等主体在社会治理活动中形成的各种社会关系，确认并实现各方治理主体权利义务的法律规范的总和①。作为新兴的部门法，社会治理法主要呈现以下三个特征。

第一，涉及的社会主体及相应法律关系呈现广泛性。鉴于社会治理法的调整对象包括党委、各类国家机关、社会组织和公民等多元主体，由此形成的社会治理法律关系亦涉及诸多领域，既包括政府等公权力机关与行政相对人之间形成的内部管理关系、服务关系、监督救济关系等纵向法律关系，也包括政府与社会组织、公民之间在实际治理过程中形成的平等合作关系等横向法律关系。第二，社会治理法的内容极为丰富，且顺应社会形势发展不断扩张。社会治理作为一项系统庞大的工程，一般涵盖劳动就业、医疗卫生、社会保障、食品药品安全、公共安全和应急管理、教育和文化、社会治安以及社会矛盾纠纷化解等多个领域，因而，社会治理法的构成自然包含多个方

---

① 徐汉明：《社会治理法学学科基础理论研究》，《社会治理法治前沿年刊（2015）》，湖北人民出版社，2017，第55页。

面的制度内容。同时，面对当前严峻复杂的社会治理情势，为更好地适应社会发展新情况、有效化解不断涌现的新问题，作为相关治理行为的法律依据，社会治理法的相关内容呈现动态发展特点。第三，社会治理法律规范形式多样。由于我国尚未制定社会治理领域的统一立法，相关法律规定主要分散于宪法、法律、行政法规、地方性法规和各类政府规章中。代表性的如现行《宪法》中有关劳动就业、社会保障、教育与社会治安防控等社会治理方面的基本规定，与之对应，国家立法机关就社会治理领域的重要事项分别制定《就业促进法》《教育法》《安全生产法》《治安管理处罚法》等相关法律，国务院就具体社会治理活动制定《社会救助暂行办法》《工伤保险条例》《重大行政决策程序暂行条例》《突发公共卫生事件应急条例》等，此外，各地亦结合实际制定有关社会治理事项的地方性法规、自治条例、政府规章、团体章程或村规民约等。由此可见，实践中社会治理法律规范的构成，除包含需由国家强制力保障适用的成文法规定外，由社会组织制定实施的自治规范、村规民约或公序良俗等"软法"规范亦占据一定比例，共同为维护社会治理秩序的稳定运行提供规范支持。

（二）社会治理法的基本原则

社会治理法的制定与适用，应遵循以人民为中心、系统治理、依法治理、综合治理和源头治理五项基本原则。

1. 以人民为中心原则

人民群众是现实社会得以存续发展的主体。我国社会治理法的研究适用应坚持以人民为中心的基本原则，强调所有的社会治理活动必须做到为了人民、依靠人民，且治理成果由人民共享。进一步说，社会治理应着眼于人民群众最关心、与其切身利益息息相关的矛盾问题，依法保障民生权益等重大合法权益，以实际治理过程中人民的获得感、幸福感和安全感作为评判治理成效的主要标准[①]。

---

① 张文显：《新时代中国社会治理的理论、制度和实践创新》，《法商研究》2020年第2期，第6页。

2. 系统治理原则

系统治理要求，以系统化思维合理谋划社会治理整体布局，综合考虑并合理把握各治理环节、各治理要素之间的关系，实现一般社会治理活动中党委领导、政府负责、社会协同与公众参与的良性互动。根据党的十九大报告的相关规定，当前我国加强社会治理制度建设，应当系统推进预防和化解社会矛盾机制、公共安全体系、社会治安防控体系和社区治理体系全方位建设，努力打造共建共治共享的社会治理格局，不断提高社会治理效能。

3. 依法治理原则

依法治理是指，有关主体应当将法治思维和法治方式深度融入社会治理过程，援引相关法律规范正确裁判和处理各种争议事项，实质性化解社会矛盾纠纷。在日常社会治理活动中，要确保政府严格履行法定职责，各类社会组织依法有效实施自治管理，同时引导公民依法行使知情权、表达权等法定权利，推动多元主体积极有序参与社会治理法治化进程。

4. 综合治理原则

综合治理是指，充分发挥执政党、国家机关和社会组织等不同主体在社会治理中的职能作用，与人民群众保持紧密联系，加大推进政治引领、城乡基层社会综合治理、公共安全保障、依法预防惩治违法犯罪和行业自律监管等多领域治理的协同合作，不断提高社会治理社会化、法治化、智能化和专业化水平。

5. 源头治理原则

源头治理着眼于实践中公民因基本公共服务分配不均、公共安全保障风险、社会治安犯罪隐患或重大社会矛盾纠纷等治理问题引发的社会冲突，各类社会治理主体有必要从根源上考虑解决各类治理难题的有效办法，坚持标本兼治、重在治本，分清工作的轻重缓急。同时，坚持源头治理要重视基层治理，完善党全面领导基层治理制度，科学运用网格化管理、社会化服务等方式，统筹推进乡镇（街道）和城乡社区综合治理，加强基层法治和德治建设，充分发挥基层自治的优势，及时反映并满足人民群众的切身利益，着力提升基层治理能力①。

二　全面推进社会治理法治化的重要意义

基于我国社会治理理论及其实践应用快速发展的现实背景，全面推进社会治理法治化，既突出了法治在推进社会治理体系和治理能力现代化中发挥的积极作用，又为最终实现建设平安中国、法治中国的重大目标提供了必要的制度依据。

（一）突出法治在推进社会治理体系和治理能力现代化中的积极作用

长期以来，法治是国家治理的基本方式。围绕国家治理实践中的重点内容——加快推进我国社会治理体系和治理能力现代化的讨论，本质上离不开对社会治理法治化这一命题的深刻把握。

着眼于国家政策层面，我国有关社会治理法治化这一命题的确立与发展历程，基本情况如下：党的十八届三中全会通过的《中共中央关于全面深化改革若干重大问题的决定》，首次提出"提高社会治理水平"的明确要求；党的十八届四中全会通过的《中共中央关于全面推进依法治国若干重大问题的决定》，进一步提出"推进多层次多领域依法治理"的要求，包括"坚持系统治理、依法治理、综合治理、源头治理，提高社会治理法治化水平""发挥市民公约、乡规民约、行业规章、团体章程"等社会规范在社会治理中的积极作用等；党的十九大报告提出，应当"打造共建共治共享的社会治理格局""提高社会治理社会化、法治化、智能化、专业化水平"。至此，社会治理法治化这一命题得以正式确立。随后，2019年的中央政法工作会议正式确立"社会治理现代化"要求；党的十九届四中全会通过的《中共中央关于坚持和完善中国特色社会主义制度、推进国家治理体系和治理能力现代化若干重大问题的决定》强调，务必加强和创新社会治理，完善由党委领导、政府负责、社会协同和法治保障等多元因素

---

① 徐汉明主编《社会治理法学概论》，高等教育出版社，2023，第77~98页。

共同支撑的社会治理体系，明确阐释社会治理共同体的核心要义，即要求人人有责、人人尽责、人人享有，确保形成人民安居乐业、社会安定有序的治理环境，建设更高水平的平安中国；党的二十大报告特别就如何深入推进多层次多领域依法治理、提升社会治理法治化水平作出详细说明，包括在社会基层坚持和发展新时代"枫桥经验"、健全城乡社区治理体系、加快推进市域社会治理现代化和强化社会治安整体防控等具体内容。

面对社会治理过程中出现的多中心、多面向且层次交叉的复杂关系网络，有必要充分发挥法治在化解各类社会治理难题中的积极作用。详言之，当前我国全面推进社会治理法治化，本质上即要求借助明确、稳定且规范的法律秩序及其制度规则，为构建系统化的社会治理规范厘定核心宗旨、基本原则和制度框架，并通过详细规定各方社会主体的法律地位及其任务分工，最大限度降低复杂多样的治理事项带来的不确定性，大大提高治理工作的便利性和实效性，加强对多元社会主体合法权益的保护，推进我国社会治理体系和治理能力现代化①。

（二）为建设平安中国、法治中国提供必要的制度依据

党的十八大以来，以习近平同志为核心的党中央高度重视平安中国、法治中国建设。伴随全球治理体系和新一轮科技产业革命的深入发展，各国的依赖关联逐渐加深，但保护主义和单边主义依旧对当前世界的和平发展造成严重威胁。同时，就我国的实际发展情况而言，虽已步入高质量发展的新阶段，但在社会治理实践中仍存在较为明显的地区差距、城乡差距以及改革创新不足等发展不均衡不充分问题。基于此，对于现实生活中可能影响人民群众赖以生存的国家安全、政治安全、经济安全，和关系相关主体生命财产利益的社会治安、公共服务和生产生活安全等治理事项，必须提供必要的制度保障。此外，面对人工智能和大数据技术的不断更新换代，社会治理中的安全问题更加复杂棘手。与之相呼应，我国大力推动平

---

① 江必新、王红霞：《社会治理的法治依赖及法治的回应》，《法制与社会发展》2014年第4期，第32~33页。

安中国、法治中国建设，正是考虑到社会主要矛盾发生了深刻变化、人民群众对于加强安全保障的需求日益强烈，进而依法对可能威胁社会公共秩序及人民群众切身利益的各类安全风险开展防范、控制和化解工作，是特定历史发展背景的产物[①]。由此，将建设平安中国、法治中国作为开展社会治理工作的又一目标定位，实质上要求从源头对各类治理活动产生的风险事项进行有效处理，打造和谐稳定、长治久安的国家治理和社会治理环境。

传统的社会治理模式难以适应实践发展需求，面对当前社会运行中因资源分配不均等引发劳动就业、社会保障、公共安全、多元矛盾纠纷化解以及社会治安防控等领域的治理争议，有必要就如何加强和创新社会治理这一核心问题展开深入探讨。因此，全面推进社会治理法治化，重点在于加强有关社会治理法治化理论的构建，持续推动包含多主体多领域的社会治理法律体系建设，就不同治理领域涉及的主体设置、工作任务与运行机制等制定法律法规；进一步优化升级关系民生权益保障的基本公共服务法律制度，健全完善公共安全保障制度、社会治安防控体系和多元矛盾纠纷化解机制等；积极打造合作共治的社会治理格局，明确相关治理主体的地位、组织结构和职责分工，强化社会治理能力及其监督机制建设。由此可见，全面推进社会治理法治化，加快构建系统化的社会治理法律规范及其制度体系，可为最终实现建设平安中国、法治中国的重大目标提供必要的依据支持。

三 我国当代社会治理法学前沿研究概况

长期以来，学界有关我国社会治理法发展与适用问题的研究，主要涉及社会治理法基础理论、社会治理法律制度、基层治理、乡村治理、市域社会治理和网络社会治理等方面。

---

① 张文显：《新时代中国社会治理的理论、制度和实践创新》，《法商研究》2020年第2期，第8页。

（一）社会治理法基础理论

现有研究围绕社会治理法基础理论的讨论，集中于社会治理法治化的内涵和目标界定、规范依据和社会治理法学的成立及其框架结构等内容，代表性的观点如下。张文显提出，社会治理应当坚持"以人民为中心"的基本理念，除遵循健全社会治理制度、夯实社会建设等重要任务要求外，应明确构建和谐社会与建设平安中国是新时代背景下加强社会治理的核心目标①。庞正提出，作为我国法治现代化建设在社会治理领域的具体表现，社会治理法治化这一命题的确立，实则要求立足社会治理共同体的存在发展，依据国家正式法律渊源与社团规章、乡规民约等非正式法律渊源对各类社会活动加以规范，并以此作为国家治理现代化的组成部分和评价标准之一②。另外，马长山指出，自20世纪90年代以来，学界始终致力于我国法治社会建设中存在的突出问题研究，涉及公共领域、群体性事件、民间组织等社会事项。不同国家政治体制、实际国情和文化传统存在差异，要处理好西方国家理论与我国法治社会理论构建的关系，当下研究的重点应是形成适应我国社会治理现实、更加有效的法治社会建设理论方案③。

同时，关于最新成立的社会治理法学及其理论框架的研究，以徐汉明为代表的学者认为，作为综合性法学二级学科，社会治理法学是以所有的社会治理法现象为研究对象，包含相关学科活动及其成果认知的总称④。当前我国社会治理面临国际风险与内部发展转型矛盾的双重考验，结合有关社会治理法治的基本理论和治理经验，形成覆盖根本宗旨论、治理主体论、基本原则论、依法治理论、城市治理论、基层治理论和网络综合治理论等一系列观点，从根本上回答了中国式社会治理现代化是什么、为什么

---

① 张文显：《新时代中国社会治理的理论、制度和实践创新》，《法商研究》2020年第2期，第3页。
② 庞正：《中国式法治现代化视域下的社会治理法治化》，《法治现代化研究》2023年第2期，第119~127页。
③ 马长山：《法治社会研究的现状与前景——基于国家与社会关系视角的考察》，《法治现代化研究》2017年第1期，第134~140页。
④ 徐汉明、王京：《社会治理法学论纲——中南财经政法大学徐汉明教授访谈》，《湖北社会科学》2019年第9期，第140~143页。

以及如何有效推进其发展①。

有鉴于此，不断丰富完善社会治理法基础理论，有必要明确当前我国加强和创新社会治理应遵循的基本路径和规律方法，深化社会治理法学基础理论研究，注意与相关学科内容的交叉补充，并基于实践中诸多治理活动呈现的灵活性和时代性特征，深化探究各类治理主体及其运行机制等主要事项。

（二）社会治理法律制度

就目前我国规制社会治理过程的法律规范而言，代表性的观点如下。方世荣指出，社会治理法的基本内容涉及治理主体、治理机制和治理事务三个方面的法律规范，需分别就不同治理主体的法定职权职责和权利义务、政府监管和社会自治等多种治理机制、基本公共服务和公共安全保障等不同领域的社会治理事务制定相应法律制度规范②。基于法律规范的不同属性，谭波等认为，社会治理法律制度的构建应当兼顾刚性治理与柔性治理。换言之，广义的社会治理法律规范既包括宪法、法律法规和政府规章等"硬法"，也包括社会治理相关公约、惯例和团体章程等不依赖国家强制约束力实施的"软法"。实践中，社会治理事务相关法律规范散见于宪法、民法、行政法、经济法、刑法和社会法等多个法律部门，结合具体的规范事项，我国社会治理法的健全完善还需特别加强基本公共服务、社会矛盾纠纷化解、公共安全保障以及社会诚信等重要治理领域的立法工作③。

加强社会治理法律制度建设，进一步明确作为独立法律部门的社会治理法的基本原则、适用范围、任务分工、治理规范构成及适用等主要立法内容，推动不同地区、不同领域的社会治理法律制定，强化相关制度规定

---

① 徐汉明：《论新时代中国社会治理理论》，《中国法学》2023年第6期，第5页。
② 方世荣：《论我国法治社会建设的总体布局及其战略举措》，《社会治理法治前沿年刊（2015）》，湖北人民出版社，2017，第82~83页。
③ 谭波、夏清明：《习近平法治思想中的社会治理法及其原则构建》，《海南大学学报》（人文社会科学版）2022年第2期，第191~192页。

的明确性和针对性等。

(三) 基层治理

基层治理作为我国推进法治社会建设的主要场域,以坚持和发展好新时代"枫桥经验"为指引,现有研究主要涉及基层社会治理法治化建设面临的困难、如何加强和创新基层社会治理、完善社会矛盾纠纷多元预防调处化解机制等方面,具体情形如下。

首先,关于当前我国基层社会治理法治化建设面临的困难,代表性的观点如下。陈柏峰指出,基层社会运行具备的生产生活周期性和季节性、人际关系密度高和相关社会资源匮乏等特征,实质上对推动法治社会建设有一定影响,加强基层社会治理法治化建设,应注意结合其特征系统推进社区治理秩序、街头执法管理秩序、社会矛盾纠纷化解机制以及法律服务体系建设,重点关注民生保障和土地房产权益等治理事务的有效解决[1]。

其次,对于如何加强和创新基层社会治理,一般观点认为,伴随新时代"枫桥经验"相关社会治理领域逐步扩大、治理内容日渐丰富、治理方式和治理理念不断更新,持续推动基层社会治理法治化发展,一方面要在坚持党的领导前提下,统筹协调行政机关、司法机关、社会组织以及公众等多元主体力量,构建多元化解社会矛盾纠纷的新格局;另一方面,要不断强化社会成员的法治意识和法治思维,规范引导各方主体有效表达并行使其法定权利,发挥柔性治理的积极作用[2]。李树忠等学者提出,就地化解矛盾是坚持和发展好新时代"枫桥经验"的核心要义,包括加强各类矛盾纠纷和安全隐患源头治理,提高预测预警预防能力,完善社会风险预警监测体系,健全并实施重大决策风险评估等制度机制,加快推动社会治理活动的数字化发展等[3]。彭小龙提出,通过将新时代"枫桥经验"与社会

---

[1] 陈柏峰:《基层治理在法治社会建设中的格局与布局》,《法治现代化研究》2020年第6期,第26~37页。
[2] 郭坚刚:《坚持好发展好新时代"枫桥经验"》,《红旗文稿》2023年第24期,第45~48页。
[3] 李树忠、王思洋:《坚持和发展好新时代"枫桥经验"》,《人民论坛》2023年第24期,第104页。

理论相结合，城乡社区建设过程中应注意加强居民参与、服务供给、依法办事和社会矛盾预防化解等治理能力，健全党领导下涵盖自治、法治和德治内容的城乡基层治理体系，发挥行业协会商会等社会组织的自治功能，实现多元社会治理主体的良性互动①。

最后，有关完善社会矛盾纠纷多元预防调处化解机制的讨论，主要涉及以下三个方面。其一，人民调解制度的变革发展在推动基层社会自治过程中发挥独特的作用。陈尧等学者提出，依据人民调解组织及其功能不断扩张的制度演变历史，同时结合其自身呈现的科层化运行特点，我国基层社会自治发展本质属于一种国家化路径，与西方城市社会自治和我国传统基层自治发展路径之间存在明显差异②。其二，应重视发挥行政调解的诉前调解功能。王聪提出，受制于自身合法性与权威性的不足，我国行政调解制度的化解纠纷功能未能得到有效发挥。为推进行政调解法治化，应制定统一的法律规范，健全完善"三调联动"机制，在政府与社会之间开展良性互动③。于厚森等提出，应通过加强诉前引导分流和诉前调解机制建设，明确规范具体调解工作流程，保障行政争议诉前调解工作有效开展④。其三，围绕行政复议作为化解行政争议主渠道问题的讨论越来越多。有关行政复议与其他行政纠纷解决方式的衔接，梅扬提出，行政复议制度的构建完善应兼顾其司法化和行政化的双重特征，在与其他行政争议化解制度的互动上，大力发挥行政主体化解矛盾纠纷的独特优势，提升行政复议实质性化解争议的能力⑤。

由上述内容可知，当前我国基层社会治理法治化发展已取得一定成

---

① 彭小龙：《"枫桥经验"与当代中国纠纷解决机制结构变迁》，《中国法学》2023年第6期，第23~43页。
② 陈尧、王哲：《中国城市基层社会自治发展的路径——以改革开放以来城市人民调解制度的发展为例》，《上海行政学院学报》2020年第3期，第23页。
③ 王聪：《作为诉源治理机制的行政调解：价值重塑与路径优化》，《行政法学研究》2021年第5期，第55页。
④ 于厚森、郭修江：《充分发挥行政审判在多元化解行政争议中的职能作用——对〈关于进一步推进行政争议多元化解工作的意见〉的解读》，《法律适用》2022年第6期，第46页。
⑤ 梅扬：《多元纠纷解决机制视域中行政复议制度的双重面相》，《法学家》2023年第5期，第41~55页。

效,但仍有必要就以下几点作进一步讨论:联系我国基层社会的实际运行特点,审慎考虑如何将法治融入基层治理过程,实现有效维护民生权益的目标;如何实现多元社会主体在基层治理中的合理分工与协调互动;全面梳理分析各类矛盾纠纷调处化解机制的本质特征、运行障碍,加强多元矛盾纠纷调处化解机制的衔接与沟通,提升社会治理质效。

(四) 乡村治理

现有研究关于推动乡村治理法治化建设的讨论,常见于乡村治理规范的制定及其适用、乡村基层执法的实践逻辑及其优化路径等。

对于乡村治理规范的制定及其在基层社会治理中的作用,陈寒非提出,乡村治理规范包括由传统官治系统制定的法律法规和由官督民治系统、民治系统制定的村规民约、习惯法等非正式规范。受制于不同治理系统的内在差异与对立,各类乡村治理规范在实际适用中面临多重冲突,需通过内部清理治理和外部结构优化完善多元乡村治理规范[①]。以黔东南地区归平侗寨房族组织的治理活动为参照,一般乡村自治规则的制定,依赖正式规则的非正式转化,即由自组织根据需求制定针对性的自治规则,并将法律法规等正式规范嵌入其中[②]。另外,马柳颖等学者提出,鉴于村规民约的独特属性与基层社会治理需求相适应,为充分发挥此类规范在化解基层矛盾纠纷、维护社会稳定中的法治功能,应进一步规范村规民约的制定程序,增强文本内容的针对性和可操作性、切实加强执行保障力度[③]。

关于乡村基层执法的实践逻辑及其优化路径的确定,于龙刚提出,需密切联系执法活动所处的社会生态进行判断,如非正规的生产生活模式会对乡村基层执法造成压力,特殊的社会关系也会约束其执法目标的实现等。对此,完善乡村基层执法,不仅需加强对超越执法裁量权限等一线执

---

① 陈寒非:《乡村治理中多元规范的冲突与整合》,《学术交流》2018年第11期,第78~87页。
② 陈寒非:《嵌入式法治:基于自组织的乡村治理》,《中国农业大学学报》(社会科学版)2019年第1期,第80~87页。
③ 马柳颖、李璐莲:《论村规民约在基层社会治理中的法治功能》,《社科纵横》2023年第6期。

法活动的规范,也要不断改善社会生态状况,包括吸引社会力量积极参与执法、加强对特殊群体的社会保障、营造良好的守法氛围等①。余钊飞等学者认为,涉及村级权力运行、村民会议与村民代表会议等事项的"乡政村治"法治化,对于构建自治、法治和德治的城乡基层治理体系具有基础性作用,有助于提升基层政权依法管理及群众自治水平②。

由此可见,深化我国乡村治理法治化建设问题的讨论,需根植于乡村社会治理的实际运行状况。就如何将法治更好地嵌入乡村自治规则的制定过程作规律性总结,就如何构建村民会议等管理制度并充分发挥其自治优势作详细论述,将关于乡村治理的讨论扩展至监督救济层面等,从而增强乡村治理法治化建设的实践性和民主性。

(五) 市域社会治理

所谓市域社会治理,通常是指政府、社会组织以及公民等主体在市域范围内依法开展提供基本公共服务、公共安全保障和社会治安管理等多项治理活动,主要情形如下。

1. 基本公共服务领域

在公民教育方面,现有研究主要围绕我国学位制度及学位法的制定等问题展开讨论。基于对我国学位立法历程的回顾与展望,湛中乐提出,学位法的制定出台应特别就削弱学位授权的行政管理属性、明确学位授权中不同职权部门的分工、完善学位授予条件及学位争议处理救济规则等事项作出回应③。在劳动就业方面,主要涉及劳动争议仲裁和调解制度的完善、加强劳动保障监察执法等问题。沈建峰等学者提出,我国劳动争议仲裁体制本质上属于准司法的强制性纠纷解决机制,其与诉讼形成过滤、保障和间接监督关系,有必要在仲裁司法化和司法社会化的基础上推动仲裁与诉

---

① 于龙刚:《乡村基层执法的生态塑造及优化路径》,《法商研究》2023年第4期,第158页。
② 余钊飞、代冰洁:《新时代"枫桥经验"与"乡政村治"法治化》,《南通大学学报》(社会科学版)2024年第1期,第23页。
③ 湛中乐:《我国学位立法的回顾与展望——兼评〈学位法草案(征求意见稿)〉》,《新文科教育研究》2023年第2期,第77页。

讼合一①。李雄指出，考虑到我国劳动争议调解存在发展理念落后、制度设计不具有普及性及实用性不足等缺陷，为推动形成劳动争议"大调解"工作格局，应建立以政府为主导的劳动争议调解模式、完善劳动争议调解与裁诉对接机制等②。根据《劳动法》《就业促进法》《劳动保障监察条例》等相关法律规定，王芳霞提出，加强劳动保障监察执法，应主要从深化体制改革、加强队伍建设、规范执法方式和健全配套措施等方面着手③。

在社会福利保障方面，如高秦伟提出，社会保障行政所依据的法律规范较为宽泛，当下推动社会保障行政发展，亟须解决健全实体与程序、划清公法与私法界限、构建城乡社会保障关系等问题④。聚焦养老保障事项，胡敏洁指出，社会保障本质上属于公私混合的典型领域，有关契约工具的讨论有助于加深对该领域的理解，并为健全完善社会保障制度提供指引⑤。围绕劳动权和社会保障权的讨论，刘国良提出，应在失业保险治理领域引入预防失业功能，设计合理的失业补贴方式及制度规则等⑥。

2. 公共安全保障领域

在食品安全监管方面，戚建刚专门就食品安全的风险属性作出区分，认为有关食品安全监管法律制度的构建应整合不同类型风险属性的优势，在理性、科学与公平、民主之间取得平衡⑦。舒洪水提出，面对愈发严重的食品安全犯罪发展情势，有必要从构建相关刑事政策、加强刑法和行政法规衔接、完善政府监管理念及其制度、加强企业自律和公众参与等方面

---

① 沈建峰、姜颖：《劳动争议仲裁的存在基础、定性与裁审关系》，《法学》2019年第4期，第146页。
② 李雄：《我国劳动争议调解制度的理性检讨与改革前瞻》，《中国法学》2013年第4期，第158~168页。
③ 王芳霞：《加强劳动保障监察执法 筑牢优化营商环境基础》，《中国行政管理》2023年第11期，第29~34页。
④ 高秦伟：《社会保障行政的法理与课题》，《华东政法大学学报》2010年第5期，第110~118页。
⑤ 胡敏洁：《论社会保障行政中的契约工具》，《浙江学刊》2018年第1期，第87页。
⑥ 刘国良：《失业保险预防失业功能的理论证成与制度构建》，《中国劳动关系学院学报》2023年第2期，第55页。
⑦ 戚建刚：《食品安全风险属性的双重性及对监管法制改革之寓意》，《中外法学》2014年第1期，第46页。

重构食品安全犯罪刑事政策①。

在公共卫生和药品监管方面，金自宁提出，基于对我国公共卫生法预警制度的全面审视和反思，应构建多元化信息渠道，并以此应对信息迟报、瞒报和漏报等问题，构建具体的风险预防操作制度，发挥专家主体在风险预警中的重要作用②。有关药品监管事项的讨论，宋华琳提出，药品审评作为行政许可的具体表现形式，本质上属于事先规制手段，应构建政府部门、技术审评部门和专家等多元主体职能清晰的治理网络，优化行政程序，推动国内外药品审评技术指导原则的有效结合③。鉴于现行药品监管法律体系存在不足，地方立法机关可结合本区域实际情况，就更新监管理念、创新监管方式或加强行政权力监督等作出规定④。

3. 社会治安管理领域

在治安管理处罚或行政处罚适用方面，李晴提出，《治安管理处罚法》的修改重在提高社会治安案件的查处效能，包括重新界定违反治安管理行为的具体情形、丰富治安管理处罚类型、设定合理的处罚裁量幅度、确认违法行为的成本收益以及是否具有主观过错等，大大提高惩戒效果⑤。袁雪石提出，在行政处罚种类的确定上，需结合实际识别同一行政管理措施是否属于行政处罚、区分信息披露与通报批评等；在处罚数额的设定上，需结合具体情况确定没收违法所得的范围、起止时间等；在实施主体方面，应严格把握满足下放乡镇街道行政处罚权的人员、机制和保障等条件；明晰行政处罚的实施程序和快速办理机制等⑥。针对行政处罚中的主

---

① 舒洪水：《食品安全犯罪刑事政策：梳理、反思与重构》，《法学评论》2017年第1期，第72页。
② 金自宁：《风险视角下的突发公共卫生事件预警制度》，《当代法学》2020年第3期，第64页。
③ 宋华琳：《中国药品审评法律制度的行政法改革》，《行政法学研究》2014年第3期，第3页。
④ 宋华琳、贾圣真：《药品监管的地方立法空间》，《地方立法研究》2016年第1期，第120页。
⑤ 李晴：《治安管理处罚的现实困境与制度反思》，《中国人民公安大学学报》（社会科学版）2021年第3期，第133页。
⑥ 袁雪石：《〈行政处罚法〉实施中的重点难点问题简析》，《中国司法》2022年第3期，第61~66页。

观过错条款，熊樟林认为，有关故意与过失的区分可延伸至量罚过程，并借鉴刑法学上的行为人标准对行政处罚中的过失情形进行认定①。章剑生提出，除相关法律明确应受行政处罚行为必须具备故意或过失的，可将主观过错客观化为注意义务，并对"足以证明"标准的含义进行解读②。

在社会信用治理方面，现有研究特别就社会信用体系建设问题展开讨论。沈岿提出，以失信惩戒为主要机制的社会信用体系建设，涵盖政府、社会和司法等领域，其目的不仅在于提高社会诚信水平，还致力于加强法律实施。考虑到当前社会信用体系建设存在的违反依法行政原则、比例原则或公平原则等现象，应重新对这一体系建设进行政策定位，进一步规范失信惩戒的设定权③。伏创宇认为，我国社会信用体系建设的重要功能在于支持市场化的信用机制、优化与加强法律实施，消除道德强制，明确各项机制功能发挥的界限④。王瑞雪提出，作为社会信用体系建设的工具之一，信用联合奖惩措施构建出新的评价体系、合作机制与法律责任。政府应充分利用丰富的信用工具以提升监管效能，在既有的法律框架下运用其合法性控制技术⑤。

综上所述，当前学界围绕市域社会治理的重点领域展开讨论，有助于加快形成全面、完善的市域社会治理法律制度。需要注意的是，结合最新的国家政策要求，有关市域社会治理的研究应在不断优化现有制度规定基础上，注重提升治理能力，并就社会治安整体防控、防范化解公共安全风险等重要治理事项作针对性分析，形成科学可行的应对方案。

（六）网络社会治理

网络社会治理作为当前我国法治和社会治理体系的重要组成部分，现

---

① 熊樟林：《〈行政处罚法〉主观过错条款适用展开》，《中国法学》2023年第2期，第109页。
② 章剑生：《行政处罚中的"主观过错"：定位、推定与例外——〈行政处罚法〉第33条第2款评释》，《浙江学刊》2023年第3期，第219页。
③ 沈岿：《社会信用体系建设的法治之道》，《中国法学》2019年第5期，第25页。
④ 伏创宇：《我国社会信用体系建设的功能定位及其边界》，《行政法学研究》2024年第1期，第28页。
⑤ 王瑞雪：《公法视野下的信用联合奖惩措施》，《行政法学研究》2020年第3期，第82页。

有研究集中于相关立法和监管规则的制定、加强网络平台运行监督管理、算法规制以及人工智能法治等方面。

在网络治理立法方面，张新平提出，考虑到网络平台治理呈现的技术性、复杂性特征，相关平台立法的制定完善，强调技术与法律之间展开双向互动，需遵循权利保护、公私并重和包容审慎的理念①。基于经济社会学视角，戴昕指出，在平台化时代网络法的建构虽以平台规则为重点，但网络规范实际影响着网络法与平台规则的互动结果。受制于平台规则和网络规范差异，可考虑设置法律干预启动机制②。

关于网络平台运行的监督管理，郭渐强等学者提出，由于网络平台权力的行使兼具新兴性和主体私有化特征，为推动网络平台权力治理的法治化转型，应构建法律条文缜密且软法硬法协作共治的法制体系、明确平台权力运行的边界和权责分配、创新平台权力运行的规则机制及改善行政监管职能等③。侯利阳提出，出于激发网络平台创新潜能的目的，有关监管部门可利用元规制理论对平台进行间接规制④。蒋慧提出，网络平台自治应适当引入外部公权力以缓解"自利"与"公益"之间的冲突，并从空间治理、主体治理与行为治理维度强化政府与平台的互动，形成多元社会主体协作共治格局⑤。

同时，针对实践中诸如算法、数据权益等较为重要的网络治理事项，丁晓东提出，算法的出现无疑对个人知情权、隐私权和平等权保护等法律规制活动提出了挑战。有关监管部门可考虑根据不同场景类型对算法适用不同的规制方式，构建算法公开、反算法歧视等具体规制制度⑥。当下，

---

① 张新平：《网络平台治理立法的反思与完善》，《中国法学》2023年第3期，第122~138页。
② 戴昕：《重新发现社会规范：中国网络法的经济社会学视角》，《学术月刊》2019年第2期，第120页
③ 郭渐强、陈荣昌：《网络平台权力治理：法治困境与现实出路》，《理论探索》2019年第4期，第116~122页。
④ 侯利阳：《论互联网平台的法律主体地位》，《中外法学》2022年第2期，第346~364页。
⑤ 蒋慧：《数字经济时代平台治理的困境及其法治化出路》，《法商研究》2022年第6期，第31页。
⑥ 丁晓东：《论算法的法律规制》，《中国社会科学》2020年第12期，第138页。

有必要加强对企业数据权益的保护,基于促进数据共享的目的实施类型化与场景化保护,且注意协调保护个人数据与企业数据,实现两类数据保护的共赢①。李丹采取实证案例分析的方法,旨在构建有关算法歧视消费者的责任确认框架,加强对算法服务经营者的引导管理,提升相关司法裁判的合理性②。曹建峰提出,针对自动驾驶汽车的法律规制,亟须构建包括技术安全、网络安全和伦理安全在内的自动驾驶算法安全框架,妥善平衡安全与创新的关系③。

在人工智能法治方面,张凌寒提出,作为当前人工智能治理专门领域,完善以Chat GPT、元宇宙等为代表的深度合成治理,可采取制定基础性人工智能法律、基于生成型人工智能技术特点更新监管思路,以及结合技术、产业等设置有机体系和规则等方式④。从加强网络空间刑事治理角度出发,刘艳红提出,为实现"共建共治共享"的社会治理共同体目标,相关刑事治理活动的开展应提倡尊重网络时代的契约规则、技术规则,灵活采取多元化刑罚替代性措施,贯彻落实比例原则和消极刑法观等⑤。

作为我国新兴的社会治理领域,随着当下网络技术和治理平台的快速发展,有关网络社会治理法治化的思考,应重视健全网络社会综合治理体系,加快推动相关网络科技领域立法,加强有关重要数据信息及相关基础设施安全保护,严厉打击涉嫌网络违法犯罪的行为等。

---

① 丁晓东:《论企业数据权益的法律保护——基于数据法律性质的分析》,《法律科学》(西北政法大学学报)2020年第2期,第90页。
② 李丹:《论算法歧视消费者的侵权责任认定——基于司法裁判的实证考察》,《当代法学》2023年第6期,第75页。
③ 曹建峰:《论自动驾驶汽车的算法安全规制》,《华东政法大学学报》2023年第2期,第22页。
④ 张凌寒:《深度合成治理的逻辑更新与体系迭代——ChatGPT等生成型人工智能治理的中国路径》,《法律科学》(西北政法大学学报)2023年第3期,第38页。
⑤ 刘艳红:《网络时代社会治理的消极刑法观之提倡》,《清华法学》2022年第2期,第173页。

四 结语

近年来,学界围绕我国社会治理法的基础理论与实践应用问题开展了一系列探索研究,同时针对现实中存在的各种治理难题提出解决方案,为推动多元治理领域的立法、执法和司法等工作提供参照。不过,考虑到愈发细微的社会治理事项随经济社会发展而迅速变化,与社会主体自身的合法权益息息相关,着力推进我国社会治理法治化,不仅要求掌握科学创新的研究方法,还需归纳总结社会治理法治建设规律,参考西方国家社会治理中的经验教训,不断深化我国社会治理法的理论根基及其学科建设,健全完善具有本土特色的社会治理制度体系,大力提升社会治理法治化水平,从而为推进国家治理体系和治理能力现代化提供强大的法治力量保障。

·稀见研究材料·

苏氏新甲堂契约文书辑录（之一）[*]

冯学伟[**]

福建省德化县双翰村苏氏家族系列文书除十余个账簿外，尚有散件契约文书约850件，时间跨度从康熙年间到20世纪五六十年代。散件契约文书共约二十万字，可以和《生财大道》等特色账簿的内容对照研究。另外，该家族宋元时期的两件分家书在杨国桢《闽南契约文书综录》[①]中也有收录。最新出版的《大田县文书》[②]第八册、第九册题名为"大田县卅一都张乾乡苏氏"的文书群，也属于双翰村苏氏家族系列，系双龙堂清源公派系，共计文书、账簿677页。

由于资料太多，一时无法全部录入，先将其中的支派新甲堂的契约文书85件，整理公布。其编号为 FSSS 代表福建（F）、双翰（S）、苏氏（S）、散件（S）。

FSSS001 道光十二年（1832）其纯添契

立添契人其纯，有民田一段，坐落本乡寨后垄，载租谷一百五十斤，实于前年出卖与

怀瑾叔兄弟边为业，今见价值未足，托中向添出清钱六千文，其钱即日收讫，其田即付叔边起佃收租，其苗米随田办纳。其田并无不明等情，如有系纯抵理，不及叔边之事。有本钱到日取出文契。今欲有凭，立添契为照。

另中礼钱一百六十文，再照。（押）

---

[*] 本文系国家社科基金项目"晋皖闽家族契约文书中的法律秩序研究"（22BFX020）的阶段性成果。
[**] 冯学伟，法学博士，南开大学法学院副教授，南开大学比较法律文化研究中心主任。
① 杨国桢等：《闽南契约文书综录》，《中国社会经济史研究》1990年增刊，第105~106页。
② 李建忠主编《大田县文书》，广西师范大学出版社，2023。

道光十二年七月　　　　　日立添契人其纯（押）

中见叔昭还（押）

FSSS002 道光十七年（1837）昭相添契

立添契人昭相，有民田一段，贯本乡土名寨后垄，载租谷一百五十斤实，前年出卖与族

怀瑾弟兄边为业，见价未足，托中向添出田价钱四千六百文，其钱收讫，其田仍付钱主起佃管业收租，其苗米随田办纳。其田并无不明，如有卖主出头抵理，不及买主之事。今欲有凭，立添契为照。

另中礼钱一百六十文，再照。（押）

道光十七年正月　　　　　日立添契人昭相（押）

中见弟昭还（押）

（以上二契叠一起保存）

FSSS003 道光二十五年（1845）延禹添契

立添契人延禹，有民田一段，坐落罗坑乡土名茶盘丘，载租二百斤实，于前年出卖与

善殷叔边为业，今见价值未足，托中向

叔边添出价钱九千文，其钱收讫，其田仍付叔管业收租，其苗米随田办纳，日后有本钱到日取出文契。今欲有凭，立添契为照。

另中礼钱一百文，再照。（押）

道光二十五年正月　　　　　日立添契人延禹（押）

中见叔善液

FSSS004 民国二十三年（1934）苏其理迗卖契

立契人双翰乡苏其理，承父遗下有民田一段，坐在双翰乡后坑过路上，田一丘半，载租二十五斤实，今因乏钱应用，甘将此田送卖与儒州乡章日华使边为业。三面言议，时收过价钱七千文，其钱即日收讫，其田付钱主管业收租。其田并无不明等情，如有不明，系是卖主出头抵理，不干

章买主之事。其契面钱言约八月末送还，如无送还者，即将原契管业收租。不敢少欠，如欠租者，将田付章边起耕别安他人，不敢阻当。恐口无凭，立契为照。

另中礼钱二百五十文，再照。

民国二十三年癸酉七月　　　　　日立契人苏其理（押）

代书保租见人苏永郑（押）

立缴契人章日华，有买得苏其理田一段，坐在双翰乡，土名后坑过路上，载租二十五斤，今因欠钱应用，托中送缴与

苏维修边为业，时当中收过契面钱并欠租四冬一百斤，收过完足。其田付苏对值收租管业，不敢阻当。今欲有凭，立缴契为照。

内添改一百零二字，再照。

民国二十六年丁丑九月　　　　　日立缴契人章日华（押）

中见人章仁月（押）

FSSS005 民国二十三年（1934）模桃众添尽契并推产关

立添尽足契并推产关人模桃众，承祖遗下有民田一段，坐落本乡双翰洋，土名南洋门口，载租一百一十斤，内抽出租五十斤实，今因众欠钱应用，甘将田向厚山众边添出尽足价钱并推产关礼钱八千文，其钱当众收讫，其田付钱主起佃，永远管业收租。其苗米随田配载民米　升　合　勺正，甘将本里　甲苏模桃股内推付本里　甲苏三公股内收入完纳粮务，并无多推，亦无少载。自添尽之后，不敢言及添，亦不敢言及赎诸事等情。各是二比喜允，今欲有凭，立添尽足契并推产关为照。

内添言及二字，又外改添乙字，再照。（押）

中华民国二十三年甲戌十二月　　日立添尽足契并推产关人模桃众

丁凤义（押）

秉笔人仲义（押）

FSSS006 同治元年（1862）政汭添契

立添契人政汭，承父遗下有民田一段，坐落罗坑乡，土名茶盘丘，载租一百九十斤，应得租五十斤实

实于前年出卖与

善殷兄边为业，其价钱登载原契，今见价值未足，托中向育元侄添出钱四百文，其钱收讫，其田付侄自耕管业收租，各是甘允。今欲有凭，立添契为照。

另中礼钱三十文，再照。（押）

汭添八字（押）

同治元年十月　　　　日立添契人政汭（押）

中见人善尊（押）

同治四年二月又添出价钱八百文，再照，政汭（押）

FSSS007 民国三十六年（1947）昌墨卖契

立契人昌墨，承祖遗下有民田一段，坐落上坑乡，土名书房仔，原载租谷一百斤，抽出实租五十斤实，今因无钱应用，甘将田出卖与

有懋叔边为业，三面言议，估值价钱的干谷七十二斤，其谷即日当中交收足讫，其田付谷主管业收，其田赋卖边抵理。其田并无不明等情，如有不明，系是卖主出头抵理，不干买主之事，其租谷至冬成之日送到交栳明白。其田言约不拘远近，有本谷到日取出文契。各是二比甘允，今欲有凭，立契为照。

另中礼钱国币二万元正，再照。（押）

民国三十六年丁亥十二月　　　　日立契人昌墨（押）

保租并代书人祥魁（押）

FSSS008 民国三十八年（1949）兴福添尽足契

立添尽足契人兴福，有承祖管民田一段，坐在本乡土名新甲堂厝脚过路丘，载租五十斤，抽出二十五斤。又段厝地坪，载租六十斤。又段后山

坂，载租二十五斤，抽出一十二斤半。又段新甲堂厝脚，载租二十五斤。又段井照对面，应得四十斤，抽出二十斤。共五段，载租一百四十二斤半，今因价值未足，托中再向与

友懋边添出尽足价干谷二百五十斤，三面言议，时收过干谷即日当中收讫。其田付买主永远管掌耕种，其田赋随田完纳。中间并无不明等情，如有不明，系是卖主抵当，不干买主之事。日后自卖尽，不敢言防添赎等情之事。今欲有凭，立添尽足契为照。

    另中礼银一元正。（押）
民国三十六年己丑三月   日立添尽足契人兴福（押）
            代笔人周光镘（印）
            中见人周光镘（押）

FSSS009 光绪十三年（1887）惟瑞送卖契

立契人惟瑞，承父遗下有民田一段，坐落尤床乡，土名寨兜垄新龙堂厝角右边田墘，载租谷伍斗官，今因乏钱应用，甘将田送卖与

善万公叔侄边管业收租，时收过价钱五千四百文，其钱交收足讫，其田付公边管业收租，其苗米随田办纳。其田并无不明，如有不明，系是卖主抵当，不及公边之事。日后有本钱到日，取出文字。今欲有凭，立契为照。

光绪十三年七月   日立契人惟瑞（印）
            天理为中

FSSS010 民国三十六年（1947）琳有尽足契

立契并尽足契人琳有，承祖遗下有民田一段，坐落本乡土名郭地霜狗坑，原载租应得已分六十斤实，今因乏钱应用，将田出卖与

维修叔边为业，时过干谷七十五斤直，其谷即日交收足讫，其田付谷主永远管业收租，其苗米叔边政府自报四等田三分。其田并无不明，系是卖主出头抵理，不及买主之事。其田自卖尽之后，不敢言及添续自事等情。各是二比喜。今欲有凭，立契并尽足契为照。

另其田付叔边起佃耕种,再照。(押)

民国三十六年丁亥二月　　　　　日立契并尽足契人琳有(押)

　　　　　　　　　　　　　　　　　　　　天理为中

FSSS011 某年分地单

楼仔外防水枧头　　后山坂一半　　新甲堂右边埯头中一丘
墓前垄埯头及仑仔上二丘　　谷架脚防厝地地坪　　新干后头一半
冷水窟一半　　赤竹垄仔　　田塂尾　　上山塂
古春洋海丘　　石牛后一半　　小际垄
盖德尾箭竹岭　　新干坂及田螺丕　　高台一半
牛腿仑一半

楼仔脚大丘一半　　后山坂一半　　新甲堂右边埯头上一丘
墓前垄路下一丘及仑仔下二丘　　新甲堂大庭右
新干后头一半　　海蛇　　坑尾林　　秋竹垄上坋
吉垄一半　　罗坑后垄仔　　石牛后一半　　际头坂一半
圣坑垄一半　　高台一半　　牛腿仑一半

FSSS012 民国三十年(1941)兴榜卖契

立契人兴榜,承祖遗下有民田一段,坐落本乡土名林后,原租一百零二斤,折实租九十斤实,今因乏钱应用,甘将田出卖与

友懋叔边为业,当面言议,时收过价钱国币六十六元正,其钱收讫,其田付钱主起佃收租,其苗米随田办纳。其田并无不明等情,如有不明系是卖主出头抵理,不及买主之事。其田言约不拘远近,有本钱到入,取出文字。各是二比喜允,今欲有凭,立契为照。

　　内添名一字,再照。(押)

　　另中礼钱三百文,再照。(押)

民国三十年辛巳三月　　　　　日立契人兴榜(押)

　　　　　　　　　　　　　　代书人兴墉(押)

再启,此田时约耕二年,如来年有赎,加耕一年,又及。

FSSS013 民国三十一年(1942)兴榜添契

立添契人兴榜,承祖遗下有民田一段,坐落本乡土名林后,载租二百二十斤实,及新开田二丘,今因乏钱应用,于前年出卖与

友茂叔,今见价未足,向叔边添出国币七十一元正,其钱即日收讫,其田付钱主管业收租,其苗米随田办纳。其田并无不明,如有不明,系是卖主抵理,不及钱主之事。各是二比喜允,今欲有凭,立添契为照。

另中礼钱一元,再照。(押)

民国三十一年壬午四月　　　日立添契人兴榜(押)

代书人兴福(押)

FSSS014 民国三十一年(1942)兴榜添尽足契

立添尽足契人兴榜,承祖遗下有民田一段,坐落本乡土名林后,载租一百二十斤及新开田二丘,今见价钱未足,时向

友茂叔边添出尽足价钱国币九十五元正,其钱当中交收足讫,其田付钱主永远管业收租,其苗米依政府自报五等田七分。其田并无不明,如有不明,卖主抵理,不及钱主之事。其田自卖尽足之后,不敢言彩添续自事等情。各是二比喜允,今欲有凭,立添尽足契为照。

内改钱一字,再照。(押)另中礼钱四元正,再照。(押)

民国三十一年壬午八月　　　日立添尽足契人兴榜(押)

代书中见人兴福(押)

(以上三契叠在一起保存)

FSSS015 民国十五年(1926)清五公众安字

立安字人清五公众,田在上山墘,租七十斤直,其田崩坏,付有懋开拼耕种,冬成之日,其租谷付众边收入,不敢少欠。如是欠租者,付众起佃别安他人。如无欠者,永远耕种。各是二比甘允,恐口无凭,立契字为照。

民国十五年丙寅二月　　　　　日立安字人清五公众

　　　　　　　　　　　　　　　丁远义（押）

FSSS016 民国三十年（1941）维受添尽足契并推产关

　　立添尽足契并推产关人维受，承祖遗下有民田一段，坐落本乡土名北山□町埯，应得租六十斤实，于前年□□与

　　友懋弟边为业，今见值未足，时向弟边添出尽足价钱并推产关礼□佰元正，其钱当中收讫，其田付钱主管业，永远收租。其苗米苏德齿股内推□，付德仁股收入　升　合，付弟完纳。□亦无多推，并无少载。其田并无不明，如有□卖主抵理，不及钱主之事。其田自卖尽之后，亦不敢言及添赎等情。各是二□喜允，今欲有凭，立添尽足契并推产关为□。

　　　内添大、无、尽足契，共六字再照。（押）

　　　　另中礼钱五十元，再照。（押）

　　民国三十年五月　　　　　日立添尽足契并推产关人维□

　　　　　　　　　　　　　　　代书见人崇有（押）

FSSS017 道光六年（1826）昭相卖契①

　　立契人昭相，有民田一段，贯本乡土名寨后垄，载租一百五十斤实，今因乏钱应用，将田托中出卖与

　　怀瑾饰弟边为业，时过价银十大员，其银当中收讫，其田付弟对佃收租管业，其苗米随田办纳。其田并无不明，如有此色，系卖主出头抵理，不及买主之事。田言约三年外有本银到日取出文字。今欲有凭，立契为照。

　　　　另中礼钱一百六十文，再照。（押）

　　道光六年七月　　　　　日②立契人昭相（押）

　　　　　　　　　　　　　中见人弟昭还（押）

---

① 此契约盖有三枚红色官印，右半为汉文篆书，内容为"福建德化县印"，左半为满文篆书，中间似有满文楷书小字。

② 此处盖红色楷书印章，内容为"辛亥"。

FSSS018 民国三十五年（1946）苏门陈氏添断尽足契

立添断尽足契人苏门陈氏，遗下民田一段，坐落本乡土名黄柿墘，载租谷五十斤实，前年出卖与

友懋叔祖边为业，今见价钱未足，向钱主添出国票一万六千元正，其钱即日当中收讫，其田付钱主永远耕种，其田赋随田配载。其田并无不明等情，如有不明，系是卖主出抵理，不敢（干）钱主之事。其田日后不敢言添言赎，各是二比甘允。今欲有凭，立添尽足契字照。

    内改黄林二字，另中礼国票五百元正，再照。（押）
中华民国三十五年六月   日立添断尽足契人苏门陈氏（押）
            中见人　甫持（押）
            代书人　正躬（押）

  其田赋懋叔祖自抵理，与卖主无干，再照。（押）

FSSS019 光绪二十六年（1900）燕德尽卖契

立尽卖契人燕德，有自置楂林一所，坐落土名上坋垄仔，上至生山为界，下至田为界，左至崦边为界，右至坉尾为界，四至分明，今因乏钱应用，甘将楂林出卖与

益德弟边掌管铲削，时收过价钱六百文，其钱收讫，其楂林付钱主永远铲削经管。其楂林并无不明等情，如有此色，系是卖主出头抵理，不干买主之事。其楂林自卖之后，不得异言生说，各是喜允。恐口无凭，立楂林字为照。

    另中礼钱二十文，再照。（押）
光绪二十六年庚子六月   日立卖契人燕德（押）
            代书见胞叔世朴（押）

FSSS020 道光二十五年（1845）尔起送卖契

立契人尔起，有民田一段，坐落罗坑乡，土名茶盘丘，载租谷一百九十斤，实内抽出租谷七十斤实，今因乏钱应用，将田托中送卖与

启笪侧公边为业，时收过价钱一万文，其钱即日交讫，其田付钱主管业收租，其苗米随地办纳。其田并无不明等情，如有此色，系卖主抵当，不及钱主之事。日后有本钱到日取赎文契，各是二比甘允。今欲有凭，立契为照。

  内田言约即付起佃，如有欠租，与卖主无干。（押）

  另中礼钱一百六十文，再照。（押）

道光二十五年乙巳七月   日立契人尔起（押）

——————————————————后残

FSSS021 光绪十年（1884）尔储添契

立添契人尔储，有民田一段，坐落尤床乡土名塞兜垄，应得租谷一十官，于前年出卖与

善万公边为业，今见价值未足，添出清钱二千文，其钱收讫，其田付钱主对佃管业收租，其苗米随田办纳。其田并无不明等情，如有此色，系是不明卖主抵理，不及钱主之事。各是二比甘允，今欲有凭，立添契为照。

光绪十年六月   立添契人尔储（押）

——————————————————后残

（以上二契叠在一起保存）

FSSS022 民国三十五年（1946）维受送卖契

立契人维受，承祖遗下有民田一段，坐落本乡土名新甲堂谷格脚一丘、路头一丘、池长仔一半，共三丘，载租四十斤实，今因乏钱应用，甘将送卖与

友懋堂弟边为业，三面言议，估值价二万元，其钱当中收讫，其田付钱主管业收租。其田并无不明等情，如有不明，卖主抵理，不及买主之事。其苗米随田办纳，其田言约不拘远近，有本钱到日取出文契，各是二比喜允。今欲有凭，立契为照。

  内添中一字，另中礼钱一百元，再照。（押）

民国三十五年二月　　　　　　日立契人维受（押）

　　　　　　　　　　　　　　　代书人质有（押）

FSSS023 民国三十五年（1946）维受添尽足契

立添尽足契并推产关人维受，承祖遗下有民田一段，坐落本乡土名新甲堂谷格脚一丘、路头一丘、池长仔一半，共三丘，载租四十斤实，前月出卖弟边，今见价值未足，今向

友懋堂弟边添出尽足价钱并推产关礼钱一万三千元，其钱当中收讫，其田付钱永远管业，起佃耕种，其苗米随田办纳。其田并无不明，如有不明，卖主抵理，不及钱主之事。其田自卖尽之后，不敢言及添赎自事等情。各是二比喜允，今欲凭，立添尽足契并推产关人为昭。

　　　另中礼钱三百元，再昭。（押）

民国三十五年七月　　　　　　日立添尽足契并推产关人维受（押）

　　　　　　　　　　　　　　　代书中见人质有（押）

（以上二契叠在一起保存）

FSSS024 康熙三十六年（1697）苏元昭送卖契

立契人苏元昭，今因无银应用，甘将有已分民田一段，土名坐落霜狗坑，得禾地二十束，递年载租谷三百斤，情愿托中出送卖与

叔仲藏边出头承买，三面言议，估值时价银三两永，其银即日交讫，其租即付银主收起，其苗自纳二年外，随田办纳。其田并无不明等情，如有此等，系是卖主抵当，不涉买主之事。日后有本银到日，不拘远近取出文契。今欲有凭，字照。

　　　康熙卅六丁丑年十一月　　　　日立契人元昭（押）

　　　　　　　　　　　　　　　　　　中见人叔仲桂（押）

FSSS025 康熙三十八年（1699）元昭添契

立添契人元昭，今在

叔仲藏边添出田坐落本乡坐在霜狗坑，田价银七钱二分永，其银即日交讫，其田付银主掌管为业。日后有本银到日取出文契，不得执留。今欲有凭，立添契付照。

康熙卅八己卯年二月　　　　　日立添契人元昭（押）

FSSS026 光绪二十九年（1903）铭元添契

立添契人铭元，承租遗下有民田一段，坐本乡大墝尾，土名霜狗坑，载租六十斤实，于前年出卖与

仁元弟边为业，今见价值未足，向弟添出钱四千六百文，其钱即日收讫，其田付弟起佃对佃收租，其苗米随田办纳。其田并无不明等情，如有不明卖主出头抵理，不及钱之事。言约三年外有本钱到日取出文契。各是二比甘允，今欲有凭，立添契为照。

光绪二十九年二月　　　　　日立添契人铭元（押）

FSSS027 光绪二十七年（1901）铭元添尽足契

立添尽足契人铭元，承祖遗下有民田一段，坐落本乡土名霜狗坑，原载租一百八十斤实，应得租只载六十斤实，于前年出卖与

仁元堂弟边为业，今见价未足，向弟添出尽足价钱五千四百文，其钱收讫，其田付堂永远管业收租，其苗米自己德星股完纳。其田并无不明，如有不明，系是堂兄抵当，不及弟边之事。自添尽之后，不敢言添，亦不敢言赎，各是甘允。今欲有凭，立添尽足契为照。

内改添足一字，再照。

另中礼钱一百文，再照。（押）

光绪二十七年辛丑十二月　　　　日立添尽足契人铭元（押）
　　　　　　　　　　　　　　　　　知见人堂兄哲元

（以上四契叠在一起保存）

FSSS028 民国十八年（1929）模桃众添尽足契并推产关

立添尽足契并推产关人模桃众，祖官有民田一段，坐落本乡土名黄哞坑，载租一百五十斤实，今来崩坏太多，只载实租一百斤实。于前年昕全之事，出卖与

友懋侄边为业，今见价值未足，时向侄边添出尽足价钱并推产关礼钱五千八百文，其钱即日当众交收足讫，其田付钱主永远管业，起佃耕种。其田并无不明等情，如有不明众边出头抵理，不敢（干）钱主之事。其苗米对直原卖主办理，收刈入户，配载二升四合〇勺〇正，甘将本里六甲苏玼囗股内推出付本里四甲苏德仁股内收入完纳粮务，并无多推亦无少载。其田自卖尽之后，不敢言及添赎自事，并无异言生说。恐口无凭，立添尽足契并推产关为照。 另添土名二字，再照。（押）

民国十八年己巳二月　　　　　　日立添尽足契并推产关模桃众

　　　　　　　　　　　　　　　　　　　　　丁仁象（押）

　　　　　　　　　　　　　　　　　　　秉笔人礼招（押）

　　　　　　　　　　　　　　　　　　　天里为中

FSSS029 光绪二十九年（1903）察元添契

立添契人察元，承祖遗下有民田一段，坐落本乡土名豪山厝对面，载租八十斤实，前年祖在日出卖尊三众边为业，今见价未足，向添出价钱一千文，其钱交讫，其田付钱主管业，对佃收租，其苗米随田办纳。言约三年外或添或赎，听从其便。今欲有凭，立添契为照。

光绪二十九年癸卯六月　　　　　　日立添契人察元（押）

　　　　　　　　　　　　　　　　　　　天理为中

FSSS030 民国十五年（1926）达德兄弟兑换契

立兑换契人达德兄弟，承祖遗下有民田一段，坐落本乡土名草洋双龙堂右边大丘，原载租谷一百斤实，今因要起架，缺乏地基，甘将田托中兑换与

礼德兄弟边为业起佃，永远耕种，其苗米随田办纳。其田并无不明等情，如有不明，系是弟边出头抵理，不干兄边之事。各是二比喜允，今欲有凭，立兑换契为照。

另中礼钱二百文，再照。（押）

民国十五年丙寅十一月　　　　日立兑换契人达德（押）

全契弟人士德（押）

罢德（押）

代书见人炳德（押）

FSSS031 民国二十年（1931）庆须送卖契及文致缴契

立契人庆须，承祖遗下有民田一段，坐在本乡土名黄林干，田一丘，租谷三十斤实，今因乏钱应用，甘将田托中送卖与

文致叔祖边为业，三面言议估值价钱六千文，其钱即入收讫，其田付钱主管业收租，其苗米随田办纳，起佃耕种。其田并无不明等情，如有不明，系是卖主出头抵理，不及买主之事。其田言约三年外有本到人取出文契，谷是二比喜允。今欲有凭，立契为照。

另中礼钱二百文，再照。（押）

民国二十年辛未七月　　　　日立契人庆须（押）

代书见人谷易（押）

立缴契人文致，此田缴付友懋归一受业，时收过契价钱完足，自缴之后，或添或赎，对直原卖主办理，致边不得异言。今欲有凭，立缴字为照。

辛未十一月日立缴契人文致（押）

代书人士运（押）

FSSS032 民国二十年（1931）庆须当字

立当字人庆须，承祖遗下有民田一段，坐落本乡土名黄林墘，载租和二十斤实，今因乏钱应用，甘将田出当与

维修兄边为业，三面言议，今向兄边借出钱五千文，言约八月末一足

送还，不敢少欠。如敢欠者，今将黄林塥田付兄边起佃管业收租，其苗米随田办纳。其田并无不明等情，如有不明，卖主出头抵理，不彩钱主之事，各是二比喜允。今欲有凭，立契为照。

    另中礼钱二百文，再照。（押）

  民国廿年辛未五月初旬日立当契人庆须（押）

          代书人光柱（押）

（以上二契叠在一起保存）

FSSS033 光绪十三年（1887）育元添尽足契并推产关

立添尽契并推产关人育元，承父遗下有民田一段，坐落罗坑乡，土名茶盘丘，载租二百实，于前年抽出租一百斤实，出卖与

善万叔边为业，此田失租，只载租八十斤实，今见价未足，向叔添出尽足并产关礼钱一千文，其钱收讫，其田付　叔永远管业收租，其苗米依原坊配载　升　合　勺付叔对直原卖主本里六甲苏　股推出付本里四甲苏德星股收入，完纳粮务。自添尽之后，不敢言及添赎等情，各是甘允。今欲有凭，立添尽足契并推产关为照。

    另中礼钱三十文，再照。（押）

光绪十三年七月　　　　日立添尽足契并推产关人育元（押）

          中见人启明（押）

FSSS034 民国十七年（1928）模桃众添契

立添契人模桃众有民田一段，坐落本乡土名潢哗坑，载租一百斤实，因昕全事欠钱尾，将国向

友懋边为业，今见价值未足，向钱主添出一千文，其钱即日交收足讫，其田付主起佃管业收租，其苗米随田办纳。其田并无不明等情，如有不明卖主出头抵理，不及钱主之事。其田言约三年外有本钱到日取文字。各是二比喜允，今欲有凭，立添契为照。

民国十七年戊辰七月　　　　日立添契人模桃众

         经手丁仁象（押）

FSSS035 民国十五年（1926）模桃众立契并尽足契

立契并尽足契人模桃众，承管有民田一段，坐落本乡双翰洋土名庵脚第二丘，应得租二十斤实，今因昕全事乏钱应用，甘将田出卖与

友懋侄边为业，时收过契价并尽足价钱五千文，其钱即日收讫，其田付钱主永远管业，其苗米随田办纳。其田并无不明等情，如有不明系是众边抵理，不干钱主之事。自卖尽之后，不敢言及添赎诸事等情。各是二比喜允，今欲有凭，立契并尽足契为照。

民国十五年丙寅十一月　　　　　日立契并尽足契人模桃众

　　　　　　　　　　　　　　　　经手丁仁象（押）

以上二契叠在一起保存

FSSS036 光绪十一年（1885）察元送卖契

立契人察元，承祖遗下有民田一段，坐落本乡土名豪山坂对面田墘，载租八十斤实，今因乏钱应用，托中送卖与

善万伯边为业，三面言议，估值价钱四千文，其钱收讫，其田付伯对佃管业收租，其苗米随田办纳。其田并无不明等情，如有此色，系是侄边抵当，不及伯边之事。言约本钱到日取出文字。今欲有凭，立契为照。

　　　另中礼钱八十文照。（押）

光绪十一年正月　　　　　日立契人察元（押）

　　　　　　　　　　　中见人惟对（押）

腰条：察元豪山对面租八十斤，价钱一万三。

FSSS037 光绪十二年（1886）察元添契

立添契人察元，承祖遗下有民田一段，坐落本乡土名豪山对面田干，载租八十斤实，于前年出卖与

善万伯边为业，今见价未足，向伯添出价钱九千文，其钱收讫，其田仍付伯边起佃管业收租，其苗米随田办纳。其田并无不明，如是不明，系侄出头抵当，不及伯边之事。今欲有凭，立添契为照。

光绪十二年丙戌八月　　　　　日立添人察元（押）

FSSS038 民国六年（1917）维富添尽契并推产关

立添尽足契并推产关人维富，承祖遗个有民田一段，坐落本乡土名后山坂对面，共载租八十斤实，应得租二十三斤实，于前年出卖与

仁元叔边为业，时办出尽足价钱并推产关礼钱一千七百文，其钱收讫，其田付钱主永远管业收租，其苗米付原主对直，将汤泉里

四甲苏德仁股收入完纳粮务，不敢多推，亦无少载。自添尽足后不敢言添，亦不敢言赎。各是二比甘允，今欲有凭，立添尽足契并推产关礼为照。

　　　　另中礼钱一百五十文，再照。（押）

中华民国六年丁巳三月　　　　日立添尽足契并推产关人惟富（押）

　　　　　　　　　　　　　　代书见人维树（押）

（以上三契叠在一起保存）

FSSS039 同治十一年（1872）尔储卖契

立契人尔储，有民田一段，坐落尤床乡土名半月厝脚，载风租二石六斗官，应得租谷一石三斗官。又段寨兜垄，载租二石，分下得租谷一石，共田二段，得租二石三斗，内抽出租谷二石风，今因乏钱应用，托中将田出卖与

善守叔兄弟边为业，三面言议，时收过价钱一万九千文，其钱收讫，其田付钱主对佃收租，其苗米随田办纳。其田并无不明等情，如有此色，系是卖主出头抵理，不及钱主之事。各是二比甘允，今欲有凭，立契为照。

　　　　另中礼钱三百二十文，再照。（押）

同治十一年壬申六月　　　　日立契人尔储（押）

　　　　　　　　　　　　　中见人兄武元（押）

---后残

FSSS040 光绪元年（1875）尔储添契

立添契人尔储，有民田一段，坐落尤床乡土名半月厝脚，抽出租谷一石，又段塞兜垄，应的租谷乙石官，共田二段，载风租二石官，今因乏钱应用，将田出卖与

善万公兄弟边为业，今见价值未足，托中向添出清钱四千二百文，其钱即日收讫，其田付钱主对佃收租，其苗米随田办纳。其田并无不明等情，如有此色，系是卖主抵理，不及钱主之事。日后有本到日取出文契，各是二比甘允。今欲有凭，立添契为照。

另中礼钱一百二十文，再照。（押）

光绪元年乙亥六月　　　　日立添契 [

--后残

FSSS041 光绪二十七年（1901）尔储添契

立添契人尔储，承父遗下有民田一段，坐落西坑乡土名上坪光，原载租谷一石二斗官。又段尤床乡，土名塞边，载租谷一石官，共载租谷二石二斗官，于前年出卖与

仁元兄边为业，今见价值未足，向添出清钱四千八百五十文，其钱收讫，其田付钱主对佃管业收租，其苗米随田办纳。其田并无不明等情，如有此色，系是卖主出头抵理，不及钱主之事。各是二比，今欲有凭，立添契为照。

光绪二十七年辛丑七月　　　　日立添契人尔储（押）
　　　　　　　　　　　天理为中

FSSS042 光绪三十二年（1906）尔储添契

立添契人尔储，承父遗下有民田一段，坐落西坑乡土名上坪光，载租谷一石二斗官。又段尤床乡，土名塞边，租谷一石官，于前年 出 卖与

仁元兄边为业，今见价值未足，添出价钱四千二百文，其钱收讫，其

田付钱主 管 业收租,其苗米随田办纳。其田并无不明等情,如有此色,系是不明卖主出头抵理,不及钱主之事。各是二比甘允,今欲有凭,立添契为照。

  内改二一字,再照。(押)

 光绪三十二年丙午八月   立添契人尔储(押)

--后残

(以上四契叠在一起保存)

FSSS043 同治元年（1862）武元送卖契[①]

立契人武元有新开田一所,坐落尤乡土名铜钟仑厝左边田干下,载租谷二斗风,今因乏钱应用,甘将田托中送卖与

善守叔。兄弟边为业,时收过价钱一千五百文,其钱当中交收讫,其田付叔管业收租。田并无不明,如有系卖主抵当,不及钱主之事。今欲有凭,立契为照。

  另中礼四十文,再照。

 同治元年壬戌四月   日立契人武元(押)

         代书见祖启恩(押)

FSSS044 光绪三年（1877）恢统缴契

立缴契人恢统,承父有买得柯日耀垦田一段,坐落洋头乡土名雷石后头垅,原载租谷一石官,内抽出谷五斗风,将此田缴付与

善程叔兄弟边为业,时收过契面钱完足,其田付叔边对直原卖主收租管业。日后或添或赎,对原卖主办理,与侄无干,将原契一纸付叔收执为据。恐口无凭,立缴契为照。

  内改垦一字,再照。(押)

  另中礼钱一百二十文,再照。(押)

 光绪丁丑三年六月   日立缴契人恢统(押)

[①] 三处盖有红色长方形阳文印章,内容不辨。

中见叔祖启让（押）

叔崇政（押）

兄则元

FSSS045 光绪十二年（1886）寄元添尽足契

立添尽足契人寄元，承祖遗下有厝地坪一所，□□豪山堂对面二丘，载租谷三十斤，于前年□□与 怀墀公后，子善续转卖与

善万叔边为业，今见价值未足，寄元向□对值添出己分尽足价钱四百文，其钱收讫，其厝地坪二丘付 叔永远管业。或开拼成田，或架牛楣粪巷听从其便，不敢阻当。自添尽之后，不敢言及添赎。各是二比甘允，今欲有凭，立添尽足契为照。

光绪十二年丙戌七月　　　　日立添尽足契人寄元（押）

天理为中

FSSS046 光绪三十年（1904）春元尽足契

立尽足契人春元，承祖遗下有地坪并田二丘，共载租三十斤，于前年租上出卖与怀墀公，价未足，对直向与

仁元弟边为业，时办春自己分尽足价钱一千六百文，其钱收讫，其地坪并无不明，如有不明系是卖主出头抵当，不及钱之事。自尽之后，不敢言及添赎，永远管业，各是甘允。今欲有凭，立尽足契为照。

另中礼钱四十文。

光绪三十年正月　　　　日立尽足契人春元（押）

代书见人友荣（押）

中见人前元（押）

FSSS047 民国七年（1918）友聪缴契

立缴契人友聪，承父遗下有民田一段，坐落梁墘乡土名后格洋上下坋及桐林垵，共载租七百七十斤，今因乏钱应用，将田托中缴付与

木元叔边为业，时收过契价钱完足，其田付钱主依原契管业收租。今

欲有凭，立缴契为照。

　　民国七年戊午十二月　　　　日立缴契人友聪
　　　　　　　　　　　　　　　　中见人余元

FSSS048 民国十七年（1928）模桃众借字

立借字人模桃众，今在

友懋侄借出钱四百文，言约加三行利，如无还者，历年抵入双翰洋苗钱。恐口无凭，立借字为照。

　　　　内改加入乙字，乙字再照。（押）
　　民国十七年戊辰十二月　　　　日立借字人模桃众
　　　　　　　　　　　　　　　　经手丁仁象（押）

FSSS049 民国二十年（1931）宗诚收字

立收字人宗诚，前年买得友懋民田一段，坐落井照对面，租九十斤实，价艮二万二千文，兹友懋前来赎回，时收过契价艮完足。今欲有凭，立收字为照。

　　民国二十年八月廿八日　　　　立收这字人宗诚（押）

FSSS050 民国二十九年（1940）兴福添契

立添人兴福，承祖遗下有民田一段，坐落土名北山岐町埯，载租一百二十斤实，于前年向维试古续，今见价钱未足，向

友懋叔边添出价钱国票一十五元正，其钱收讫，其田对佃收租，其苗米随田办纳。其田并无不明等情，如有不明，卖主抵理，不及钱主之事。其田言约三年外有本钱到日取出文字。各是二比喜允，恐口无凭，立添契为照。

　　　　另中礼钱二角大，再照。（押）
　　民国二十九年庚辰六月　　　　立添人兴福（押）
　　　　　　　　　　　　　　　　代书人兴郡

FSSS051 买田单

买上坪
明溪市民田下厝岐租一百斤，价一万二金
侍述民田正干横洋大丘租五十
　　又双翰洋鲤鱼坂　　八十
远义民田金竹园水车垄租五十
　　又中元众狮格丘一百斤
维光民田梧桐墘丘租五十
兴塽民田新甲堂厝角上下租一百斤
　　又和山坂　　　　八十斤
友禄民田和山坂第二丘四十五
胞兄友聪　　　　一百
维问和山坂第六丘　五十
楼仔脚大丘一半　　后山坂一半　　新甲堂右边埯头上一丘
墓前垄路下一丘及仑仔下二丘　　新甲堂大庭右
新干后头一半　　海蛇　　坑尾林　　秋竹垄上坋
□□一半
——————————————————————后残

（以上九纸叠在一起保存）

FSSS052 光绪十九年（1893）联评送卖契

立契人联评，承父遗下有新开田并地瓜坪一所，坐落本乡土名秋竹垄格丘水町下，历年约纳租谷四十斤实，今因乏钱应用，托中送卖与

仁元弟边为业，时收过价钱三千文正，其钱收讫。其田并畲坪并无不明等情，如有不明兄出头抵理，不及钱主之事。其畲坪并田付钱主管业收租，历年不敢少欠，如是欠租，付钱主起耕。言有续无添，各是二比甘允。今欲有凭，立契为照。

另中礼钱六十文，再照。（押）

光绪十九年三月　　　　　日立契人联评（押）
　　　　　　　　　　　　中见人加就（押）
　　　　　　　　　　　　代书见人善李（押）

FSSS053 光绪二十八年（1902）端躬限字

立限字人端躬，因去年十二月间父故，葬在茶竹坑赤竹垄仔头，有伤碍

谦元兄弟边风水，坟地左边分山上山畲地所谦边出挡，经投公亲利议，端边父亲棺柩迁过左边圹位一丈安葬，劝谕谦边出起迁礼钱二千四百文，其钱当公交过收讫，其父柩限本年十一月末迁过一丈安葬，不敢拖延混占，违限不迁诸事。其迁后荒圹下谦边自地架屋，不敢阻当。各是二比当公喜允，今欲有凭，立限字为照。

　　　　另中礼钱一千二百文，再照。（押）
光绪廿八年壬寅正月　　　日立限字人端躬（押）
　　　　　　　　　　　　乡长作禄（押）
　　　　　　　　　　　　房长统裕（押）
　　　　　　　　　　　　立福（押）
　　　　　　　　　　　　惟集（押）
　　　　　　　　　　　　家长夏垣（押）
　　　　　　　　　　　　彤垣（押）

FSSS054 民国二十一年（1932）厚光批字

立批字人厚光兄，承祖管有祖坟一穴，坐在龙湖半岭花岳坑，坐子向午，今因于前年被兴主破费钱文，致今来无所从出，又兼光年老不能负担兴主钱文，兹将出于不得已，将祖坟托中出批与

友懋弟边为业，三面言议，估值价钱七万文正，其钱当中交收足讫，其坟付弟边择日帮葬棺柩，迁或上下左右，整做风水圆成，子孙当其祭扫。其祖坟并无不明，如有不明，系是光边出头抵当，不及弟边之事。自批文后，不敢言及诸事等情，各是当中喜允。恐口无凭，立批字为照。

另其祖考靖献公墓牌约左右排手上，再照。

另中礼钱一千六百文，再照。（押）

中华民国廿十一年壬申十月　　　　日立批字人厚光（押）

代书见人维超（押）

FSSS055 民国三十二年（1943）新历当字

立当字人新历，承祖遗下有墨林堂厝一座，上至瓦角，下及地基、石枋、箕盘、花台、宿土、庭坮、门路左右砂劫，今因乏钱应用，甘将自己应得分下出当与

疆有兄边掌管为业，时收过价钱国币六百元正，其钱言约历年至冬成之日纳租六十斤实，不敢少欠，如是欠租，甘将墨林堂厝自己分应得付兄边永远掌管或折□或变卖主，听从其便。其厝并无不明等情，如有不明系是卖主出头抵理，不及买之事。其厝言约三年外有本钱到日，如无赎者，其厝付兄永远。谷是二比喜允，今欲有凭，立当字为照。

另中礼钱国币十元，再照。（押）

民国三十二年癸未十二月　　　　日立当字人新历（押）

代书人祥魁（押）

（以上三纸叠在一起保存）

FSSS056 道光二十七年（1847）作凤添契

立添契人作凤有民田一段，坐落十八格土名石坑墘。又段梁墘乡土名阔格垄二段，共载租三百斤实，内抽出租一百斤实，于前年出卖与

圣元公众边为业，今见价值未足，托中向远照公边添出钱四千文，其钱即日当中

］众边起佃管业收租，其

］言约不拘远近，有本

］凭，立添契为照。

另中礼钱二百文，再照。（押）

道光廿七年十一月　　　　　日立添契人作凤（押）
　　　　　　　　　　　　　　中见叔元誉（押）

FSSS057 道光二十九年（1849）河昭添尽契并推产关

立添尽契并推产关人河昭，有民田一段，坐在梁墈乡阔格垄彩十八格石坑墈，于前年胞养侄内抽出租一百斤实，出卖与

圣元众边为业，今见价值未足，兹因岐浪荡原业，粮务未清，托中出头向众添出尽足价钱二千四百文，其钱即日收讫，其田仍付众边起佃耕种管业收租，其苗米照得阔格垄之田配载依坊圻□册，民米三升三合　正。甘将汤泉里六甲花户苏世传股丁河昭推出付与本里本甲苏元华股丁远归、绵、海收刘入户，完纳粮务。无多推亦无少载，日后不敢言及合勺未尽，丢累滋事。各是甘允，并无异言。今欲有凭，立添尽契并推产关为照。

　　　外中礼钱二百四十文，再照。（押）
道光二十九年七月　　　　　日立添尽契并推产关人河昭（押）
　　　　　　　　　　　　　　　　中见兄瑞金（押）

FSSS058 民国十五年（1926）垂榜送卖契

立契人垂榜，有民田一段，坐落梁墈乡土名阔格垄，原租一百五十斤，现载租一百斤实，今因昕全之事，乏钱应用，甘将田送卖与

友懋叔边为业，估值价钱二万文，其钱收讫，其田付钱主起佃管业收租，其苗米随田办纳。其田并无不明，如有不明卖主抵理，不及买主之事。其田言约三年外有本钱到日取出文契。各是二比甘允，今欲有凭，立契为照。

民国十五年十一月　　　　　日立契人垂榜（押）
　　　　　　　　　　　　　　天理为中

FSSS059 民国二十九年（1940）梁氏金娘添尽足契

立添尽足契人阿善婶梁氏金娘，承祖遗下有民田一段，坐落梁干乡陈大坂，土名阔格垄，载租谷一百五十斤实，于前年出卖与垂榜后，垂榜转

卖与友懋边为业，今见价值未足，托中对直向

友懋兄边添出尽足价钱大银一十二圆，其钱即日交收足讫，其田付钱主永远管业收租，其苗米依政府登载一亩二分五等田，懋边自行完纳清楚，与金娘边无干，其田自添尽之后，不敢言及添赎。其田并无不明诸事等情，如有不明，系是金边抵理，不及钱之事。恐口无凭，立添尽足契为照。

另随原契字七纸并中礼钱大一圆再照。（手印）

民国二十九年庚辰二月　　　　　日立添尽足契梁氏金娘（手印）

　　　　　　　　　　　　　　　　　代书见人华美（押）

（以上四纸叠在一起保存）

FSSS060 光绪七年（1881）尔储添契

立添契人尔储，民田一段，坐落尤床乡，土名寨兜垄，载风租谷石官，应得租一石官，乏钱应用，将田向与

善万叔侄边，今见价值未足，添出清钱二千文，其钱收讫，其田付钱主管业收租，其苗米随田办纳。其田并无不明等情，如有此色，系是卖主抵当，不及钱主之事。各是二比甘允，今欲有凭，立添契为照。

另中礼钱四十文，再照。（押）

光绪七年辛巳五月　　　　　日立添〔

——————————————————————后残

FSSS061 民国十五年（1926）模桃众卖契

立契人模桃众，有民田一段，坐落本乡黄晔坑，土名寨兜仔，原载租一百五十斤实，今收租一百斤实，因听全子事，乏钱应用，甘将田出卖与

友懋叔边为业，时收过价钱一万八千文，其钱即日收足，其田付钱主对佃管业收租，其苗米随田办纳。其田并无不明等情，如有不明，众边抵理，不干钱主之事。其田言约三年外有本钱到日取出文契。各是二比吉允，今欲有凭，立契为照。

内改仔一字，再照。（押）

民国十五年丙寅桂月　　　　日立契人模桃众

　　　　　　　　　　　　　　　　丁仁象（押）

　　　　　　　　　　　　　　　　　仁智（押）

　　　　　　　　　　　　　　　书字人新携（押）

FSSS062 民国二十六年（1937）清五公众安佃字

立安佃字人清五公众，有民田一段，坐落本乡土名上山墘，原载租一百斤，因此田有崩坏，无额，现安八十斤直安付与

友懋弟边开拼耕种，至冬成之日，其租谷付众边交栳明白。如无欠租者，付弟边永远耕种，如是欠租者，其田付众边别安他人。各是二比喜允，恐口无凭，立安佃字为照。

民国二十六年十月　　　　立安佃字人清五公众

　　　　　　　　　　　　　　　　丁草躬（押）

　　　　　　　　　　　　　　　　　甫圃（押）

　　　　　　　　　　　　　　　　　迎书（押）

　　　　　　　　　　　　　　　书字谷竹（押）

FSSS063 某年育元送卖契

立契人育元，承父遗下有民田一段，坐落罗坑乡土名茶盘丘，抽出租一百斤实；又段吉垄厝脚上坂乙圈，租三十斤实；又吉安后头水町载租五十斤实，共三段载租一百八十斤实，今因乏钱应用，托中送卖与

善万叔边为业，时收过价钱一万一千文，其钱收讫，其田付叔管业收租，其苗米随田办纳。其田并无不明，如有不明，系卖主出头抵理，不及买主之事。言约三年外或添或赎，听从其便。日后有本钱到日取出文字。今欲有凭，立契为照。

　　　　　　　　　　　　　　］文，再照。

　　　　　　　　　　　　　　　立契人育元（押）

　　　　　　　　　　　　　　　中见人项元（押）

FSSS064 民国三十四年（1945）兴弼卖尽足契并推产关

立卖尽足契并推产关人兴弼，承祖遗下有民田一段，坐落本乡土名新德堂厝脚田墘，应得租二十三斤实，今因乏钱应用，甘将田送卖与

维整叔边为业，三面言议，估值价钱国币一千一百五十元正，其钱即日交收足讫，其田付钱主永远管业收租，其田赋随田办纳。其田并无不明等情，如有不明系是卖主出头抵理，不甘（干）钱主之事。其田自卖尽之后，不敢言及添赎。今欲有凭，立卖尽足契并推产关为照。

内添百一字，再照。（押）

另中礼钱三十元，再照。（押）

中华民国三十四年乙酉十一月　　日立卖尽足契并推产关人兴弼（押）

知见人维受（押）

FSSS065 民国三十六年（1947）兴享卖尽足契

立卖尽足契人兴享，承父遗下有民田一段，坐落本乡土名新德堂厝脚田墘，应得租二十三斤实，今因乏钱应用，甘将田托中出卖与

友懋叔边为业，三面言议，时收估值价钱国币二十六万元正，其钱即日当中交收足讫，其田付钱主永远管业收租，其田赋由钱主自行完纳。其田并无不明等情，如有不明，系是卖主抵理，不及钱主之事。其田自卖尽之后，不敢言及添赎。各是二比喜允，今欲有凭，立卖尽绝契为照。

另随兴弼原契乙币及中礼钱国币四万元正，再照。（押）

民国三十六年丁亥九月　　日立卖尽足契人兴享（押）

代书人英有（押）

小条：原主兴弼

和山坂对面

（以上二契及小条叠在一起保存）

FSSS066 同治四年（1865）育元添契

立添契人育元，承父遗下有民田一段，坐落罗坑乡，土名茶盘丘，抽出租一百斤实；又段吉垄水町及厝脚载租八十斤实，二段共载租一百八十斤实，于前年出卖与

善万叔边为业，其价钱登载原契，今见价值未足，向叔添出价钱七千文，其钱收讫，其田付叔管业收租。日后有本钱到日，取出文契。各是甘允，今欲有凭，立添契为照。

同治四年四月　　　　　　日立添契人育元（押）

FSSS067 光绪十一年（1885）惟瑞添契①

立添契人惟瑞，承父遗下有新开田一段，坐落尤床乡土名铜钟仑寮仔下，租贰斗正，于前年父上出卖与

善万公边为业，今见价钱未足，添出价钱一千二百五十文，其钱收讫，其田付公管业收租。今欲有凭，立添契为照。

　　另中礼钱四十文照。（押）
光绪十一年七月日　　　　立添契人惟瑞（押）
　　　　　　　　　　　　中见人公善平（押）

---

① 盖有红色阳文印章。

集刊	Issue 1
Social Governance Jurisprudence	October 2024

Table of Contents & Abstracts

Special Contribution

Refutation and Correction of Cases of Mutual Violation among Relatives and Social Governance in the Qianlong Dynasty
—Taking the New Edition of Refuting and Correcting Cases as a Text

Yu Yuhe, Wang Shenmeng / 1

Abstract: The case of relatives committing the same crime, that is, the case in which there is a violation between relatives, which can lead to criminal legal responsibility. Starting from the 95 cases of relatives committing crimes against each other contained in the New Compilation of Rebutted and Corrected Cases, we will analyze the process of rebutting and correcting different types of cases, such as theft, human life, and assault, and recognize the factors of factual determinations and application of laws and regulations, including, but not limited to, the difference in emphasis between the local and central government as the governing body, and the Ministry of Criminal Justice's greater emphasis on the subsequent effects of the cases on the governing body, and so on. The refutation of cases of relatives committing the same crime played an important role in social governance, maintaining the hierarchical order of patriarchal ethics, focusing on the subsequent impact of the case judgment, and supplementing the legislation by generating precedents through the case.

Keywords: Qing Dynasty; Mutual Aggression between Relatives; Refuting Cases; *New Edition of Refuting and Correcting Cases*; Social Governance

Zero-Sum to Positive-Sum: Research on the Path of Empowering Social Governance Communities with Intelligent Algorithms
—From the Perspective of Technological Moralization　　Dong Xianghui / 26

Abstract: The relationship between the "value rationality" of the social governance community and the "tool rationality" of intelligent algorithms is not just a simple zero sum game, but there is a huge space for positive sum games. Intelligent algorithms have a wide range of path choices in the innovation of social governance communities between strong countries and strong societies. From the perspective of technological moralization, intelligent algorithms can empower social governance communities from three dimensions: "perception emotion", "action rights", and "relationship distribution". This can enhance the initiative, sense of responsibility, and sense of achievement of various subjects in social governance, thereby constructing a social governance community where everyone is responsible, responsible, and enjoyable.

Keywords: Intelligent Algorithms; Moralization of Technology; Social Governance Community

Institutional Tradition and Governance Tradition

The Status and Function of Law in Traditional Chinese ZhiDao　　Luo Hongqi / 41

Abstract: Although "law" in the context of traditional Chinese "ZhiDao" does not have the same supreme status as that of Western culture, the importance of "law" in national governance has not been neglected by Chinese thinkers of different schools of thought throughout the ages. Although "law" does not have the same supreme status as in Western culture, traditional Chinese thinkers of all schools of thought have not neglected the importance of "law" in national governance, only that there are important differences in the status and function of "law" in the theories of different schools of "ZhiDao". Confucianism advocates the "rule of etiquette", but the "etiquette" of Confucianism encompasses the fundamental political system of the state and the daily life of the people, therefore, the "rule of etiquette" of Confucianism is, to a certain extent, the "rule of law" in the traditional context of the "rule of law". Therefore, Confucianism's "rule of etiquette" is, to a certain extent, the traditional "rule of law" in the context of Confucianism; Taoism advocates "nature" and does not seem to attach importance to "law", but Taoism's respect for "Dao" implies that it is not a "rule of law", but it is a "rule of law". But Taoism's respect for "Dao" implies a profound reflection on "positive law" and a belief in "natural law" and "higher law". They did not disregard the law, but valued the law that was "one with Dao"; while the Legalists, although they "respected the law", their "respect for the law" and "respect for the ruler" and "emphasis on punishment" were not the same as their "respect for the law". Although the Legalists were "for the law", their "for the law" and "honoring the ruler" and "emphasizing punishment" were mutually exclusive, and their "rule of law" was fundamentally different from the modern spirit of the rule of law.

Keywords: Chinese Traditional "ZhiDao"; Law; Status; Function

On the Legal Guarantee of Famine Relief in the Qing Dynasty from the Provisions of Laws and Regulations
—Centered on the Law of "Jian Ta Zai Shang Tian Liang"　　　　　　　Wang Yu / 67

Abstract: As the most important comprehensive code of the Qing Dynasty, the laws and regulations of the Qing Dynasty occupies a core position in the legal system of the Qing Dynasty. Through the combing of the Qing law, it can be seen that the provisions of the Qing law on famine matters are centered on "Jian Ta Zai Shang Tian Liang", with a total of 20 articles. These articles basically cover all important aspects of Famine Policy in the Qing Dynasty, and basically formed in the middle of the Qing Dynasty. They are the compilation of the core system of Famine Policy in the middle of the Qing Dynasty. In terms of the formulation of provisions, the Qing law stressed that the disaster response should be the co-governance of officials and the people, and the Advisory provisions coexist with mandatory provisions, but the relevant provisions are basically principled provisions and have low procedural guidance for practical operation. At the same time, from the perspective of judicial cases, the law of "trampling on disaster and injuring grain" is rarely used to deal with famine malfeasance, which also caused most of the famine provisions of the Qing law to lose the value of practical application. However, the regulation of famine corruption by the Qing law plays a very important role in practice. However, in practice, although the law is cited in the trial of the case, the final sentencing result is not completely in accordance with the standards of the laws and regulations, and ultimately depends on the balance between the emperor's interests for the victims and the national ruling order, which leads to the incompleteness of the famine anti-corruption, It became a major drawback of feudal society, and also laid a curse for the failure of famine response in the late Qing Dynasty.

Keywords: *Laws and Regulations of the Qing Dynasty;* Famine; Stealing Money and Grain; Legal guarantee

"No-Litigation": A Theoretical Explanation of the Paradoxes of Traditional Governance
　　　　　　　　　　　　　　　　　　　　　　　　　　　　　　　Feng Yuecheng / 92

Abstract: In the context of the integration of administration and justice, the ideal of "no-litigation" proposed by Confucius presents a paradox for the governance goals and effectiveness of traditional society since dispute resolution is an extension of administrative management, if these two functions are not specially designed in terms of institutional segregation, the goal of "litigation reduction" cannot be achieved, and the ideal of "no-litigation" cannot be realized. The "Litigation Reduction Imperial Edict" during the Kangxi period depicted the inherent relationship of this paradox with the contradiction between "laws and regulations" and "moral transformation". The ideal of moral transformation is distant from the reality of laws and regulations, but also has a profound connection between content and form. In response to Max Weber's criticism of Chinese law as "khadi justice", Shiga Shuzo and Philip C. C. Huang respectively proposed the perspectives of "reason" and "law" to view Chinese law in terms of "substantial irrationality" and "formal rationality", while Lin Duan criticized Weber's thinking through "multi-valued logic". This provides a theoretical explanation for the paradox of litigation reduction: the harmonious values and thinking patterns of the binary unity allow these two functions, which have some differences, to be unified. An important feature of the functional differentiation of modern society is to respect the unique value of judicial power. The true realization of the ideal of no-litigation may be achieved by taking the function of non-litigation mediation seriously.

Keywords: "No-litigation"; Governance Paradox; Decree; Indoctrination

Conviction and Sentencing: A Study of Female Folk Crime in the Ming Dynasty
—*An Examination Centered on Ming Shi Lu*   Xiang Yang / 109

Abstract: In the literature of the Ming Dynasty, there are only a few records of crimes committed by civilian women, and it is rare for the academic community to explore this issue. However, Ming Shi Lu preserves dozens of cases of crimes committed by civilian women in different periods and in different parts of the country, which, despite the scattered records, provides an extremely important official record for the study of this issue. On the basis of combing the cases of women's crimes contained in Ming Shi Lu, combined with the relevant judicial documents and judgments of the Ming Dynasty, we can not only examine the basic situation of women's crimes in the Ming Dynasty, but also understand the attitude of the Ming court towards such women's crimes, and then form a clearer understanding of the social status of women in the Ming Dynasty and its changes.

Keywords: Ming Dynasty; Women Crime; *Ming Shi Lu; Zhe Yu Xin Yu*

"Fengqiao Experience" and Grassroots Governance

Theoretical Logic and Practical Path of Promoting the Rule of Law in Grassroots Social Governance through the "Fengqiao Experience" in the New Era

Kang Lanping, Li Fangfang / 127

Abstract: Since the 18th CPC National Congress, the CPC Central Committee with Comrade Xi Jinping as the core has comprehensively implemented the modernization of the social governance system and governance capacity guaranteed by the rule of law around the strategic goal of "strengthening and innovating social governance". The Fifth Plenary Session of the 19th CPC Central Committee put forward a rule of law path for the refinement of social governance. The above programmatic documents reflect the Party's profound understanding of the construction of the rule of law in social governance with Chinese characteristics. The report of the 20th CPC National Congress has given the "Fengqiao Experience" in the new era of Chinese characteristics of grassroots social governance modernization a major historical mission. In order to explore the intrinsic connection between the "Fengqiao Experience" and the rule of law in grassroots social governance in the new era, carry out the visual analysis of hotspots of the "Fengqiao Experience" and the exploration of cutting-edge trends, adhere to the people-centered approach, and build a common and shared social governance pattern with Xi Jinping's thought of the rule of law as the fundamental guideline, and build a new social governance system based on the rule of law. We will adhere to the people-centered approach, take Xi Jinping's idea of the rule of law as the fundamental guideline, build a shared social governance pattern on the track of the rule of law, and promote grassroots social governance towards democratization, intelligence and the rule of law with the integration of the "five rules. The "Fengqiao Experience" of the new era is a concrete practice and summary of experience in promoting the rule of law in grassroots social governance, and is the practice of the socialist rule of law system with Chinese characteristics at the grassroots level. Clarifying the practical, theoretical and historical logic of the "Fengqiao Experience" in the new era will help to clarify the practical lineage, Chinese wisdom and Chinese program of the rule of law in grassroots social governance.

Keywords: Fengqiao Experience in the New Era; Social Governance; Rule of Law in Grassroots Social Governance; Bibliometric Analysis

The Practical Logic of Points System and Its Optimization Path
—Based on Five Typical Cases　　　　Wang Zhaoxia, Cheng Wenjuan / 144

Abstract: In recent years, in order to better promote the practice of the integration of three governance, various localities have spontaneously explored how to use the point system in rural governance and community governance. While achieving certain results, there are also problems such as insufficient governance resources and lack of strong grasps. Based on the practical logic of the integral system to promote the integration of three governances, this paper analyzes five typical cases of the integral system, and summarizes the grassroots practice forms of the integral system into five forms: system embeddedness, rural sage leadership, digital empowerment, social organization support, and resource integration. Through the study of five typical cases, it is found that the point system has the functions of incentive, credit governance and constraint. And relying on the foundation of grassroots social organizations, the main body, and the technical foundation to achieve the goal of promoting the integration of the three governance. Finally, beyond the five cases, it is proposed to optimize the indicator setting, strengthen the resource guarantee, and build a solid party building to lead the optimization path of collaborative governance for the common problems in practice, such as the lack of scientific and reasonable index design, the difficulty in sustaining financial support, and the lack of mass and social forces.

Keywords: Integration System; "Integration" of the Three Governances; Grassroots Governance

Contradictory Mechanism and Resolving Way of Distribution Village　　Su Congcong／160

Abstract: Unbalanced regional development and uncoordinated urban-rural development have led to different levels of rural development in different regions, and serious differentiation of types between villages. Different types of villages have different focuses on conflicts and disputes, and the methods for solving problems should also be discussed in different categories. Mobilization villages continue to bridge the development gap between them and distributive villages, making the resolution of contradictions and disputes in the latter useful for the former. The conflicts and disputes in distribution-oriented villages often revolve around the distribution of the village's public interests, and are closely related to the village's justice concept, development concept, distribution system, and the relationship between the cadres and the masses. In order to promote the integration of urban and rural areas, realize spatial justice, increase the stock of village interests, reshape the concept of village justice, implement the concept of shared development, implement the shareholding system distribution system, and make good use of the "three governance integration" institutional mechanism has become a feasible path to resolve conflicts and disputes in distribution-type villages.

Keywords: Distribution-Oriented Villages; Conflicts and Disputes; Distribution of Benefits; "Integration of the Three Governances"

Governance System and Governance Capability

Constructing China's Independent Civil Enforcement Jurisprudence Knowledge System Based on "Practical Solution to the Difficulty of Enforcement"　　Tang Guofeng ／ 181

Abstract: The Fourth Plenary Session of the 18th Central Committee of the Communist Party of China proposed to "effectively solve the difficulties of compulsory execution" and protect the rights and interests of the winning parties in a timely manner in accordance with the law. At present, the compulsory execution work of the people's court has entered the decisive period, which has been shifted from "the difficulties of compulsory execution have been basically solved" to "effectively solving the difficulties of compulsory execution". To complete this arduous task on schedule, it is necessary to continuously improve the legal system and deliver the legal talents. Building a scientific and autonomous knowledge system of civil compulsory execution law is conducive to promoting theoretical research, improving legislation, strengthening talent cultivation. It can promote high-quality development of compulsory execution work and also it is an inevitable requirement to effectively solve the difficulties of compulsory execution. However, there is currently a lack of systematic research on the knowledge system of civil compulsory execution law, and there are still deviations between theory and practice. There are still shortcomings in the structure and content of the draft of the civil compulsory execution law, and the implementation and relief system of compulsory execution are difficult to meet practical needs. To this end, we should take Xi Jinping Thought on the Rule of Law as our guidance, adhere to keeping up with the times, and follow the value guidance of "effectively solving the difficulties of compulsory execution". We should clarify the knowledge system of civil compulsory execution law, build a discipline system, academic system, and discourse system of civil compulsory execution law, and focus on improving the implementation and relief system of compulsory execution.

Keywords: Solving Difficulties in Enforcement; Civil Enforcement Jurisprudence; Autonomous Knowledge System; Civil Enforcement Law

An Analysis of the Legality of the Decentralization of Administrative Penalties by Provincial Governments with Administrative Normative Documents　　Li Keqing ／ 202

Abstract: Article 24, paragraph 1 of the Administrative Penalty Law, is to promote the center of gravity of administrative law enforcement down an important initiative, but due to the differences between the regions and take a more flexible and open mode of authorization, the decentralization of administrative penalties on the main body, the form of specific penalties have not been clearly stipulated, to give the local practice of the full space. At present, the practice of the provinces in our country is mostly the provincial government issued administrative normative documents decentralization of administrative penalties, but caused many scholars criticized that there is a crisis of legitimacy or defects. This paper firstly analyzes the nature of administrative penalty decentralization, refutes the view that there is a crisis of legitimacy, secondly, from the perspective of legal interpretation, argues that the provincial government as the subject of administrative penalty decentralization of legitimacy and efficiency, and finally from the perspective of the review of the supervision of the provincial government to administrative normative documents decentralization of administrative penalties is the "optimal solution" at the present stage. Finally, from the perspective of review and supervision, it is discussed that the decentralization of administrative punishment by provincial governments through administrative normative documents is the "optimal solution" at this stage.

Keywords: Administrative Penalty Law; Decentralization of Administrative Penalty; Provincial Government; Administrative Normative Documents; Legitimacy

Governance Norms and Governance Practices

Inclusive Legal Doctrinal Interpretation and Pluralistic Modernity
—*Taking the Crime of Buying Abducted and Trafficked Women as an Example*　　Lu Yi / 220

Abstract: The foundation of legal doctrinal is the systematism and interpretability of jurisprudence. However, the legal doctrinal interpretation based on the same charge still has multiple interpretation possibilities. Under the background of social transformation, due to the occurrence of extreme impact cases, the public demand for severely punishing the crime of buying and selling abducted women is justified. In the dispute between the theory of legislation and the theory of interpretation, there is actually a doctrinal interpretation of law. Although they all adopt the method of legal doctrinal interpretation, they show completely different pluralistic picture in the way of interpretation. Behind the path of normative interpretation is the Western legal discourse paradigm with abstract rights as the core, while behind the path of empirical interpretation is the Chinese judicial practice model with concrete consequences as consideration. In the case that normative interpretation occupies the mainstream, empirical interpretation still strives to find a place, reflecting the growth of the legal concept of pluralistic modernity in China. It is the formation of the framework of inclusive legal doctrinal interpretation that makes the preconceived concepts of 'cultural picture' and 'daily life' of law reflect locally in the Chinese context.

Keywords: Legal Doctrine; Interpretive Method; Pluralistic Modernity; Cultural Picture; Localization

Review of Academic Frontiers

A Synthesis of Research on Frontier Issues in the Jurisprudence of Social Governance in Ancient China (2019-2024)　　Gong Zhe / 242

Abstract: With the advancement of the construction of the discipline of social governance law, the academic research on the frontiers of social governance law in ancient China also shows a trend of unabated enthusiasm. Researchers have conducted rich, unique perspectives, novel methods, and innovative viewpoints around the ideas, systems, and modes in the tradition of social governance law, the content, operation, and impact of social governance norms, as well as the structure, system, and capacity in the logic of the rule of law in social governance, and have achieved fruitful results. However, from a macroscopic point of view, the current relevant research still exists with analytical strength but lack of theoretical paradigm, with research field but lack of disciplinary awareness, with problem awareness but lack of academic dialogue, which requires researchers in relevant fields to jointly coalesce the sense of disciplinary community.

Keywords: Social Governance Law Tradition; Social Governance Norms; Disciplinary Community

A Review of Research on Frontier Issues in Contemporary Social Governance Law in China (2016-2024)　　Cheng Cheng / 261

Abstract: The renewal and transformation of China's social governance concept and governance mode has given rise to the establishment of social governance law as an independent legal sector. As a sum of legal norms to adjust all kinds of social relations, social governance law presents the characteristics of broad subject, rich content and diversity of normative forms, covering five basic principles: people-centeredness, systematic governance, governance according to law, comprehensive governance and governance at source. Comprehensively promoting the rule of law in social governance not only highlights the positive role of the rule of law in promoting the modernization of the social governance system and governance capacity, but also provides the necessary institutional basis for the construction of a peaceful China and a rule of law China. The research on cutting-edge issues of the development and application of contemporary social governance law mainly involves the basic theory of social governance law, the legal system of social governance, grass-roots governance, rural governance, municipal social governance and network social governance. To strengthen and innovate social governance on the track of the rule of law, we should continue to deepen the basic theory of the rule of law in social governance, formulate and introduce relevant legal norms in a timely manner, and make a profound analysis of the key difficulties in the process of actual governance, with a view to proposing feasible solutions.

Keywords: Social Governance System; Social Governance Rule of Law; Peaceful China; Optimization Path

征稿启事

为深入学习贯彻党的二十届三中全会精神,贯彻落实中共中央办公厅、国务院办公厅《关于加强新时代法学教育和法学理论研究的意见》,推动社会治理法学标识性学术概念,构建社会治理法学学术体系,传播具有中国气派、国际视野的中国式社会治理现代化话语体系,为"社会治理体制机制和手段"创新实践提供理论支撑,由天津社会科学院主办,社会科学文献出版出版《社会治理法学》学术集刊,每年2卷。

一、本集刊将优先采用多学科交叉融合、范式新颖、观点创新、论证严密的高质量研究成果,包括对社会治理法学的学科体系、学术体系、话语体系具有理论价值的研究成果,以及对社会治理法治化实践具有应用价值的成果。

二、学术论文字数以不超过25000字为宜。

三、本集刊编辑部热忱欢迎海内外学者不吝赐稿。

本集刊采用电子邮件投稿,投稿邮箱为:shehuizhilifaxue@163.com。来稿时请您在邮件主题与附件名称注明"《稿件题目》+姓名+单位"。

本集刊的通讯地址为:天津市南开区迎水道7号天津社会科学院法学研究所《社会治理法学》编辑部。

四、来稿首页需有以下内容:文章标题、作者真实姓名、单位、职称、联系电话、通讯地址、电邮方式;中文摘要(200字左右)、3~5个中文关键词以及英文摘要和英文关键词。为减轻作者负担,来稿初审时,不必按照本集刊往期文章修改稿件的格式,但需保持文字与注释精准、格式清朗。

五、投寄本集刊文章,严禁抄袭、剽窃他人成果,严禁一稿多发等学术不道德行为。如经查实发现稿件存在上述情况,通报作者所在单位。凡采用他人成说,请务必注释说明,注释一律采用页脚注,并注明作者、书名及出版年份、页码。

六、本集刊实行严格的双向匿名审稿和三审三校定稿制度，唯以学术水平为标准取舍稿件，评审工作由外审专家以及本集刊编辑委员会承担。对已用稿件，本集刊有权按照学术规范对原稿进行修改、删节和摘登。来稿文责自负，文章中的学术观点不代表编辑部意见。

七、为尊重作者的学术工作，无论稿件录用与否，本集刊都将在三个月内回复您的来稿。论文刊发后，即奉当期刊物两册，本集刊不收取任何费用。

八、您向本集刊投稿，视为同意授权本集刊享有您作品的复制权、发行权、信息网络传播权（及转授权）等，本集刊可以将作品授权给中国知网 CNKI、万方数据知识服务平台等数据库使用。若您不同意被上述平台收录，请在来稿时注明。

图书在版编目(CIP)数据

社会治理法学. 第一辑 / 钟会兵主编；刘志松执行
主编. -- 北京：社会科学文献出版社, 2024.10.
ISBN 978-7-5228-4270-7

Ⅰ. D920.0

中国国家版本馆 CIP 数据核字第 20247ZE693 号

社会治理法学（第一辑）

主　　编 / 钟会兵
执行主编 / 刘志松

出 版 人 / 冀祥德
责任编辑 / 曹长香
责任印制 / 王京美

| 出　　版 / 社会科学文献出版社（010）59367162
地址：北京市北三环中路甲 29 号院华龙大厦　邮编：100029
网址：www.ssap.com.cn
| 发　　行 / 社会科学文献出版社（010）59367028
| 印　　装 / 天津千鹤文化传播有限公司
| 规　　格 / 开 本：787mm×1092mm　1/16
　　　　　印 张：20.5　字 数：313 千字
| 版　　次 / 2024 年 10 月第 1 版　2024 年 10 月第 1 次印刷
| 书　　号 / ISBN 978-7-5228-4270-7
| 定　　价 / 99.00 元

读者服务电话：4008918866

版权所有 翻印必究